AF549486

Inhaltsverzeichnis

Reiseführer Bayerisches Alpenvorland

Pfaffenwinkel
Antdorf, Bad Baiersoien, Böbing, Burggen, Eberfing, Eglfing, Habach, Hohenfurch, Hohenpeißenberg, Huglfing, Iffeldorf, Lechbruck, Oberhausen, Pähl, Peißenberg, Penzberg, Polling, Prem, Raisting, Roßhaupten, Rottenbuch, Schongau, Sindelsdorf, Steingaden, Weilheim, Wessobrunn, Wielenbach, Wildsteig

Ammersee-Lech
Apfeldorf, Buchloe, Denklingen, Egling, Eresing, Finning, Fuchstal, Geltendof, Hurlach, Igling, Kaltenberg, Kaufering, Landsberg, Prittriching, Pürgen, Scheuring, Schwifting, Unterdießen, Waal, Windach

Rund um den Ammersee
Dießen, Eching, Greifenberg, Herrsching, Schondorf, Utting, Das Blaue Land

StarnbergAmmersee
Krailling, Seefeld, Uffing, Weßling, Wörthsee

Rund um den Starnberger See
Berg, Bernried, Pöcking, Seeshaupt, Starnberg, Tutzing

Gerd Engels, Hubert Hunscheidt, Julia Wachtel

Reiseführer Bayerisches Alpenvorland
Pfaffenwinkel, Ammersee-Lech, StarnbergAmmersee, Das Blaue Land

erschienen im:
Reise-Idee Verlag Roland Dreyer
Klostersteige 15, D-87435 Kempten
Tel.: +49 (0)831/9 90 78 15 oder 5 40 64 33
Fax: +49 (0)831/69 71 43 35
Mobil: +49 (0)179/7 07 64 29
Internet: www.reise-idee.de

Bilder Umschlag:
Tourismus Oberbayern, Buchheim Museum, Bayerische Seenschifffahrt, Torusmusverband Pfaffenwinkel, Andreas Klausmann, Wolfgang Ehn

Redaktionelle Leitung, Koordination und Gesamtkonzept der Reihe Reiseführer im Reise-Idee Verlag: Roland Dreyer

Gesamtherstellung:
Holzer Druck und Medien GmbH + Co. KG, D-88171 Weiler im Allgäu

ISBN 978-3-934739-63-5
Printed in Germany, Dezember 2021
1. Auflage

Orte alphabetisch

Freizeitland Pfaffenwinkel
(Bild Tourismus Oberbayern)

Pfaffenwinkel

Land der Bauern, Künstler und Mönche

Der Pfaffenwinkel ist eine typische Alpenvorlandschaft zwischen dem Ammersee und den Königsschlössern bei Füssen sowie zwischen Lech und Loisach. In dieser herrlichen Urlaubslandschaft findet man vor der Kulisse der Kette der Bayerischen Alpen sanfte Hügel, satte Wiesen, tiefe Wälder, stille Seen und rauschende Flüsse und Bäche sowie artenreiche Hochmoore.

Die Region ist geprägt von der einzigartigen, harmonischen Verbindung von Natur und Kultur und bietet vielfältige Möglichkeiten für eine genussvolle, aktive Freizeitgestaltung. Hier findet man zahlreiche prachtvoll ausgestattete Kirchen, altehrwürdige Klöster, romantische Altstädte und interessante Museen. Eine Reihe von hochwertigen kulturellen Veranstaltungen und beliebten Brauchtumsfesten bestimmen das abwechslungsreiche Jahresprogramm.

Feriengäste haben eine große Auswahl an gastfreundlichen Unterkünften vom Hotel bis zur Ferienwohnung auf dem Bauernhof und erfreuen sich an der kulinarischen Vielfalt der regionalen Produkte, die in Gaststätten und Hofläden angeboten wird. In einer Reihe von Unterkünften erhalten die Gäste die KönigsCard, die zahlreiche Vergünstigungen bei Bergbahnen, Bädern, Museen und vielen Freizeiteinrichtungen bietet.

Die Gegenden des Pfaffenwinkels haben jede ihren eigenen Reiz.

Der Südliche Starnberger See mit den Osterseen bei Iffeldorf, Seeshaupt und Penzberg verzaubert mit einer traumhaften Landschaft.

Das Auerbergland rund um den sagenumwobenen Auerberg mit den Orten Bernbeuren, Burggen, Hohenfurch, Ingenried, Prem, Altenstadt und Schwabsoien ist eine aussichtsreiche ländliche Idylle.

Die Weilheimer Region mit den Klöstern in Polling und Wessobrunn be-

Kultur- und Freizeitland Pfaffenwinkel
(Bild Tourismus Oberbayern)

eindruckt mit dem überwältigenden Rundblick vom Hohen Peißenberg und guten Einkaufsmöglichkeiten.

Das Schongauer Land besticht durch den mittelalterlichen Stadtkern von Schongau, die Klosterpracht in Rottenbuch und Steingaden, dem UNESCO Welterbe Wieskirche und dem Naturwunder der Ammerschlucht.

Kurgäste finden Erholung und Gesundheit in der Region um das Moorheilbad Bad Bayersoien.

Wichtige Adressen und Telefonnummern

Tourismusverband Pfaffenwinkel
Bauerngasse 5, D-86956 Schongau
Tel. +49 (0)8861 211 3200
info@pfaffen-winkel.de
www.pfaffen-winkel.de

Orte

Karwendelgebirge
Wettersteingebirge
Mittenwald
Wank 1780
Garmisch-Parte
Krün
Farchant
Wallgau
Oberau
Walchensee
Herzogstand 1731
Eschenlohe
Kochelsee
Ohlstadt
Murnauer Moos
Kochel
Schlehdorf
Murnau
Grafenaschau
Großweil
Staffelsee
Seehausen
Riegsee
Benediktbeuern
Rieden
A 95
Sindelsdorf
Aidling
Hofheim
Uffing
Bichl
B 472
Dürnhausen
Habach
Spatzenhausen
Eglfing
Frauenrain
Obersöchering
Antdorf
Tauting
Untersöchering
St. Nikolau
Penzberg
Iffeldorf
Huglfing
Berg
Oberhausen
Osterseengebiet
Eberfing
Etting
Peiße
B 472
Haarsee
Polling
Magnetsried
Marnbach
Oderding
St. Heinrich
Seeshaupt
Deutenhausen
Seeseiten
Jenhausen
Weilheim
Ambach
Bauerbach
Unterhausen
Bernried
Starnberger
See
Wielenbach
Haunshofen
Wilzhofen
Ammer
Münsing
Ammerland
Pähl
Tutzing
Erdfunkstelle
Kerschlach
Raisting
Fischen
Aidenried
Dießen
Berg
Traubing
Machtlfing

Zugspitze 2963
Lechtaler Alpen
Außerfern
Elbsee
Kreuzspitze 2185
Plansee
Hochplatte 2082
Säuling 2047
Reutte/Tirol
Neuschwanstein
Hohenschwangau
Alpsee
Pürschling 1556
Linderhof
Ammergebirge
Tegelberg 1707
Schwangau
Hohe Bleick 1638
Hoher Trauchberg
Bannwald-see
Forggensee
Hochwildfeuerberg 1541
Niederbleick 1589
Unterammergau
Halbammertal
Untermogg
Buching
B 17
B 23
Altenau
Halblech
Trauchgau
Saulgrub
Prem
Premer Lechsee
Roßhaupten
Wieskirche
Lech
Soiersee
Bad Bayersoien
Wildsteig
Steingaden
Urspring
Lechbruck
Kurgebiet
Schwaigsee
Schönberg
Echelsbacher Brücke
Ilgen
Oberer Lechsee
Rottenbuch
Deutensee
Bernbeuren
Auerberg 1055
Haslacher See
Böbing
Litzauer Schleife
Ammertal
Ammer
Hohenpeißenberg
Peiting
Schongauer Lechsee
Burggen
Tannenberg
Hoher Peißenberg 988
B 472
Erbenschwang
Schongau
Ingenried
Altenstadt
Schwabbruck
Sachsenried
Bidingen
Schwabsoien
St. Leonhard im Forst
Schwabniederhofen
Hohenfurch
Birkland
Dienhauser Weiher
Kinsau
Haid
Engelsrieder See
Apfeldorf
Dienhausen
Rott
Epfach
Denklingen
Reichling
OBERBACHER
Leeder
Ludenhausen
B 17 Romantische Straße

Aktiv sein

„dem Himmel so nah“

Im Pfaffenwinkel kommen Freizeitsportler voll auf ihre Kosten! Hier gibt es nicht nur zahlreiche Wander- und Radrouten, sondern auch wunderschöne Golfplätze, Möglichkeiten zum Reiten und vieles mehr.

Badespass

Freunde des Wassersports haben im Pfaffenwinkel eine Riesenauswahl an Seen, Flüssen und beliebten Erlebnisbädern. Besonders schön ist die idyllische Seenlandschaft im Landschaftsschutzgebiet der Osterseen bei Iffeldorf mit traumhaften Badeplätzen. Wer es ruhiger mag, kann am Ufer sitzen und die Angel auswerfen.

Auf dem Ammersee und dem Starnberger See bieten sich Möglichkeiten zum Segeln, Windsurfen oder einer beschaulichen Dampferfahrt.

Wandergenuss

Das Wanderparadies Pfaffenwinkel bietet mit seinem ausgedehnten Wanderwegenetz zahlreiche Möglichkeiten für jeden Geschmack von der gemütlichen Familientour über informative Themenwege bis zu mehrtägigen Fernwanderwegen und Pilgerwegen.

Themenwege

Viele attraktive Themenwege sind gut geeignet für Familien und bieten auch den kleinen Entdeckern viel Spaß und Aktion.

Idyllische Seenlandschaften
(Bilder Tourismusverband Pfaffenwinkel)

Den Pfaffenwinkel aktiv erleben

Zu den lohnenden Wegen gehören der Pfaffenwinkler Milchweg bei Rottenbuch, der Walderlebnispfad auf dem Kalvarienberg in Peiting, der Mühlenweg in Schwabsoien, der Barfußpfad in Penzberg, der Stein-Erlebnisweg rund um Huglfing, die Stadt- und Lechgeschichten in Schongau, der Stollenweg auf den Spuren des Bergbaus am Hohen Peißenberg, die Gögerlrunde südöstlich von Weilheim und der bergige Rundweg „Römer und Welfen am Lech" zwischen Schongau und Peiting.

Wandern am Wasser

Besonders reizvoll sind die Wanderwege entlang von Flüssen und Seen. Zu den schönsten Wegen zählen die Peitnachrunde bei Peiting, der Klosterweiher-Weg in der Moränenlandschaft bei Bernried, der Moor- und Seelehrpfad rund um den See bei Bad Bayersoien, der Rundweg um den Fohnsee im Naturschutzgebiet Osterseen sowie die Kleine Frechensee-Runde in unberührter Natur bei Seeshaupt.

Fernwanderwege

Neben den drei Pilgerwegen Heilige Landschaft Pfaffenwinkel (siehe auch Seite 16) findet man vor allem zwei lohnende Fernwanderwege in der Region.

Der König Ludwig Weg folgt auf 127 km den Spuren des geheimnisvollen Märchenkönigs.

Erlebnis Floßfahrt

Auf den genussvollen fünf oder sechs Tagesetappen erlebt man die wunderbare Verbindung zwischen der Landschaft und ihren kulturellen Schätzen. Der Weg beginnt in Berg am Starnberger See und führt durch die Ammerschlucht nach Rottenbuch zu den Königsschlössern.

Die fünf Tagesetappen des LechErlebnisWeges führen durch die herrliche Fluss- und Seenlandschaft des Lechs vorbei an den malerischen Kulissen der historischen Altstädte von Landsberg, Schongau und Füssen.

Radeln im Pfaffenwinkel

Die sanfte Hügellandschaft des Pfaffenwinkels ist das ideale Terrain für Genussradler.

Hier finden Familien, Kulturinteressierte und Mountainbiker die passende Radtour. An den aussichtsreichen Strecken vor der Kulisse der Alpenkette laden Museen zum Besuch, zünftige Gasthäuser zur Einkehr oder Badeseen zur erfrischenden Rast.

Zu den empfehlenswerten Touren gehört der Radweg „Auf den Spuren des Blauen Reiters", der ein eindrucksvolles Urlaubserlebnis in einer Landschaft bietet, die besonders intensiv den Natur- und Kunstgenuss verbindet. Auf der 92 km langen Strecke warten unter anderem vier Museen, die einen hervorragenden Überblick über den deutschen Expressionismus bieten.

Der ca. 200 km lange Ammer-Amper-Radweg ist ein Fernradweg von den

Ammerquellen bis zur Mündung in die Isar. Der abwechslungsreiche Weg beginnt im Graswangtal bei Oberammergau, einem der schönsten Hochtäler der bayerischen Alpen, führt dann entlang der Ammer durch die malerische Hügellandschaft des Pfaffenwinkels vorbei am Ammersee und dann entlang der Amper bis nach Moosburg an der Isar. Da der Weg immer in Fließrichtung des Flusses verläuft, erleichtert ein angenehmes Gefälle das Radwandern.

Wintervergnügen

Die klimatisch begünstigte, im Winter oft sonnige und nebelfreie Landschaft des Pfaffenwinkels in Höhenlagen von 500 bis 1589 Metern ist ideal geeignet für sanfte Wintergenüsse wie Langlauf über verschneite Wiesen oder einen erholsamen Spaziergang in der klaren Luft durch die glitzernde Winterwunderwelt. Hügel für eine vergnügte Rodelpartie finden sich auch. Wer es ganz romantisch mag, nimmt an einer Fahrt auf dem Pferdeschlitten teil.

Wichtige Adressen und Telefonnummern

Tourismusverband Pfaffenwinkel
Bauerngasse 5, D-86956 Schongau
Tel. +49 (0)8861 211 3200
info@pfaffen-winkel.de
www.pfaffen-winkel.de

Orte

Ehrlicher Landurlaub

In der Urlaubsregion Pfaffenwinkel findet jeder die passende Unterkunft vom 4-Sterne-Hotel bis zum gemütlichen Landgasthof oder einer Ferienwohnung auf dem Bauernhof.

Ein Urlaub auf dem Bauernhof bei liebenswerten Gastgebern im Pfaffenwinkel ist für Familien sehr zu empfehlen und wird immer beliebter. Hier kann man bäuerliches Leben noch hautnah erleben. Kinder sind ganz begeistert über den Kontakt zu Pferden, Kühen, Eseln, Schafen und Ziegen und helfen eifrig den Bauern bei der Arbeit.

Essen und Trinken

Im Pfaffenwinkel kann man in vielen Gasthäusern und in Biergärten regionale Spezialitäten, die hier hoch im Kurs stehen, genießen. In Dorf- und Hofläden oder auf Bauernmärkten findet man eine Fülle von regional produzierten Lebensmitteln wie Brot, Käse, Joghurt, Wurst, Fleisch, Eier, Nudeln, Bier, Säfte, Marmelade, Honig, Eis und noch vieles mehr. Die handwerkliche Verarbeitung heimischer Erzeugnisse gehört zur Kultur und Tradition der Region.

Brauchtum

Tradition und Brauchtum werden im Pfaffenwinkel liebevoll gepflegt und in zahlreichen Festen zum Ausdruck gebracht. Als Feriengast kann man beim Aufstellen des Maibaums dabei sein, den Frühschoppen mit bayerischer Blasmusik genießen, die schönen Trachten bei einem kirchlichen Festumzug bewundern oder einen

Bilder Tourismusverband Pfaffenwinkel

stimmungsvollen Christkindlmarkt besuchen.

Zu den schönsten Brauchtumsfesten gehören im Frühjahr der Georgiritt auf dem sagenumwobenen Auerberg zu Ehren des Heiligen Georg und im Herbst der Leonhardiritt zu Ehren des Heiligen Leonhard in mehreren Orten mit prächtig herausgeputzten Pferden und Reitern.

Traditionshandwerk

Es lohnt, Werkstattluft zu schnuppern und Handwerker zu besuchen, die nach den alten Traditionen arbeiten. Neben den Produzenten von regionalen Lebensmitteln in Käsereien und Metzgereien arbeiten im Pfaffenwinkel eine Reihe von Kunsthandwerkern, die wunderschöne Weihnachtskrippen herstellen, holzgeschnitzte Figuren fertigen oder heimische Trachten in großer Auswahl schneidern und anbieten wie eine handgemachte Lederhose oder ein fesches Dirndl.

Wichtige Adressen und Telefonnummern

Tourismusverband Pfaffenwinkel
Bauerngasse 5
D-86956 Schongau
Tel. +49 (0)8861 211 3200
info@pfaffen-winkel.de
www.pfaffen-winkel.de

Heilige Landschaft Pfaffenwinkel

„Es war, als hätt' der Himmel die Erde still geküsst."

Nirgendwo in Deutschland gibt es mehr Klöster und Kirchen als im Pfaffenwinkel. Die Klöster waren in früheren Zeiten Hochburgen der Kultur und der Bildung und prägten über Jahrhunderte das Leben in der Region. Auch heute ist in den sehenswerten Gebäuden der ehemaligen Klöster dieser Geist spürbar. Ein Besuch lohnt sich.

Jedes der Klöster hat einen bedeutenden Platz in der Kultur- und Geistesgeschichte. Die Stifte der Benediktiner, Augustinerchorherren und Prämonstratenser waren Zentren für Kultur und Wissenschaft. Sie hatten wichtige Funktionen als Bildungsträger, stellten Arbeitsplätze zur Verfügung und sorgten für den sozialen Rückhalt der Bevölkerung.

Die mit der Auflösung der Klöster verbundene Säkularisierung im Jahr 1803 bedeutete einen großen Einschnitt. Die damalige Zahl der Gymnasien und Hochschulen im Pfaffenwinkel wurde bis heute nicht mehr erreicht.

Kloster Wessobrunn

Wessobrunn liegt auf einem Hügel südwestlich des Ammersees und ge-

Kloster Rottenbuch
(Bilder Tourismusverband Pfaffenwinkel)

hört als benediktinische Gründung des Herzogs Tassilo im Jahr 753 zu den ältesten Klöstern im Pfaffenwinkel. Hier befindet sich auch die Tassilolinde, die Teil der Gründungsgeschichte ist. Das Kloster ist bekannt durch das um das Jahr 800 verfasste wortgewaltige Wessobrunner Gebet, eines der ältesten poetischen Denkmäler in Deutschland.

Kloster Bernried

Das St. Martin geweihte Kloster Bernried wurde als Augustinerchorherrenstift im 12. Jahrhundert gegründet. Heute beherbergt es ein Fortbildungshaus für kirchliche Erwachsenenbildung. Sehenswert sind die erhaltenen Teile der barocken Klosteranlage und des Klosterparks.

Kloster Rottenbuch

Das 1074 gegründete Kloster war bis zur Säkularisation eines der bedeutendsten Augustinerchorherrenstifte in Bayern. Die ehemaligen Klostergebäude zeugen von einer großartigen Vergangenheit, vor allem die Klosterstiftskirche Mariae Geburt beeindruckt durch die harmonisch abgestimmten Baustile der Romanik, Gotik und Rokoko. Ein Klosterrundweg mit Infotafeln führt auf eine spannende Zeitreise.

Kloster Steingaden

Das ehemalige Prämonstratenser Kloster hat mit dem berühmten Welfenmünster eine herausragende Sehenswürdigkeit. Die Kirche vereint die wichtigsten Kunstepochen von der Romanik bis zur Moderne auf harmonische Weise. Die prachtvollen Deckengemälde stammen aus der Barockzeit. Im liebevoll gepflegten Klostergarten finden Besucher viele alte Kräutersorten.

Kloster Polling

Das ehemalige Benediktiner-, und spätere Augustinerchorherrenstift Polling wurde um 750 gegründet. Im wieder hergestellten einzigartigen Bibliothekssaal waren vor 1803 über 100.000 Bände untergebracht. Das Kloster wurde 1995 für die gelungene Instandsetzung ausgezeichnet.

Bildungshaus St. Martin Berndried

Die Teilnahme an einem Seminar im Bildungshaus der Missionsbenediktinerinnen, idyllisch direkt am Starnberger See gelegen, lohnt sich. Hier kann man auch übernachten, am Leben der Klosterschwestern teilnehmen und die hervorragende Küche genießen.

Die Wieskirche

Die weltberühmte Wallfahrtskirche zum Gegeißelten Heiland auf der Wies gehört zum UNESCO-Welterbe und ist die bedeutendste Sehenswürdigkeit im Pfaffenwinkel mit ca. 600.000 Besuchern pro Jahr. (siehe auch Seite 176)

Vom Wandern zum Pilgern

Das Klosterland Pfaffenwinkel ist die ideale Landschaft für Wanderungen und Pilgern.

Wieskirche

Drei wunderbare Wegschleifen, mit insgesamt 70 Infotafeln ausgestattete Mehrtageswanderungen, die alle am Hohen Peißenberg beginnen, führen zu vielen Kirchen, Klöstern und spirituellen Orten.

Die herrliche, aussichtsreiche Landschaft mit romantischen Seen, dichten Wäldern, ausgedehnten Wiesen und idyllischen Orten strahlt Ruhe und Kraft aus und sorgt für Erholung und Besinnung.

Nordschleife – „Sprudelnde Quellen"

Die Nordschleife mit einer Länge von 96 km und 7 Tagesetappen verbindet den Hohen Peißenberg mit den Klöstern Wessobrunn, Andechs und Polling und durchquert die einzigartige Hardtlandschaft nördlich von Weilheim.

Ostschleife – „Spiegelnde Wasser"

Die Ostschleife hat 8 Tagesetappen mit einer Länge von 118 km und führt zu den Klosterorten Polling, Bernried und Benediktbeuern. Die Route wird geprägt von zahlreichen Seen.

Westschleife – „Wilde Flüsse"

Ammer und Lech begleiten die Pilger auf der Westschleife, die mit 6 anspruchsvollen Tagesetappen über 76 km die wildromantische Ammerschlucht mit der Besteigung des Auerberges bei Bernbeuren verbindet. Die Route führt zu den Klosterorten Rottenbuch, Steingaden, Schongau und zur Wieskirche.

Wichtige Adressen und Telefonnummern

Tourismusverband Pfaffenwinkel
Bauerngasse 5, D-86956 Schongau
Tel. +49 (0)8861 211 3200
info@pfaffen-winkel.de
www.pfaffen-winkel.de

Orte

Kultur

Die kulturelle Vielfalt im Pfaffenwinkel ist einzigartig. Hier findet man Spuren der Kelten und Römer, beeindruckende Zeugnisse christlicher Kunst in Klöstern und Kirchen sowie zahlreiche barocke Baudenkmäler mit dem Highlight der Wieskirche als UNESCO Welterbe.

Interessenten der Kulturgeschichte haben die Auswahl zwischen zahlreichen überaus sehenswerten Kirchen in der Region.

Römer

In der Region findet man zahlreiche Zeugnisse der römischen Besiedlung. Am bedeutendsten ist die „Via Claudia Augusta“. Die ehemalige römische kaiserliche Staatsstraße führte über 500 Kilometer vom Po über die Alpen sowie über Füssen in den Pfaffenwinkel bis zur Donau. Heute kann man den Spuren der Römer auf einem durchgehend beschilderten Radweg folgen. Entlang der Trasse sind Reste römischer Villen zu entdecken.

Der Hohe Peißenberg
(Bilder Tourismusverband Pfaffenwinkel

Villa Rustica

Die sehenswerte Villa Rustica in Peiting ist das freigelegte Badehaus eines römischen Landguts, das durch ein verglastes Gebäude geschützt ist, damit die mit mehreren Infotafeln versehene Anlage auch von außen besichtigt werden kann.

Museen

Die Museumslandschaft des Pfaffenwinkels bietet ein breit gefächertes Spektrum an hochkarätigen Sammlungen zur Kulturgeschichte und zur zeitgenössischen Kunst.

Expressionismus

Schon lange haben sich Künstler von der Landschaft des Pfaffenwinkels inspirieren lassen, besonders die Expressionisten des „Blauen Reiters“ entwickelten hier ihren Stil.

Die Werke der bedeutenden Expressionisten der Künstlervereinigung „Blauer Reiter“ Franz Marc, Gabriele Münter, Wassily Kandinsky und Heinrich Campendonk, die Anfang des 20. Jahrhunderts im Pfaffenwinkel gelebt haben, sind neben den Bildern anderer Künstler im Franz Marc Museum in Kochel, in der Sammlung

Buchheim Museum

Campendonk im Museum Penzberg sowie im Schlossmuseum Murnau zu bewundern.

Das Buchheim Museum in Bernried zeigt die umfangreiche Sammlung expressionistischer Kunst des Autors Lothar-Günther Buchheim.

Geschichte der Region

Eines der ältesten Stadtmuseen in Bayern ist das 1882 gegründete Stadtmuseum Weilheim, das als Schwerpunkt Werke der Weilheimer Schule zeigt.

Im Schlossmuseum Murnau werden neben den Werken der Expressionisten Exponate zur Entstehung der Murnauer Landschaft und seine Entwicklung zur „Sommerfrische" präsentiert.

Im Kutschenmuseum in Schwabsoien sind über 30 historische Kutschen und Schlitten ausgestellt, nostalgische Fahrzeuge aus der guten alten Zeit.
Das einzigartige Kupfermuseum in Fischen am Ammersee zeigt in den historischen Räumen eines denkmalgeschützten Gutshofes Kunstwerke von Kupferschmieden.

Im Heimatmuseum in Polling gewährt reiches Fundmaterial aus einer jungsteinzeitlichen Siedlung Einblick in das Leben unserer Vorfahren.

Auch das Museum im Klösterle in Peiting lohnt den Besuch.

Das Bergwerksmuseum in Penzberg präsentiert vielfältige Exponate zur Geschichte des oberbayrischen Kohlebergbaus.

Auch das Bergbaumuseum Peißenberg mit dem einzigen Erlebnisbergwerk vermittelt hautnah den Bergbau in früheren Zeiten. Zum lohnenden Besuch gehört eine spannende Fahrt in den 670 Meter langen Bergbaustollen.

Musik

Die Konzertreihen in historischen Gebäuden im Pfaffenwinkel wie in Schongau, in der Wieskirche oder dem Bibliothekssaal in Polling sind bei Freunden der klassischen Musik sehr beliebt.

In vielen Kneipen der Region gibt es Livemusik von Blues bis Pop und vor allem Jazz. Eine Reihe erstklassiger Jazzmusiker stammen aus der Region und laden weltberühmte Kollegen zu Konzerten ein.

Freunde der Volksmusik finden zahlreiche Konzerte unterschiedlicher Ausprägung der örtlichen Kapellen.

Wichtige Adressen und Telefonnummern

Tourismusverband Pfaffenwinkel
Bauerngasse 5, D-86956 Schongau
Tel. +49 (0)8861 211 3200
info@pfaffen-winkel.de
www.pfaffen-winkel.de

Orte

Bernried . . . . Seite 422
Peißenberg . . . . Seite 104
Penzberg . . . . Seite 120
Polling . . . . Seite 126
Raisting . . . . Seite 134
Weilheim . . . . Seite 186

Osterseen bei Iffeldorf

Natur pur

Die sanft hügelige Alpenvorlandschaft des Pfaffenwinkels verzaubert Erholung Suchende zu jeder Jahreszeit. Hier kann man vor der majestätischen Kulisse der Alpenkette barfuss durch Wiesen laufen, in idyllischen Seen baden, die Füße in einem sprudelnden Bach kühlen, die Stille der Wälder genießen, auf einer Moorwiese picknicken oder faul in der Sonne liegen und die Seele baumeln lassen.

Moore

Der Pfaffenwinkel ist reich an Moorflächen. Sie stehen zum großen Teil unter Naturschutz und beherbergen seltene Pflanzen und Tiere. Der einzigartige Charakter der Moore macht sie zu reizvollen Ausflugszielen. Moor ist heute ein anerkanntes Heilmittel. Das Bergkiefern-Hochmoor von Bad Bayersoien ist vor ca. 8.000 Jahren entstanden, es weist teilweise eine Tiefe von fünf Metern auf. Es wird in Form von Bädern und Packungen angewendet und hilft vor allem bei muskulären Verspannungen.

Seen und Flüsse

Mit dem mächtigen Lech und der wilden Ammer fließen zwei prägende Flüsse mit einer reichen Artenvielfalt durch die Landschaft des Pfaffenwinkels. Die romantische Ammerschlucht mit den imposanten Kalk-Sinterterrassen ist ein beliebtes Wanderziel.

Romantische Seen vor der Alpenkette
(Bilder Tourismusverband Pfaffenwinkel)

Zahlreiche Seen in der Region bieten schöne Bademöglichkeiten. Die faszinierende Wasserlandschaft des Naturschutzgebietes der Osterseen bei Iffeldorf mit zwanzig Einzelseen und Moorgebieten ist ein Paradies für Wanderer und Wasserfreunde.

Gartenwinkel

Gartenfreunde können im Pfaffenwinkel in vielfältigen Gärten vom liebevoll gepflegten Privatgarten über Pfarr- und Klostergärten und Kräutergärten bis zur weitläufigen Parkanlage echtes Gartenglück erleben. Lehr- und Schaugärten laden zu genussvollen Besuchen ein. Hierzu gehören der Klostergarten Steingaden, der Energiegarten Elveden in Weilheim, der Lehr- und Krautgarten Eglfing und der Schaugarten Seeshaupt.

Wichtige Adressen und Telefonnummern

Tourismusverband Pfaffenwinkel
Bauerngasse 5, D-86956 Schongau
Tel. +49 (0)8861 211 3200
info@pfaffen-winkel.de
www.pfaffen-winkel.de

Orte

Die KönigsCard

Ein entspannter Urlaub

Urlaub in den Bergen kann so abwechslungsreich sein. Aktiv, vital, actiongeladen, kulturell inspirierend, romantisch, kulinarisch extravagant aber auch so teuer! Doch mit der KÖNIGSCARD erhält man freien Zugang zu über 200 Spitzenerlebnissen von Garmisch über Füssen bis Tirol. 3-Stunden Skipässe, Sommerbergbahnen, Schifffahrten, Klettergärten und noch vieles mehr.

Schlechtes Wetter im Urlaub? Nicht mit der KÖNIGSCARD! Abwechslungsreiche Indoor-Programmhighlights machen jeden Tag zum Ereignis. Also nichts wie los. Man wählt seine KÖNIGSCARD-Unterkunft aus, denn nur dort bekommt man die Karte automatisch und ganz ohne Zusatzkosten beim Check-In von den Gastgebern überreicht.

KÖNIGSCARD-Unterkunft

Heimatgefühl und Selbstversorgung in der gemütlichen Ferienwohnung, Rundum-Sorglos-Paket mit Vollpension im Hotel oder Lagerfeuer-Romantik auf dem Campingplatz – je nach persönlichen Vorlieben und Ansprüchen hat man bei der Su-

che nach der geeigneten Unterkunft die Wahl.
Alle KÖNIGSCARD-Gastgeber sind im KÖNIGSCARD-Gastgeberverzeichnis oder unter www.koenigscard.com aufgelistet.

KÖNIGSCARD-Erlebnisse

Geführte Rad- und Wandertouren, ein Ausflug ins Museum, mit der Bergbahn in luftige Höhen schweben oder den eigenen Kaffee rösten – es warten über 200 unvergessliche Erlebnisse im KÖNIGSCARD-Land auf die Gäste, die ganz nach Wunsch und Zeit gratis benutzt werden können.
Im Winter gibt es noch ein ganz besonderes Highlight. Ab zwei Übernachtungen kann man täglich drei Stunden kostenlos Skifahren.

Zur einfachen Planung des Urlaubs erhält man von den Gastgebern einen Erlebnisführer, in dem alle königlichen Erlebnisse zu finden sind.

Das KÖNIGSCARD-Land

Das KÖNIGSCARD-Land erstreckt sich über die drei Regionen Allgäu, Tirol und Oberbayern. Hier zeigt man einfach die KÖNIGSCARD vor und kann dann die Angebote kostenlos nutzen. Dank der großen Auswahl findet jeder das Passende für sich und kann neues ausprobieren.
Die KÖNIGSCARD ist der Schlüssel zu unvergesslichen Erlebnissen in der Urlaubsregion.

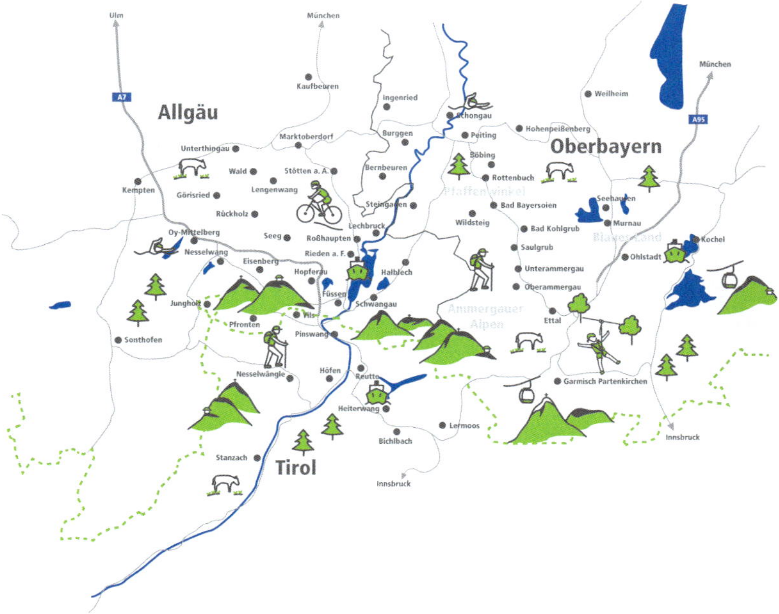

Weitere Informationen zur KÖNIGSCARD sind bei allen Tourist Informationen der beteiligten Orte oder direkt bei der KÖNIGSCARD Gästekarten GmbH erhältlich.

KÖNIGSCARD
ALLGÄU · TIROL · OBERBAYERN

1. Unterkunft buchen

Bucht euren Urlaub einfach bei einer KÖNIGSCARD-Unterkunft und schon gehört die Karte euch

2. Einchecken

Ihr bekommt die KÖNIGSCARD beim Check-In von eurem Gastgeber überreicht.

3. Neues erleben

Viele spannende Erlebnisse warten auch Euch: Erkundet die Natur, probiert Neues aus und begebt euch auf spannende Abenteuer. Mit der Königscard kann der Urlaub nicht lange genug sein.

KÖNIGSCARD
Gästekarten GmbH

Hauptstraße 8
D-87663 Lengenwang
Tel. +49 (0)83 64-9 85 88 12
info@koenigscard.com
www.koenigscard.com

Augustiner Chorherrenstift in Rottenbuch
(Bild Gemeinde Rottenbuch)

Pfaffenwinkel

Antdorf

Südlich der Osterseen

Die Gemeinde Antdorf (rund 1.340 Einwohner) im oberbayerischen Landkreis Weilheim-Schongau ist mit 13 Ortsteilen Mitglied der Verwaltungsgemeinschaft Habach. Antdorf liegt nur 3 km vom Naturparadies der Osterseen entfernt. Es ist über die nahe Anschlussstelle Sindelsdorf der A 95 von München nach Garmisch und über die B 472 von Peißenberg nach Bad Tölz gut zu erreichen.

Der Ort mit seiner malerischen Umgebung ist bei Wanderern und Radlern beliebt. Für Gäste stehen eine Reihe von Privatzimmern und Ferienwohnungen zur Verfügung.

Sehenswürdigkeiten

Die katholische Pfarrkirche St. Peter und Paul steht auf einer Anhöhe am Kirchplatz in Antdorf und bestimmt das Ortsbild. Sie wurde 1688 bis 1694 vom Wessobrunner Baumeister Caspar Feichtmayr neu errichtet. Seit der Renovierung 2002 erstrahlt der im Barockstil prächtig geschmückte Innenraum mit wertvollen Malereien und Stuckarbeiten in neuem Glanz.

Auch die Kirche Mariä Himmelfahrt im Ortsteil Frauenrain und die Kirnberg Kapelle südlich von Antdorf sind einen Besuch wert.

Freizeit und Sport

Wandern in der herrlichen Natur gehört zu den schönsten Freizeitaktivitäten in Antdorf.

Die 3 km lange, gemütliche Antdorfer Betbichlrunde verbindet Naturerlebnisse mit dem Besuch einer Mariengrotte, der Kirche in Frauenrain und der Kirnberg Kapelle. Der Rundweg

Antdorf
(Bilder Gemeinde Antdorf)

St. Peter und Paul

startet bei der Gemeindeverwaltung und wird von prachtvollen Weitblicken zum Alpenpanorama begleitet.

Der 8 km lange Höllfilzweg ist ein beliebter Rundwanderweg, der in Antdorf beginnt. Die aussichtsreiche Route führt erholsam über wenig begangene Wanderwege und Wiesenpfade.

Veranstaltungen

Das Jahresprogramm in Antdorf ist von Brauchtumsfesten geprägt. Hierzu gehören das Aufstellen des Maibaums, die Fronleichnamsprozession, das Johannifeuer zur Sommersonnenwende und das Patroziniumsfest mit Kräutersegnung im Ortsteil Frauenrain an Mariä Himmelfahrt am 15. August.

Wichtige Adressen und Telefonnummern

Gemeinde Antdorf
Schleierweg 3
D-82387 Antdorf
Tel. +49 (0)8856 91999
gemeinde@antdorf.bayern.de
www.antdorf.de

Bad Bayersoien

Beliebtes Moorheilbad

Bad Bayersoien
(Bilder Gemeinde Bad Bayersoien)

Die Gemeinde Bad Bayersoien (rund 1.200 Einwohner) im oberbayerischen Landkreis Garmisch-Partenkirchen ist Mitglied der Verwaltungsgemeinschaft Saulgrub. Die Gemeinde ist Heilbad und Moorkurort. Sie liegt landschaftlich reizvoll am Bayersoiener See und ist ein beliebtes Ferienziel für Kuren, Wellness-Urlaub und Aktivurlaub. Hierfür stehen eine Reihe von Übernachtungsmöglichkeiten in gastfreundlichen Hotels und Ferienwohnungen zur Verfügung.

Bad Bayersoien liegt an der Bundesstraße 23 von Peiting nach Garmisch-Partenkirchen, die hier ein Teil der deutschen Alpenstraße ist. Die Gemeinde ist an das Busnetz des Regionalverkehrs Oberbayern angeschlossen.

Kurzer Blick ins Geschichtsbuch

Die Region von Bayersoien lag an der wichtigen Handelsstraße von Venedig nach Augsburg.

Einzelne Höfe wurden im 13. Jahrhundert erstmals urkundlich erwähnt. Die meisten Höfe gehörten dem Kloster Ettal. Sie wurden an der Durchgangsstraße errichtet, wodurch ein typisches Straßendorf entstand. 1818 entstand die heutige Gemeinde. Bayersoien wurde 1968 Luftkurort und 1996 Heilbad.

Sehenswürdigkeiten

Die Pfarrkirche St. Georg wurde im 15. oder 16. Jahrhundert im spätgotischen Stil errichtet und im 18. Jahrhundert im Barockstil neu ausgestattet. Im sehenswerten Innenraum fallen die eindrucksvollen Stuckarbeiten von Wessobrunner Künstlern auf. Das Deckengemälde stammt vom berühmten Lüftlmaler Franz Seraph Zwinck.

Sehenswert ist auch die 1929 fertiggestellte 183 Meter lange Echelsbacher Brücke, damals mit 130 Meter Bogenspannweite die weitestgespannte Melan-Bogenbrücke der Welt. Sie wurde in den Jahren 2017 bis 2021 saniert.

Beim Spaziergang durch die Dorfstraße kann man viele stattliche Häuser entdecken. Zu ihnen zählt das „Bierlingshaus", das der bedeutenden Kaufmannsfamilie der Bierlings gehörte. Die Familie hat das Amt der Verwaltung des Salzdepots inne..

Dorfmuseum

Heute ist im Haus das Dorfmuseum untergebracht. Es zeigt in seiner umfangreichen Sammlung handwerkliche Gerätschaften aus vergangenen Jahrhunderten und dokumentiert den Torfabbau im Moor. Das Museum zeigt auch, wie die Familie Bierling wohnte und lebte. Ein weiterer Schwerpunkt der Ausstellung ist eine Sammlung von religiösen Darstellungen aus der Region.

Öffnungszeiten siehe https://gemeinde-bad-bayersoien.de/index.php/gemeindliche-einrichtungen/museum

Freizeit und Sport

Bad Bayersoien und die idyllische Umgebung bietet beste Voraussetzungen für einen entspannten Aktivurlaub und eine erholsame Kur. Die hiesigen Moorkuren sind für die heilenden Wirkungen des natürlichen Bergkiefernhochmoors bekannt. Im bis zu 42° warmen Moorbad entspannen sich Muskeln und Gelenke.

Im Sommer lockt der warme Moorsee von Bad Bayersoien zu einem angenehmen Bad. Er gilt als der wärmste Badesee in Südbayern. An der Südseite des Sees bietet eine große Liegewiese viel Platz für Badegäste. Hier liegt der Badebereich mit Kiosk und Bootsverleih. Direkt am See liegt der große Natur-Kurpark mit Klima-Liege-Pavillon, Moortretbecken und Barfußpfad. Rund um den See führt ein 2,5 km langer Naturlehrpfad.

Wandern

Auf dem Wanderwegenetz rund um die Gemeinde kann man die herrliche Landschaft erkunden. Eine Reihe von Themenwegen vermitteln interessante Informationen über Natur, Land und Leute.

Ein Moorlehrpfad mit drei Infostationen am östlichen Rand des Sees erklärt die Entstehung und Bedeutung des Moores für die Region. Ein Vogellehrpfad zeigt auf Schautafeln die Vogelwelt des Hochmoores.

Auf dem rund 7 km langen, leichten Kapellen- und Sehenswürdigkeiten Rundweg kann man zahlreiche kleine Kapellen, Kreuze und Denkmäler entdecken.

Auf dem leichten, 6 km langen HAIKU-Weg zwischen Bad Bayersoien und Bad Kohlgrub stehen 17 Holzstelen mit HAIKUS, kurzen japanischen Gedichten.

Die 7 km lange beliebte Haselbachrunde ist ein sehr schöner und abwechslungsreicher Rundwanderweg zu jeder Jahreszeit, der von Frühling bis Herbst durch blühende Streuwiesen führt.

Winterfreuden

Auch im Winter bietet Bad Bayersoien Möglichkeiten für erholsame Wanderungen durch die glitzernde Schneelandschaft in kristallklarer Luft.

Der 12 km lange Winterwanderweg durch das Geizenmoos führt die die reizvolle schneebedeckte Moorlandschaft nach Bad Kohlgrub und zurück. Der aussichtsreiche, präparierte, familienfreundliche Weg ist bei Gästen sehr beliebt.

Für Skilangläufer sind mehrere gespurte Loipen angelegt.

Auf dem angelegten Eisplatz im Ort tummeln sich Eisläufer und Freunde des Eisstockschießens.

Mehrere attraktive Skigebiete in den nahen Ammergauer Alpen sind von Bad Bayersoien schnell erreichbar.

Wichtige Adressen und Telefonnummern

Kur- und Tourist-Information Bad Bayersoien
Dorfstr. 45, D-82435 Bad Bayersoien
Tel. +49 (0)8845 70 30 62-0
bad-bayersoien@ammergauer-alpen.de
www.ammergauer-alpen.de/bad-bayersoien

Böbing

Die Gemeinde Böbing (rund 1900 Einwohner) im oberbayerischen Landkreis Weilheim-Schongau liegt in der Region Oberland. Der Ort ist mit dem Auto über die Staatsstraße 2058 von Steingaden nach Weilheim gut zu erreichen. Die Buslinie 9651 des Regionalverkehrs Oberbayern führt durch Böbing.

Böbing ist ein gemütliches und schön gelegenes oberbayerisches Dorf im hügeligen Alpenvorland. Der Ort ist umgeben von herrlicher Landschaft mit Wiesen, Wäldern und Seen, in der man die reine Luft genießen kann.

Für Feriengäste stehen Gasthöfe und eine Reihe von Ferienwohnungen zur Verfügung.

In den zünftigen Gasthäusern und Biergärten kann man vor allem bayerische Spezialitäten genießen.

Sehenswürdigkeiten

Die katholische Pfarrkirche St. Georg in der Ortsmitte aus dem Jahr 1638 lohnt einen Besuch. Neben den Gemälden und Skulpturen im Innenraum ist auch die große Lourdesgrotte im Unterbau sehenswert.

Freizeit und Sport

Böbing bietet schöne Freizeitmöglichkeiten zu jeder Jahreszeit. Wanderer und Radfahrer finden ein Wegenetz mit reizvollen Routen durch die idyllische Landschaft. Im Sommer bietet der Lugenauer See herrlichen Badespaß in natürlicher Umgebung, im Winter tummeln sich die Schlittschuhläufer auf dem zugefrorenen See.

Veranstaltungen

Der Böbinger Veranstaltungskalender wird von traditionellen Brauchtumsfesten geprägt.

Wichtige Adressen und Telefonnummern

Tourist-Info Böbing
Kirchstraße 22, D-82389 Böbing
Tel. +49 (0)8867 9100 12
tourist-info@boebing.de
www.boebing.de

Böbing
(Bild Paul Hofacker)

Ein Ort mit bezaubernder Aussicht

Bromberg-Alm

Auf einer Höhe von 820 Meter liegt die Bromberg-Alm, von der Besucher einen herrlichen Ausblick auf den Pfaffenwinkel und das Oberland genießen. Doch nicht nur das Auge wird hier oben verwöhnt. Auch dem Gaumen schmeicheln die Wirtsleute mit Köstlichkeiten aus Küche und Keller.

Vor allem regionale Spezialitäten werden mit heimischen Produkten zubereitet, die die Gastgeber in den gemütlichen Gasträumen oder auf der Terrasse servieren. Alm-Gourmets sollten sich das Candlelight-Dinner nicht entgehen lassen, zu dem das Küchenteam in die Trickkiste greift und kulinarische regionale und internationale Köstlichkeiten auf den Tisch zaubert.

Während des Winters und bei günstiger Schneelage empfiehlt sich die Bromberg-Alm auch für Skifahrer, die nach einigen Abfahrten auf der gepflegten Piste den Einkehrschwung machen.

Bromberg-Alm
Bromberg 10
D-82389 Böbing
Tel. +49 (0)88 67-92 045
je@bromberg-alm.de

Kneippen in privater Atmosphäre

Der Stroblhof in Böbing

Die Natur im Pfaffenwinkel mit ihren Wäldern und Wiesen, mit Bächen, Flüssen und Seen, weckt bei den Gästen dieser traumhaften Landschaft das Bedürfnis nach Bewegung und Entspannung.
Hier bietet der erste, vom Kneipp-Bund anerkannte Gesundheitshof im oberbayerischen Pfaffenwinkel, eine umfangreiche Ausstattung an. die von der Sauna über Sportgeräte bis hin zu Wassertretbassin und Armtauchbekken reicht. Mit zahlreichen Anwendungen finden die Gäste hier körperliche und seelische Entspannung.

Wohnen in naturnaher Umgebung

Den Feriengästen stehen auf dem Stroblhof komfortabel ausgestattete und geräumige Ferienwohnungen für erholsame Urlaubstage zur Verfügung. Viel Holz, das in den Innenräumen verarbeitet wurde, sorgt für eine behagliche und wohlige Atmosphäre. Die Wohnräume verfügen jeweils über eine komplette Küchenzeile mit Spülmaschine, Mikrowelle und Backofen.

Urlaub auf dem Land

Der für die Region typische landwirtschaftliche Familienbetrieb im Herzen des Pfaffenwinkels wird von Johann und Maria Mayr bewirtschaftet Besonders die kleinen Gäste kommen auf dem Stroblhof, der sich zudem als Erlebnisbauernhof kürt, auf ihre Kosten. Hier ist für jede Menge Abwechslung gesorgt. Auch, wenn nicht

jeden Tag ein Kälbchen geboren wird, machen doch Katzen, Hasen, Enten und Hühner, Schafe, sieben Ponys und zwei Pferde die Natur auf und rund um den Hof erlebbar. Auch die Spielscheune mit Schaukeln, Klettertum und Rutsche, mit Trampolin und vielen Kinderfahrzeugen garantieren den kleinen Gästen abenteuerliche und abwechslungsreiche Stunden.

Stroblhof

Johann und Maria Mayr
Herkulan-Schweiger-Weg 12
D-82389 Böbing-Pischlach
Tel. +49 (0) 88 67-4 52
Fax +49 (0) 88 67-4 68
info@stroblhof.de
www.stroblhof.de

Bestmögliche Qualität für ein Stück Lebensfreude

Genussbäckerei Tralmer

In einem altehrwürdigen Anwesen, das schon 1469 urkundlich erwähnt wurde, ist seit 1957 die Bäckerei Tralmer in Böbing zu finden.

Auch die Umstellung auf die Brotproduktion auf Basis ökologischen Getreides und Zutaten begann hier schon früh im Jahr 2001, nachdem Joseph Tralmer 1998 die Bäckerei von seinem Vater übernommen hatte. Einige Jahre später, im Jahr 2005, wurde der Verkaufsraum und das neugestaltete Café im benachbarten Scheiberhaus eröffnet.

Bäcker-HANDWERK im wörtlichen Sinne

Nicht nur die handwerkliche Tätigkeit bei der Zubereitung der verschiedenen Brote, Semmeln, Kuchen und all der anderen Köstlichkeiten zeichnet die Genussbäckerei in Böbing aus.
Es ist auch der auf regionale Produzenten konzentrierte Einkauf aus ökologischem Anbau, der die Spezialitäten, die aus der Backstube kommen, zu etwas ganz Besonderem machen.
Für Allergiker finden sich in dem umfangreichen Sortiment des Hauses Backwerk aus glutenfreien Zutaten und

vegane Spezialitäten, ebenso wie eine Vielzahl an Gebäcken aus reinem Dinkelmehl.

Verwöhnatmosphäre in Böbing

In einem gemütlichen Café mit etwa 20 Sitzplätzen und auf einer malerisch angelegten Terrasse lassen sich die Gäste mit feinen hausgemachten Kuchen und Torten sowie feinen Tee- und Kaffeespezialitäten verwöhnen. Der abwechslungsreiche Frühstücksservice mit biologischen Zutaten sorgt für einen gesunden Start in den Tag.

Über die Region hinaus

Da hochwertige, ökologisch hergestellte Backwaren begehrt sind, werden sie auch über die Landesgrenzen hinaus an gastronomische Betriebe, Bioläden und Naturmärkte geliefert.

Genussbäckerei Tralmer

Café und Konditorei
Kirchstr. 8, D-82389 Böbing
Tel. +49 (0)88 67-2 50
info@genussbaeckerei-tralmer.de
www.genussbaeckerei-tralmer.de

Burggen

Ländliche Gemeinde bei der Litzauer Schleife

Die Gemeinde Burggen (rund 1.660 Einwohner) mit den Ortsteilen Tannenberg und Haslach im oberbayerischen Landkreis Weilheim-Schongau ist Mitglied der Verwaltungsgemeinschaft Bernbeuren.

Die Landwirte betreiben im bäuerlich geprägten Dorf betreiben ausschließlich Milchviehwirtschaft. Es liegt rund 8 km südwestlich von Schongau in der Nähe des ursprünglich gebliebenen Lech mit dem Naturschutzgebiet der Litzauer Schleife.

Burggen ist über die nahe Bundesstraße 472 von Marktoberdorf nach Schongau gut zu erreichen.

Die landschaftlich reizvolle Umgebung von Burggen bietet viele Naturschönheiten und Erholungsmöglichkeiten. Für Gäste stehen gastfreundliche Ferienwohnungen und ein Gasthof mit Restaurant zur Verfügung.

Kurzer Blick ins Geschichtsbuch

Die römische Handelsstraße Via Claudia Augusta führte durch das Gebiet von Burggen.

Die Region war bereits im 6. Jahrhundert von Alemannen besiedelt, wie Gräberfunde gezeigt haben. Der Name Burggen stammt vermutlich von einer alemannischen Sippe. Erstmals urkundlich erwähnt wurde der

Burggen
(Bilder Gemeinde Burggen)

Pfarrkirche St. Stephan

Ort Ende des 12. Jahrhunderts. 1795 vernichtete ein Großbrand 84 von den 122 Häusern des Ortes. Beim Wiederaufbau entstand das Häuserensemble in der Sankt.Anna-Straße. Durch das Gemeindeedikt 1818 wurde die politische Gemeinde Burggen gegründet.

Sehenswürdigkeiten

Kulturgeschichtlich interessierte Besucher finden in Burggen einige Sehenswürdigkeiten, die den Besuch lohnen.

Pfarrkirche St. Stephan

Von der ursprünglichen mittelalterlichen Kirche ist nur ein Teil des romanischen Turms erhalten geblieben. Die Kirche wurde 1680-82 neu errichtet. In den 1770er Jahren erhielt die Kirche die prächtige barocke Innenausstattung.

Beachtung verdienen die Abendmahldarstellung in der Chorkuppel, das Mittelbild im Langhaus mit dem Hl. Stephanus im Streitgespräch mit Schriftgelehrten, die Figuren am Hochaltar und an den Seitenaltären, die teilweise von Anton Sturm aus Füssen stammen, sowie die Kanzel aus dem Jahr 1700, die 1732 von der Pfarrkirche in Schongau übernommen wurde.

St. Anna Kirche

Die ehemalige Wallfahrtskirche mit romanischem Turm und gotischer Chorarchitektur wurde 1612 und 1726-28 umgestaltet. Sie war der Mutter der Gottesmutter Maria geweiht.

St. Anna Kirche

Sehenswert sind das gotische Gnadenbild „St. Anna Selbdritt", das Ziel der Wallfahrten, sowie die renovierte Kassettendecke in Grisaillemalerei auf Holz von 1674 mit Szenen aus der St. Annalegende.

Pfarrkirche St. Oswald

Die Kirche im Ortsteil Tannenberg wurde 1827 im Empirestil errichtet. Die Gemälde im Innenraum von Nikolaus Augner aus Schongau zeigen Stationen aus dem Leben des Hl. Oswald.

St. Eligiuskapelle

Die Kapelle wurde 1631 geweiht. Später wurde sie dem Schutzpatron gegen Viehseuchen St. Eligius gewidmet. Der jährliche Eligiusritt führt an der Kapelle vorbei. Bemerkenswert sind das Außenfresko und das Altargemälde von 1613 mit Darstellung des Gnadenstuhls.

St. Anna-Straße

Das unter Denkmalschutz stehende Bauensemble der St.Anna-Straße wurde nach dem verheerenden Großbrand 1795 planmäßig angelegt. Alle damals neu errichteten Bauernhöfe sind konsequent mit dem Giebel nach Osten ausgerichtet. Bemerkenswert ist die Häufung von Nordostallgäuer Bauernhäusern mit Flachsatteldächern.

Parrkirche St. Oswald
(Bild Joseph Schuster)

Litzauer Schleife

Freizeit und Sport

In Burggen sorgen 20 Vereine für ein breites Angebot an sinnvollen Freizeitbeschäftigungen. Dazu gehören Sportvereine sowie Trachten- und Musikvereine.

Der Freizeit Baggerpark im Energiepark in Burggen ist ein attraktives Ausflugsziel für die ganze Familie.

Haslacher See

Im Sommer ist der Haslacher See ein beliebter Treffpunkt für Badegäste, die den See wegen des besonders reinen und klaren Wassers schätzen. Ein modern ausgerüstetes Strandbad mit aufgeschüttetem Sandstrand, Umkleidekabinen, sanitären Anlagen und einem Kiosk, der Snacks und Getränke anbietet, ist vorhanden.

Im Winter

Im Winter tummeln sich bei sicheren Eisverhältnissen begeisterte Schlittschuhläufer auf dem Haslacher See.

Bei guten Verhältnissen bieten sich für Skilangläufer herrliche Touren in der hügeligen Schneelandschaft auf gespurten Loipen.

Radfahren

Die Region Burggen ist ein Paradies für Radler. Freizeitsportler finden ein großes Angebot an abwechslungsreichen Wegen mit Radwanderstrecken, Mountainbike-Abfahrten oder Rennradtouren.

Der Fernwanderradweg entlang der „Via Claudia Augusta“ führt durch Burggen.

Rosstag
(Bild Astrid Horbach)

Wandern

Rund um Burggen laden zahlreiche gut markierte Rundwanderwege zum erholsamen Wandern in der aussichtsreichen Voralpenlandschaft ein. Beim 7 km langen, familienfreundlichen Haslacher See-Weg wandert man vor der faszinierenden Alpenkulisse durch die sanft hügelige Landschaft zum Haslacher See, wo eine Einkehrmöglichkeit vorhanden ist.

Die Naturwundertour ist eine leichte, 8 km lange Wanderung auf den Spuren der alten Römer über Wiesen, Wälder und Hügel zum wilden Lech mit dem Naturschutzgebiet Litzauer Schleife, das einen einzigartigen Lebensraum für viele Pflanzen und Tiere bietet. Die Tour ist im Frühsommer zur Blütezeit besonders schön.

Der 8 km lange Tannenberger Weg verbindet als Rundwanderung die Ortsteile Tannenberg und Burggen mit der Möglichkeit, die St.Anna-Kirche zu besuchen.

Eine 13 km lange Etappe des Fernwanderweges Heilige Landschaft Pfaffenwinkel ist die abwechslungsreiche Strecke von Auerberg nach Burggen. Sie beginnt mit dem spannenden Abstieg über den Jägersteig und die romantische Feuersteinschlucht. Dann wandert man entspannt durch weite Wiesen und Felder in Richtung Burggen.

Ein weiterer Abschnitt des Fernwanderweges Westschleife, Heilige Landschaft Pfaffenwinkel, der Natur- und Kulturerlebnisse verbindet, führt über 13 km von Burggen nach

Schongau. Auf dem Weg wandert man vorbei an der Litzauer Schleife und hat die Möglichkeit, die romanische Basilika in Altenstadt zu besichtigen.

Veranstaltungen

Die Feste und Veranstaltungen der aktiven Vereine in Burggen sorgen für ein abwechslungsreiches Jahresprogramm.

Rosstag

Ein Höhepunkt ist der alle drei Jahre stattfindende Rosstag (nächster Termin 2021) am zweiten Sonntag im September. Bei diesem Heimatfest werden über 200 prächtig geschmückte Pferde verschiedener Rassen, Fuhrwerke sowie historische bäuerliche Geräte den zahlreichen begeisterten Besuchern als lebendiges Museum gezeigt.

Eligiusritt

Traditionell am 1. Adventssonntag wird das Reiterfest zu Ehren des Hl. Eligius, dem Schutzpatron gegen Viehseuchen, vom Burggener Reitverein mit Reiterumzug und Pferdesegnung gefeiert.

Wichtige Adressen und Telefonnummern

Gemeinde Burggen
Schwarzkreuzstraße 2
D-86977 Burggen
Tel. +49 (0)8860 251
gemeinde@burggen.de
www.burggen.de

Eligiusritt
(Bild Astrid Horbach)

Eberfing

In der Landschaft des Drumlinfeldes

Eberfing (rund 1.450 Einwohner) ist eine Gemeinde im oberbayerischen Landkreis Weilheim-Schongau, ist Mitglied der Verwaltungsgemeinschaft Huglfing und besteht aus 13 Ortsteilen.

Eberfing liegt rund 8 km südöstlich von der Kreisstadt Weilheim. Es ist über die B2 von Weilheim nach Murnau gut zu erreichen.

Im Gemeindegebiet liegen das in der letzten Eiszeit durch Gletscher geformte Geotop des hügelartigen Eberfinger Drumlinfeldes sowie einige Gewässer wie der Goppoldsrieder See, der Stadler Weiher und der Eichendorfer Weiher.

Im Gemeindegebiet wurden Gräber aus vorchristlicher Zeit gefunden. Erstmals urkundlich erwähnt wurde Eberfing im 11. Jahrhundert. Nach wechselnden Besitzern wurde Eberfing im Jahr 1818 selbständige Gemeinde im Königreich Bayern.

Sehenswürdigkeiten

Zwei Kirchen in Eberfing lohnen den Besuch. Die unter Denkmalschutz stehende Laurentiuskirche aus dem Jahr 1689 hat einen romanischen Satteldachturm, der von der vorigen Kirche übernommen wurde.

Frauenkirche

Die Frauenkirche von 1653 verdient Aufmerksamkeit mit den gotischen Figuren und dem Gnadenbild des Hochaltars der Gottesmutter mit Kind.

Eberfing
(Bilder Gemeinde Eberfing)

Laurentiuskirche

Freizeit und Sport

Die Landschaft um Eberfing lädt Naturliebhaber ein. Touren auf einem der zahlreichen Wander- und Radwege durch das Drumlinfeld, die sanfte Hügellandschaft von einem der Weiher zum nächsten bis hin zu Touren durch ausgedehnte Moor- und Filzgebiete sind in der Umgebung möglich.

Wandern

Die 8 km lange beliebte Moor- und Drumlinrunde startet am Wald beim Weiler Stadel an der Kreisstraße WM 1. Sie führt durch weitläufige Filzgebiete und romantische Wälder mit dem Highlight des Stadler Weihers.

Der 4 km lange Panoramaweg Schellenberg beginnt bei der Bushaltestelle in Eberfing und belohnt den Aufstieg zum Schellenberg mit prächtigen Ausblicken auf die Alpenkette und den Hohenpeißenberg.

Dorfplatz

Die 4 km lange Wanderung rund um den idyllischen Weiler Arnried beginnt bei der Kirche in Arnried und führt auf ruhigen Forstwegen gemütlich durch malerische Wälder.

Das aktive Dorf- und Vereinsleben der rund 20 Vereine sorgt in Eberfing für Möglichkeiten der sinnvollen Freizeitbeschäftigung. Für Gäste stehen im ländlich geprägten Dorf einige Privatzimmer und Ferienwohnungen, der Gasthof zur Post und zwei weitere Gaststätten zur Verfügung.

Wichtige Adressen und Telefonnummern

Gemeinde Eberfing
Ettinger Straße 7
D-82390 Eberfing
Tel. +49 (0)8802 80 02
Fax +49 (0)8802 82 41
gemeinde@eberfing.bayern.de,
www.eberfing.de

Eglfing

Lebendige Gemeinde in ruhiger Lage

Die Gemeinde Eglfing (rund 1.070 Einwohner) im oberbayerischen Landkreis Weilheim-Schongau ist Mitglied der Verwaltungsgemeinschaft Huglfing. Eglfing mit seinen vier Ortsteilen Heimgarten, Obereglfing, Tauting und Untereglfing liegt in der Tourismusregion „Das blaue Land" zwischen Murnau und Weilheim etwa 60 km von München entfernt.

Die ruhig gelegene Gemeinde ist über die nahen Bundesstraßen B2 von Weilheim nach Murnau und B472 von Schongau nach Bad Tölz gut zu erreichen.

Durch den ländlich geprägten Ort vor dem prächtigen Panorama der Alpenkette, der in die sanften, reizvollen Hügel- und Seenlandschaft des Voralpenlandes eingebettet ist, fließt der Hungerbach. Eglfing bietet durch die nahen Seen und Berge hervorragende Freizeitmöglichkeiten und ist durch die Nähe zu München ein beliebter Wohnort.

Für Gäste stehen Ferienwohnungen und die Möglichkeit eines Urlaubs auf dem Bauernhof zur Verfügung.

Kurzer Blick ins Geschichtsbuch

Die Region von Eglfing mit der durch die Eiszeit geformte Moränenlandschaft war bereits in der Bronzezeit durch die Kelten besiedelt. Die Römerstraße Via Claudia Augusta führte durch Eglfing. Nach den Römern lebten die Merowinger, die Alemannen und die Bajuwaren im Eglfinger Gebiet.

Erstmals urkundlich erwähnt wurde Eglfing bereits im Jahr 807. Nach wechselnden Besitzern im Lauf der Jahrhunderte wurde Eglfing im Jahr 1818 selbständige Gemeinde im Königreich Bayern.

Eglfing
(Bilder Gemeinde Eglfing)

Pfarrhof und Kirche

Ab dem 18. Jahrhundert, in der so genannten „Russenzeit", entstand durch Eglfinger Auswanderer, die in Moskau und Sankt Petersburg Handels- und Wechselhäuser betrieben und beträchtlichen Reichtum erwarben, ein reger Handel mit Russland. Besonders die Familien Dichtl, Daser, Schropp, Schauer und Bierling bedachten die Heimatgemeinde mit zahlreichen Stiftungen und Schenkungen, deren positive Auswirkungen noch heute spürbar und sichtbar sind.

Sehenswürdigkeiten

Römerstein

Der Römerstein, ein vom Moosberg stammender mit altrömischen Motiven gestalteter Glaukonit-Stein steht in der Ortsmitte und soll an die Römerstraße erinnern.

Pfarrkirche St. Martin in Obereglfing

Die Katholische Pfarrkirche St. Martin ist im Kern ein spätgotischer Saalbau und wurde im 18. Jahrhundert mit Hilfe der Familie Dichtl prachtvoll im Stil des Barock und Rokoko umgestaltet. Im Innenraum beeindrucken der Wessobrunner Stuck, die Altäre, die Deckenfresken und die Fenster des Chorraums, die harmonisch aufeinander abgestimmt sind.

Römerstein

Freskenhof

Pfarrhof

Der denkmalgeschützte Pfarrhof in Eglfing aus dem Jahr 1800 wurde ebenfalls von der Familie Dichtl errichtet. Er gehört zu den schönsten Pfarrhöfen Oberbayerns.

Freskenhof

Der Freskenhof wurde im 18. Jahrhundert von der Familie des russischen Großbankiers Joseph Dichtl als Bürgermeisterhaus errbaut. In den 1970er Jahren wurde der Hof durch die Familie Mack vor dem Abbruch gerettet und liebevoll restauriert. Heute erstrahlt der stolze Bau in Obereglfing mit den Wandmalereien, dem großzügigen Treppenhaus und den Stuckdecken in neuem Glanz. Das Haus ist ein überregional bedeutendes Baudenkmal und kann auf Anfrage besichtigt werden.

Zum Freskenhof gehört ein 4.000 qm großer Privatgarten, der wohl durchdacht nach den Prinzipien von „bayerisch-fengshui" angelegt wurde. Auf einem Rundweg kann man die vielfältigen Möglichkeiten kennen lernen, ein Garten zu gestalten.

Heimatmuseum

Im Heimatmuseum in der Hauptstraße wird die Geschichte des Dorfes lebendig. Glanzstück der Ausstellung ist die alte bespannte Pferdspritze.

Das Museum ist jeden 1. Samstag im Monat von 9 bis 12 Uhr geöffnet.

Freizeit und Sport

Lehr- und Krautgarten „Moosbrunnen“

Der 2.000 qm große selbst erklärende Lehrgarten informiert die Besucher über verschiedene Themen der Gartengestaltung. Der nahe gelegene, weithin bekannte und beliebte Naturerlebnis-Spielplatz bietet Kindern vielfältige Lern- und Erlebnismöglichkeiten.

Eglfing ist der ideale Ausgangspunkt für Wanderungen, Radtouren und Ausflüge in der malerischen Landschaft.

Zu den schönsten Radtouren ohne große Steigungen gehört die Route Eglfing - Uffing - Seehausen - Murnau - Staffelseerundweg - Uffing - Eglfing, die 2,5 Stunden benötigt.

Der aussichtsreiche Weg bietet am Staffelsee attraktive Bade- und Einkehrmöglichkeiten.

Wichtige Adressen und Telefonnummern

Gemeinde Eglfing
Hauptstr. 20
D-82436 Eglfing
Tel. +49 (0)8847 6201
gemeinde@eglfing.de
www.eglfing.de

Tauting, Ober- und Untereglfing

Habach

Mitten im Pfaffenwinkel

Die Gemeinde Habach (rund 1.150 Einwohner) liegt im oberbayerischen Landkreis Weilheim-Schongau und ist Sitz der Verwaltungsgemeinschaft Habach. Sie liegt ca. 50 km südlich von München und ist über die nahe Bundesstraße 472 von Peißenberg nach Bad Tölz sowie über die Autobahn 95 gut zu erreichen.

Habach ist eingebettet in die von der letzten Eiszeit geprägten Landschaft mit Moränenhügeln, Mooren und Seen und bietet gute Freizeitmöglichkeiten in nahezu unberührter Natur. Für Speis und Trank bieten zwei Gaststätten Einkehrmöglichkeiten. Der Dorfladen ist ein beliebter Treffpunkt und sorgt für den täglichen Bedarf.

Sehenswürdigkeiten

Die denkmalgeschützte Pfarrkirche St. Ulrich ist eine ehemalige Kollegiat-Stiftskirche, die 1668 geweiht wurde. Der sehenswerte, reich geschmückte Innenraum ist im Barockstil mit Deckenstuck, dem imposanten Hochaltar und zahlreichen Gemälden prächtig ausgestattet.

St. Ulrich

Auch die Katholische Filialkirche St. Martin im Ortsteil Dürnhausen lohnt einen Besuch. Sie wurde bereits im Jahr 1063 errichtet und um 1670 barockisiert.

Freizeit und Sport

Die Habacher Sportvereine bieten mit ihren Einrichtungen unter anderem Möglichkeiten für Tennisfreunde auf zwei Plätzen sowie eine Schieß-

Habach
(Bilder Hans Baumgartner)

Ortsteil Dürnhausen

sportanlage des Schützenvereins mit Gelegenheit zum Bogenschießen.

Die umliegenden Seen bieten im Sommer schöne Bademöglichkeiten.

In den naturnahen Flächen im Gemeindegebiet mit Mooren und Streuwiesen kann man sich bei leichten Wanderungen herrlich entspannen.

Bei entsprechender Schneelage bieten sich im Winter rund um Habach viele Möglichkeiten zum Skilanglauf.

Veranstaltungen

In Habach wird traditionelles Brauchtum von den aktiven Vereinen gepflegt, die mit ihren Festen und Veranstaltungen für ein buntes Jahresprogramm sorgen.

Alle 5 Jahre (wieder 2025) zieht der Habacher Faschingszug zahlreiche begeisterte Zuschauer an. Auch das Erntedankfest wird in Habach alle 5 Jahre (wieder 2022) mit einem Festzug gefeiert.

Zum Brauchtum gehört neben dem Aufstellen des Maibaums auch das Osterfeuer, das am Ostersamstag in Dürnhausen und am Ostersonntag in Habach entzündet wird.

Wichtige Adressen und Telefonnummern

Gemeinde Habach
Hofmark 1
D-82392 Habach
Tel. +49 (0)8847 13 27
gemeinde@habach.bayern.de
www.habach.de

Gemütliche Wirtshausatmosphäre vis-à-vis von Habach

Eichbichl-Stüberl

In den sozialen Medien lesen sich Kommentare wie diese über das Eichbichl-Stüberl in Habach: "Keine überladene Karte, sondern alles frisch, sehr gut gekocht und angerichtet. Sympathische Bedienung. Tolle Lage, Einrichtung bayerisch aber nicht verkitscht..." Und in der Tat. Die traditionell bayerisch-österreichische Küche wird hier gelebt und auf handwerklich hohem Niveau zelebriert. Frische Zutaten, die zumeist aus regionaler Herstellung kommen, werden hier zu kulinarischen Köstlichkeiten verarbeitet. So auch die Wildspezialitäten, die ausschließlich in den heimischen Wäldern ihre Heimat hatten.

Gespeist wird in den gemütlich eingerichteten Gasträumen oder im Biergarten, der sich zu einem Teil beschattet zeigt. Die Räumlichkeiten eignen sich auch für Festlichkeiten, denen die Betreiber des Gasthofes auf Wunsch einen ganz besonderen Rahmen verleihen, begleitet von allem, was Küche und Keller zu bieten haben.

Und wer auf den Geschmack gekommen ist, den verwöhnen die Betreiber auch gerne beim Catering in den eigenen vier Wänden mit den Köstlichkeiten des Hauses.

Eichbichl-Stüberl
Höhlmühler Str. 14
D-82392 Habach
Tel. +49(0)172-6038924
degenhardt@eichbichl-stueberl.de
www.eichbichl-stueberl.de

Hohenfurch

Die Pforte zum Pfaffenwinkel

Die Gemeinde Hohenfurch (rund 1.700 Einwohner) im oberbayerischen Landkreis Weilheim-Schongau liegt etwa 6 km nördlich von Schongau etwas westlich vom Lech malerisch im Schönachtal, von Wiesen und Wäldern umgeben mit Aussicht auf die Alpenkette. Hohenfurch ist über die Bundesstraße 17 von Schongau nach Landsberg am Lech gut erreichbar.

Hohenfurch ist idealer Ausgangspunkt für Erkundungsausflüge in den Pfaffenwinkel mit seinen weltberühmten Sehenswürdigkeiten.

Sehenswürdigkeiten

Die Pfarrkirche Maria Himmelfahrt gehört mit ihrer prächtigen Rokokoausstattung zu den schönsten Barockkirchen im Pfaffenwinkel.

Auf einem aussichtsreichen Hügel südlich von Hohenfurch steht die in den Jahren 1520/21 erbaute spätgotische St. Ursula-Kapelle. Sie ist der Hl. Ursula, der Schutzpatronin der Flößer geweiht, die im Gebet für die gute Heimkehr mit den Flößen auf Lech und Donau dankten.

Freizeit und Sport

Die idyllische Umgebung von Hohenfurch lädt mit einem Netz von Rad- und Wanderwegen zum genussvollen Wandern und Radeln ein.

Die Gemeinde liegt am Fernwanderweg Lech-Höhenweg, der von Landsberg am Lech nach Füssen führt.

Hohenfurch bietet weitere sportliche Freizeitmöglichkeiten mit Reiten, Tennis und im Winter Skilanglauf.

Wichtige Adressen und Telefonnummern

Tourismus-Information der Gemeinde Hohenfurch
Hauptplatz 7, D-86978 Hohenfurch
Tel. +49 (0)8861 90 81798
Tourismus-Information@hohenfurch.de
www.hohenfurch.de

Hohenfurch
(Bilder G. Vogelsgesang)

Traditionelle Handwerkskunst in ihrer schönsten Form

Dürr Holzschnitzereien

Nahe bei Schongau, im schönen Pfaffenwinkel, liegt Hohenfurch. Mitten durch den beschaulichen Ort läuft die B 17 – von Schongau kommend an der großen Kreuzung links abbiegen und nach ca. 800 m links den Bach überquerend in den Talweg 5 fahren.

So findet man die Firma Dürr. Öffnet man die Eingangstür in das Ladengeschäft, betritt man eine andere Welt. Große und kleine Kleinigkeiten – nicht nur für Weihnachten – es ist die schier unendliche Vielfalt im Hause „Dürr-Krippen“, die man hier im wahrsten Sinne des Wortes bestaunen kann.

Rund ums Jahr findet man auf über 150 qm Ausstellungsfläche eine außergewöhnlich große Auswahl an kunstvoll geschnitzten Krippenfiguren aus Holz, Figuren aus Ton und Kunststoff werden ebenso angeboten. Originalgetreues Krippenzubehör und verschiedene andere Schnitzereien lassen die Firma Dürr zu einem ganz besonderen Betrieb werden, der auf traditionelle Handwerkskunst und manuelle Fertigung setzt.

Die Wiege der holzgeschnitzten Krippenfiguren steht im Grödnertal, im schönen Südtirol. Dort werden sie in Größen von 5 bis 40 Zentimetern hergestellt. Auch individuelle Kundenwünsche, abweichend von dieser Größenspanne, werden gern erfüllt. Wahre Meisterwerke sind die klassischen und orientalischen Krippen, aber auch die modernen Interpretationen der Weihnachtskrippen überzeugen durch ihre schlichte Vielfältigkeit.

Zu den Krippenfiguren fertigt die Familie Dürr auch das passende Krippenzubehör an. Selbstverständlich wird dieses originalgetreu und in entsprechenden Proportionen zu den Figuren und zu den Krippenställen hergestellt. Gefertigt wird das Zubehör

per Hand aus Holz oder Metall größtenteils in Oberbayern.

Des Weiteren bietet die Firma Dürr auch Heiligenfiguren, Engel und Kreuze in vielen verschiedenen Größen und Ausfertigungen an. Die Figuren werden liebevoll per Hand bemalt, weshalb jede einzelne ein Unikat ist.

Auch eine Auswahl an Hinterglasbildern sowie erzgebirgischer Volkskunst (Engel von Wendt&Kühn und Blank, Räuchermännchen und Pyramiden) sind ganzjährig ausgestellt. Schöne Geschenkideen für Haus und Garten aus Keramik und Metall runden das Programm ab.

Tipp: Man sollte sich Zeit nehmen und auf den Weg nach Hohenfurch machen – es lohnt sich.
Und für alle, die zu wenig Zeit für einen Besuch haben, stehen die beiden Onlineshops mit dem umfangreichen Sortiment ganzjährig zur Verfügung:
www.duerr-krippen.de
www.groedner-schnitzereien.de

Dürr Krippen
Figuren und Zubehör

Talweg 5
D-86978 Hohenfurch
(bei Schongau)
Tel. +49 (0)8861-3407
info@duerr-krippen.de

Hohenpeißenberg

Erholungsort mit Panoramablick

Die Gemeinde Hohenpeißenberg (rund 4.000 Einwohner) im oberbayerischen Landkreis Weilheim-Schongau liegt mit ihren 18 Ortsteilen im Zentrum des Pfaffenwinkels. Der Ort wird geprägt durch den Gipfel des 988 Meter hohen Hohen Peißenberg, der sich im Zentrum des Ortsgebietes erhebt.

Der Gipfel, der auch der „Bayerische Rigi" genannt wird, bietet den schönsten Rundblick Bayerns und ist ein beliebtes Ausflugsziel. Bei guter Sicht kann man die Alpenkette bewundern von den Chiemgauer Bergen bis zu den Allgäuer Alpen. Auf dem Berg befinden sich ein Sendeturm und ein meteorologisches Observatorium, das als älteste Bergwetterstation der Welt gilt.

Ein großer Teil der Einwohner lebt auf der Südseite des Berges. Hohenpeißenberg ist über die B 472 von Irschenberg nach Marktoberdorf, die als Umgehungsstraße durch das südliche Gemeindegebiet verläuft, gut zu erreichen. Der Ort selbst ist verkehrsberuhigt, was die Lebens- und Wohnqualität erhöht. Die Gemeinde hat einen kleinen Bahnhof auf der Strecke Schongau-Peißenberg.

Der herrlich gelegene Erholungsort in freier Südlage gehört zu den sonnenreichsten Orten in Deutschland mit nebelfreien Föhntagen. Besucher genießen „Goldene Herbsttage" mit klarer Luft. Die waldreiche Umgebung trägt zur Erholung bei.

Eine Reihe von gastfreundlichen Übernachtungsmöglichkeiten von der Ferienwohnung bis zum Gasthof ist vorhanden. Mehrere Gaststätten sorgen für das leibliche Wohl der Gäste.

Hohenpeißenberg
(Bilder Rudi Hochenauer)

Blick von St. Leonhard zum Hohen Peißenberg

Kurzer Blick ins Geschichtsbuch

Der Hohe Peißenberg soll bereits den Römern als Beobachtungsstation gedient haben.

Im Lauf der Jahrhunderte wurden die südlichen Hänge des Berges besiedelt. Seit dem Mittelalter erlebte der Ort wechselnde Besitzer. Durch die wachsende Bevölkerungszahl entstand der Wunsch nach einer eigenen Kirche.

Im Jahre 1514 errichteten Anwohner auf dem Hohenpeißenberg eine Kapelle. Eine geschnitzte Madonna wurde von einem herzoglichen Pfleger aus der Schlosskapelle Schongau in die Kapelle gebracht. Schnell erhielt die Figur den Ruf eines Gnadenbildes und führte zur Entwicklung einer Wallfahrtsstätte. Wegen der vielen Besucher wurde Anfang des 17. Jahrhunderts eine zweite Kirche erbaut, wodurch die jetzige Doppelkirche entstand.

Von 1604 bis zur Säkularisation 1803 betreuten Augustinerchorherren des Klosters Rottenbuch die Wallfahrt auf den Berg. Auf dem großen Deckenfresko von Matthäus Günther in der Gnadenkapelle ist die Übergabe der Wallfahrtsstätte an das Kloster Rottenbuch dargestellt.

Die Chorherren führten erste meteorologische Beobachtungen durch, die seit 1781 ununterbrochen durchgeführt werden. Nach der Säkularisation setzten der Pfarrer und der Schullehrer die Messungen fort, nach dem Zweiten Weltkrieg übernahm der

Hauptstollen

Deutsche Wetterdienst die Wetterbeobachtungen.

Durch das bayerische Gemeindeedikt von 1818 entstand die heutige Gemeinde.

Erholungsort

Bereits im 19. Jahrhundert war Hohenpeißenberg ein viel besuchter Erholungsort. Quellen am Fuß des Hohen Peißenbergs enthielten eisenhaltiges Schwefelwasser, das für Kurbehandlungen gegen Rheuma, Lähmungen und Gicht genutzt wurde. 1828 wurde das Heilbad Sulz gegründet. Viele berühmte Persönlichkeiten kamen als Kurgäste wie die Könige Ludwig I. und Maximilian II. Der Münchener Apotheker Carl Spitzweg besuchte Bad Sulz 1833 und entdeckte hier anlässlich eines Malwettbewerbs sein Maltalent. In den 1930er Jahren versiegten die Heilquellen und das Bad stellte seinen Kurbetrieb ein.

Bergbau

Bereits im 16. Jahrhundert entdeckten Bewohner Pechkohlenvorkommen am Hohen Peißenberg, was zu vereinzelten Bergbauaktivitäten führte. 1837 wurde im Ortsteil Brandach der erste Hauptstollen eröffnet und der staatliche Bergbau am Hohen Peißenberg begann. Ab 1840 wurde die Kohle planmäßig gefördert. In den folgenden Jahrzehnten wurden weitere Stollen eröffnet. Die Fördermenge stieg und auch die Belegschaft wuchs auf 160 Mann.

1937 erreichte die Fördermenge 450.000 Tonnen. In den 1960er Jah-

ren verdrängte das billige Heizöl allmählich die Kohle. Das Peißenberger Bergwerk wurde 1969 geschlossen.
Im Bergbaumuseum in Peißenberg kann man sich über die Geschichte des Bergbaus in der Region informieren.

Sehenswürdigkeiten

Observatorium und Fernsehturm

Fernsehturm Hohenpeißenberg

Zu den Wahrzeichen auf dem Hohenpeißenberg gehört der fast 160 Meter hohe Fernsehturm, der 1978 errichtet wurde. Bereits in den 1950er Jahren wurde die günstige Lage für Rundfunksender genutzt. Die Anlage gehört einem Tochterunternehmen der deutschen Telekom.

Meteorologisches Observatorium

Seit 1781 wurden in der ältesten Bergwetterstation der Welt meteorologische Beobachtungen gemacht und Wetterdaten aufgezeichnet. Das Observatorium gehört heute zum Deutschen Wetterdienst.

2003 wurde der Info-Pavillon eröffnet, in dem sich interessierte Besucher täglich von 8-18 Uhr umfassend über die vielseitigen Arbeiten im Observatorium informieren können.

Wallfahrtskirche Mariä Himmelfahrt

Die Wallfahrtskirche Mariä Himmelfahrt auf dem Hohen Peißenberg ist eine Doppelkirche, die aus der älteren Gnadenkapelle und dem späteren, größeren Kirchenanbau besteht. Sie ist ein Wallfahrtsziel von überregionaler Bedeutung.

Die 1514 erbaute Kapelle mit der vom herzoglichen Pfleger von Schongau gestifteten hölzernen Muttergottes-Figur wurde bald ein Ziel für Wallfahrer, weil die Figur den Ruf eines Gnadenbildes bekam.

Da die Kapelle für die vielen Besucher zu klein wurde, errichtete das Kloster Rottenbuch, das ab 1604 die Wallfahrtsseelsorge übernommen hatte, eine zweite größere Wallfahrtskirche.

Das Gemälde vom Mariäs Himmelfahrt im Hochaltar aus dem Jahr 1717 stammt vom Rottenbucher Maler Matthis Pussjäger. Die Bilder der Kreuzigung und der Auferstehung in den Seitenaltären stammen von Elias Greuter d.Ä.

Mariä Himmelfahrt

Gnadenkapelle

Die Gnadenkapelle erhielt 1747/48 eine prachtvolle Rokoko-Ausstattung von Wessobrunner Meistern. Das Deckenfresko, das die Übergabe der Wallfahrtsstätte an das Kloster Rottenbuch zeigt, stammt von Matthäus Günther.

Freizeit und Sport

Die zahlreichen Vereine in Hohenpeißenberg bieten attraktive Möglichkeiten zur aktiven Freizeitgestaltung. Zu den Freizeiteinrichtungen im Ort gehören zwei Fußballplätze und die Tennisplätze bei der Rigi-Alm.

Im Sommer lädt der schön gelegene Badesee im Ortsteil Hetten mit Liegewiesen, Spielgeräten, Beachvolleyball-Platz und Kiosk zum Besuch.

Die Umgebung von Hohenpeißenberg mit dem nahen wildromantischen Ammertal, einer interessanten Moorlandschaft und dem aussichtsreichen Gipfel des Hohen Peißenbergs lädt zu Wanderungen und Radtouren ein. Der bekannte König-Ludwig-Fernwander- und Radweg vom Starnberger See nach Füssen führt durch das Gemeindegebiet.

Wandern

Eine beliebte Rundwanderung ist der 6 km lange leichte Weg rund um das Schwarzlaichmoor. Er beginnt am Wanderparkplatz im Ortsteil Hetten und ist auch für Kinderwagen geeignet. Einkehrmöglichkeiten sind vorhanden.

Die 5 km lange, familienfreundliche Spazierrunde des Bergwetterweges vom Hohen Peißenberg und zurück bietet neben prächtigen Rundblicken die Möglichkeit, die Wetterstation und die Wallfahrtskirche zu besuchen.

Blick über den Hohen Peißenberg mit der Zugspitze im Hintergrund

Blick auf Säuling (links) und Geherenspitze (rechts)

Der gut ausgeschilderte 9 km lange Stollenweg führt auf den Spuren des Bergbaus vom Bergbaumuseum in Peißenberg nach Hohenpeißenberg. 15 Informationstafeln am Weg vermitteln viel Wissenswertes über den Bergbau in der Region.

Im Winter

Bei entsprechender Schneelage sind in Hohenpeißenberg Loipen auf der Nordseite des Berges präpariert. Die Filzloipe führt durch die einmalige Landschaft des Naturschutzgebietes Schwarzlaichmoor.

Die tief verschneite Landschaft am Hohen Peißenberg bietet für sportlich Aktive auch die Möglichkeit zum Schneeschuhwandern.

Ein romantisches Erlebnis bietet in warme Wolldecken eingepackt eine gemütliche Pferdeschlittenfahrt zum Hohen Peißenberg.

Veranstaltungen

Der Veranstaltungskalender in Hohenpeißenberg ist reich an traditionellen Brauchtumsfesten, die von den Festen des Kirchenjahres geprägt sind.

Maibaumaufstellen

Der Trachtenverein in Hohenpeißenberg stellt seit 1934 alle 5-6 Jahre am 1. Mai einen Maibaum auf. Er ist Sinnbild für das Wachstum der Natur. Im Frühjahr wird eine Fichte gefällt und streng bewacht, da die Tradition des Maibaumstehlens noch lebendig ist. Er wird mit einem Wetterhahn auf dem Wipfel und Zunftzeichen der Handwerker am Stamm geschmückt.

Bittgänge

In den Tagen vor Christi Himmelfahrt finden Bittgänge statt. Sie sind Ausdruck des Dankes verbunden mit der Bitte um Wachstum und Fernhalten von Katastrophen.

Fronleichnam

Am Fronleichnamstag ziehen die Gläubigen nach der Messfeier in einer Prozession durch den geschmückten Ort. Verschiedene Vereine mit Fahnen sowie die Knappschaftskapelle in ihrer Tracht sind an der festlichen Prozession beteiligt.

Sonnenwende

Die Sonnenwendfeier am Johannitag geht auf ein heidnisches Fest zurück. Das auf dem Hohen Peißenberg vom Alpenverein entzündete Feuer soll

Unholde vertreiben und Glück bringen.

Maria Himmelfahrt

Am 15. August, dem Fest von Maria Himmelfahrt, wird in der Wallfahrtskirche das Patrozinium gefeiert. Es ist mit der Kräutersegnung verbunden. Seit über 1000 Jahren werden am „Großen Frauentag" Heilkräuter zur Segnung in den Gottesdienst gebracht.

Gauwallfahrt

Seit 1951 wird am ersten Sonntag im September zum Gedenken an verstorbene Mitglieder eine Trachtenwallfahrt zur Gnadenkapelle auf dem Hohen Peißenberg durchgeführt.

Zu den weiteren Festen in Hohenpeißenberg gehören das Erntedankfest am ersten Sonntag im Oktober und das Kirchweihfest am dritten Sonntag im Oktober.

Am 6. November beteiligt sich der Hohenpeißenberger Leonhardiverein mit Reitern und Festwagen an der Peißenberger Leonhardifahrt zu Ehren des Hl. Leonhard.

Ende November führen die Vereine in Hohenpeißenberg einen Christkindlmarkt durch und bieten ihre weihnachtlichen Waren an.

Wichtige Adressen und Telefonnummern

Gemeinde Hohenpeißenberg
Blumenstraße 2
D-82383 Hohenpeißenberg
Tel. +49 (0)8805 92 10-0
gemeinde@hohenpeissenberg.bayern.de
www.hohenpeissenberg.de

Terrassen-Café-Restaurant

„Bayerischer Rigi"

Über 200 Kilometer weit reicht der Blick in alle Himmelsrichtungen vom geografischen Mittelpunkt des Pfaffenwinkels. Hier oben auf etwa 1000 Metern Höhe, dem Hohen Peißenberg, erschließt sich dem Besucher ein Panorama, wie es sich so nur selten zeigt.

Seit 1604 liegt auf dem Plateau des Bayerischen Rigi neben der ältesten Bergwetterwarte der Welt und der berühmten Wallfahrtskirche Mariä Himmelfahrt eine Gastronomie – das heutige Terrassen-Café-Restaurant Bayerischer Rigi. Bereits in der dritten Generation wird das Haus nun seit 1954 von der Familie Fischer geführt. Hier erfährt der Besucher bayerische Gastfreundschaft, die es in sich hat, gewürzt mit einem gigantischen Ausblick auf die Alpenkette und das Alpenvorland mit Starnberger und Staffelsee und dem Kloster Andechs hoch über dem Ammersee.

Die Speisenkarte des Hauses hat so manches bayerische Schmankerl zu bieten. Von der Brotzeit bis hin zu regionalen Genüssen sind hier zu finden, die einem das das Wasser im Mund zusammenlaufen lassen. Dazu ein kühles Bier und der herrliche Ausblick – und schon ist der Ausflugstag auf den Hohen Peißenberg perfekt.

Von 180 Plätzen auf unserer Sonnenterrasse haben Sie einen grandiosen Blich auf das gesamte Alpenpanorama und das oberbayerische Voralpenland.

Für kleine Tagungen und Feierlichkeiten in so luftiger Höhe bietet sich das "König-Ludwig-Stüberl" für bis zu 28 Personen an. Für größere Gesellschaften können die Gasträume

"Panorama" und "Bauernstube" in einen großen Saal verwandelt werden, in dem dann bis zu 160 Gäste bewirtet werden können. Der eindrucksvolle Ausblick und die köstlichen Schlemmereien aus Küche und Keller, gepaart mit dem freundlichen und aufmerksamen Service bescheren den Gästen ein unvergessliches Erlebnis.

Terrassen-Café-Restaurant „Bayerischer Rigi“

Matthäus-Günther-Platz 2
82383 Hohenpeißenberg
Telefon +49(0) 88 05-330
info@bayerischer-rigi.de
www.bayerischer-rigi.de

Huglfing

Lebendige Gemeinde im schönen Hungerbachtal

Huglfing (rund 2.900 Einwohner) ist eine Gemeinde im oberbayerischen Landkreis Weilheim-Schongau und Sitz der Verwaltungsgemeinschaft Huglfing mit dem weiteren Mitgliedsgemeinden Eberfing, Eglfing und Oberhausen. Zur Gemeinde gehören die Einöden Deimenried, Grasleiten und Rechetsberg sowie der Weiler Rameck und das Pfarrdorf Huglfing.

Huglfing liegt im Tal des Hungerbachs in einer Höhe von 625 Metern und ist von eiszeitlichen Moränenhügeln umgeben. Die ruhige Lage mitten in schöner Natur in einer ländlich geprägten lebendigen Gemeinde mit guten Verkehrsverbindungen macht Huglfing zu einem attraktiven Wohnort. Für Gäste stehen eine Reihe von Ferienwohnungen, zwei Gasthöfe und ein weithin bekanntes Café am Bahnhof zur Verfügung. Huglfing ist günstiger Ausgangspunkt für Ausflüge zu den attraktiven Zielen wie den Königsschlössern und den nahe gelegenen Seen wie Ammer-, Staffel- oder Starnberger See.

Die Gemeinde liegt ca. 60 km südlich von München an der Bahnstrecke München – Garmisch. Über die B 472 von Bad Tölz nach Schongau und die nahe gelegene B 2 von Weilheim nach Murnau ist Huglfing gut zu erreichen.

Blick auf Huglfing
(Bilder Gemeinde Huglfing)

Pfarrkirche St. Magnus

Kurzer Blick ins Geschichtsbuch

Huglfing wurde im Jahr 1030 erstmals urkundlich erwähnt. Nach wechselvoller Geschichte mit verschiedenen Besitzern wurde Huglfing 1818 selbständige politische Gemeinde im Königreich Bayern.

Sehenswürdigkeiten

Der romanische Turm der katholischen Pfarrkirche St. Magnus ist weithin sichtbar.

Der spätgotische Saalbau aus Tuffquadern stammt aus dem 16. Jahrhundert, der 1773 im Rokokostil umgestaltet wurde. Auch der Anbau der Sebastianskapelle von 1573 wurde später mit Rokoko-Stuckwerk versehen. Der kirchliche Friedhof ist aus Tuffquadern ummauert und enthält zahlreiche Grabdenkmäler aus dem 19. Jahrhundert.

Auf einem Hügel oberhalb von Huglfing steht als Ziel vieler Pilger die Friedhofs- und Wallfahrtskirche St. Johann aus dem Jahr 1711.

Im Hofgut Grasleiten wurde 1713 die Hofkapelle Heilig Geist vom berühmten Kirchenbaumeister Joseph Schmuzer ausgestattet. Im Innern erinnern die Bauerheiligen Leonhard und Isidor an das Gebet für gesunde Tiere und Glück im Stall.

Der Kunst- und Kulturverein Huglfing im alten Stellwerk des Bahnhofs zeigt Ausstellungen heimischer und überregionaler Künstler und bietet interessante kulturelle Veranstaltungen. Infos unter ausstellwerk-huglfing.de

Bachstraße in Huglfing

Freizeit und Sport

In der Gemeinde bieten fast 30 Vereine vielfältige Gelegenheiten zu sinnvoller Freizeitgestaltung.

In der Umgebung von Huglfing haben Wanderfreunde die Auswahl aus einer Reihe von attraktiven Touren, die meist am Bahnhof in Huglfing beginnen. Die Ostschleife des Fernwanderweges „Heilige Landschaft Pfaffenwinkel“ führt durch Huglfing.

Rathaus Huglfing

Im Bereich der Gemarkung befindet sich ein großer Teil der einmaligen Grasleitener Moorlandschaft, ein großflächiges, gut erhaltenes, ökologisch wertvolles Hochmoor- und Streuwiesengebiet. Ein gut ausgeschilderter, 4 km langer familienfreundlicher Rundweg führt aussichtsreich durch das Moorgebiet.

Der 15 km lange „Stein-Erlebnisweg“ ist ein beliebter Rundwanderweg vorbei an Tuffstein- und Kiesgruben mit Info-Tafeln.

Die 12 km lange Runde „Durch Berg und Tal“ führt mit vielen Auf- und Abstiegen rund um Huglfing und Oberhausen durch die weitläufige Wiesen-, Moor- und Hügellandschaft.

Die 4 km lange, gemütliche Spazierrunde auf dem abwechslungsreichen „Seewiesenweg" lohnt mit prächtigen Ausblicken auf die Alpen.

Veranstaltungen

Der Huglfinger Veranstaltungskalender wird von den Festen und sportlichen Wettbewerben der aktiven Huglfinger Vereine geprägt.

Wichtige Adressen und Telefonnummern

Gemeinde Huglfing
Hauptstr. 32
D-82386 Huglfing
Tel. +49 (0)8802 254
gemeinde@huglfing.bayern.de
www.huglfing.de

Ferien machen und viel erleben

Ferien- und Erlebnisbauernhof Gut Grasleiten

Bereits im 13. Jahrhundert bestand die Schweige und war ein Viehhof des Kloster Polling. Seit dem Jahr 1853 bewirtschaftet die Familie Schmid den Hof nun bereits in der sechsten Generation.

Inmitten großer Waldungen und an die Grasleitner Moorlandschaft grenzend, liegt der Grünlandbetrieb, der seit nunmehr 20 Jahren nach den Richtlinien des biologischen Landbaus betrieben wird. In dieser Kulturlandschaft mit ihren reichen Naturschätzen hat die Familie Schmid ein wahres Kleinod für Urlaubsfreuden geschaffen, in dem sich Groß und Klein gleichermaßen wohlfühlen.

Wohnen auf Gut Grasleiten

Die mit vier und fünf Sternen zertifizierten Ferienwohnungen und Gästezimmer strahlen bayerische Gemütlichkeit in modernem Ambiente aus. Umweltfreundliches Baumaterial und naturbelassene Innenausstattung lassen Allergiker gelassen durchatmen.

Holzböden und -decken sowie massive Holzmöbel unterstreichen die Behaglichkeit in den Räumen.

Abschalten und sich wohlfühlen

In der Ruhe hier auf dem Land zwischen Uffing und Huglfing kann sich der Gast entspannen und erlebt wahre Urlaubsträume. Während die kleinen Gäste dem Bauern beim Kühe füttern helfen, eine Runde auf dem Traktor mitfahren dürfen oder eines der vielen Tiere streicheln, können die Eltern und Erwachsenen am Badeteich vor dem Haus beruhigt ein Sonnenbad nehmen. Ist die Arbeit auf dem Hof getan, wartet ein Abenteuerspielplatz mit Spielturm und Rutschen, mit Schaukeln, Trampolin und vielem mehr darauf, von den Kleinen entdeckt zu werden. Die Riesen-Strohburg lädt zum Verstecken, Fangen und sogar zum Übernachten ein. Schließlich steht auch die "Villa Kunterbunt" mit allerlei Spielzeug für abwechslungsreiche Beschäftigung zur Verfügung, wenn das Wetter es einmal nicht so gut meint.

Winterfreunden auf dem Gutshof

Auch im Winter ist jede Menge Freizeitspaß geboten: Langlaufen durch die unberührte Natur, Schlittenfahren auf dem Hausberg und eine Tasse Glühwein trinken, während der Kaminofen für behagliche Atmosphäre sorgt.

Gut Grasleiten

Grasleiten 1, D-82386 Huglfing
Tel. +49 (0)8802-261
info@grasleiten.de
www.grasleiten.de

Iffeldorf

Idyllisches Dorf in Bilderbuchlandschaft

Der ideale Ferien- und Ausflugsort Iffeldorf (rund 2.700 Einwohner) ist wegen seiner einzigartigen Lage am Rande der Osterseen im Herzen Oberbayerns sehr beliebt.

Die Gemeinde liegt im Landkreis Weilheim-Schongau südlich des Starnberger Sees und ist Teil der Verwaltungsgemeinschaft Seeshaupt-Iffeldorf.

München im Norden und Garmisch-Partenkirchen im Süden sind nur jeweils rund 40 Kilometer entfernt. Iffeldorf ist über die Anschlussstelle Penzberg/Iffeldorf der Autobahn 95 von München nach Garmisch gut zu erreichen. Der Bahnhof Iffeldorf liegt an der Strecke der Kochelseebahn von München über Tutzing nach Kochel.

Eine Reihe von gastfreundlichen Unterkünften von der Ferienwohnung bis zum Hotel sorgen für das Wohl der Urlaubsgäste. Die zahlreichen Gaststätten des Ortes bieten Speis und Trank sowie bayerische Schmankerln.

Iffeldorf zeichnet sich durch seine wunderschöne Lage im Naturschutzgebiet der Osterseen aus. Neben Naturerlebnissen auf Wanderungen und prächtigen Bademöglichkeiten bietet die Gemeinde zwei herrliche Golfplätze sowie Kulturerlebnisse in den barocken Kirchen und bei Konzerten.

Iffeldorf
(Bilder Gemeinde Iffeldorf)

Kurzer Blick ins Geschichtsbuch

Die ersten Erwähnungen von Iffeldorf findet man in Klosterurkunden aus dem 12. Jahrhundert.

Die Hofmark Iffeldorf erlebte in den folgenden Jahrhunderten wechselnde Besitzer. Ab 1653 bis zur Säkularisation 1803 gehörte der Ort zum Kloster Wessobrunn. Bei einem Großbrand im Jahr 1698 wurden fast das ganze Oberdorf und auch die Pfarrkirche zerstört.

1818 entstand im Zuge der Verwaltungsreform die Gemeinde Iffeldorf im Königreich Bayern.

Ab 1861 wurde das bis dahin stille Bauerndorf durch den Zuzug des Münchener Lokomotivenbauers Josef Anton Ritter von Maffei und seiner Nachkommen geprägt. Er kaufte Gut Staltach, baute ein Torfwerk auf und vermehrte seinen Grundbesitz im Ort stetig. Zahlreiche auswärtige Arbeitskräfte siedelten sich in der Gemeinde an – so änderten sich Bevölkerungszahlen und -struktur deutlich.

Sehenswürdigkeiten

Kirche St. Vitus

Die Katholische Pfarrkirche St. Vitus wurde Anfang des 18. Jahrhunderts errichtet, nachdem die ursprüngliche gotische Kirche bei dem verheerenden Großbrand zerstört wurde. Die prächtige Rokoko-Innenausstattung erfolgte Mitte des 18. Jahrhunderts. Sehenswert ist der feine Wessobrunner Stuck von Franz Xaver Schmuzer sowie die beeindruckenden Decken-

Pfarrkirche St. Vitus

fresken des Tiroler Meisters Johann Jakob Zeiller. Die frisch renovierte Kirche erstrahlt heute in neuem Glanz. In der Karwoche wird in der Kirche das 1894-95 im Jugendstil gefertigte Heilige Grab aufgebaut.

Kapelle Maria im Heuwinkl

Die Heuwinklkapelle auf einem Hügel am Ostrand des Dorfes ist eine Marienwallfahrtsstätte ersten Ranges und gehört zu den sakralen Kostbarkeiten barocker Baukunst im Pfaffenwinkel.

Die spätgotische Madonna aus der Kirche St. Vitus wurde im 17. Jahrhundert in einer Eiche auf dem Heuwinklberg aufgestellt und später in einer hölzernen Kapelle untergebracht. Wegen der wachsenden Zahl von Pilgern wurde eine Barockkapelle errichtet, die 1701 geweiht wurde. Sie ist eines der Hauptwerke des Wessobrunner Baumeisters Johann Schmuzer. Bei der reich geschmückten Innenausstattung wirkten weitere Wessobrunner Meister mit. Die Kapelle ist bis heute bedeutendes Ziel von Wallfahrten und Prozessionen.

Kapelle Maria im Heuwinkl

Freizeit und Sport

Die herrliche Natur rund um Iffeldorf bietet zahlreiche Möglichkeiten für entschleunigte, aktive Erholung abseits des Massentourismus.

Die Osterseen

Der Name der 19 Seen, die wie Perlen auf einer Kette in den Wäldern und Mooren aufgereiht sind, stammt vermutlich von der Himmelsrichtung Osten. Das Naturschutzgebiet mit den teilweise untereinander vernetzten Seen beeindruckt durch die Vielfalt seiner Wasserpflanzen mit vielen Wasserschlaucharten und Teichrosen. Das Gebiet mit Feucht- und Streuwiesen sowie großen Wald- und Wasserflächen weist eine artenreiche Fauna auf. Zahlreiche seltene Vogelarten leben hier wie Grün- und Buntspecht, Haubentaucher und Drosselrohrsänger.

Seit 1981 steht das Gebiet der Osterseen unter Naturschutz. 2006 und ein weiteres Mal 2017 wurde die Eiszerfalllandschaft der Osterseen von der Akademie der Wissenschaften zu Hannover e.V. im Wettbewerb „Die bedeutendsten Geotope in Deutschland" mit dem Prädikat „Nationaler Geotop" ausgezeichnet.

Badeplätze

Die Naturidylle bietet an zwei ausgewiesenen Badeplätzen am Großen Ostersee und am Fohnsee Gelegenheit zum Baden in der freien Natur.

Wandern

Die Region ist ein Paradies für Wanderer und Naturfreunde mit einer großen Auswahl an herrlichen Touren.
Iffeldorf ist Teil von Etappen des Fernwanderweges Heilige Landschaft Pfaffenwinkel Ostschleife.

Großer Ostersee

Der rund 10 km lange Große Ostersee-Rundweg ist eine landschaftlich einzigartige Wanderung durch romantische Mischwälder und Moorgebiete mit zahlreichen idyllischen Rastplätzen.

Der leichte 5 km lange Rundweg um den Fohnsee lädt an vielen Plätzen zum Verweilen ein und bietet immer wieder traumhafte Blicke in die weitläufige Seenlandschaft.

Der Große Lauterbacher Waldweg für ausdauernde Wanderer führt über 17 km durch die sanfte Hügellandschaft nordwestlich des Großen Ostersees. Der Weg durch oft dichte Wälder bietet immer wieder schöne Ausblicke. Er beginnt beim Gut Aiderbichl.

Der Kleine Lauterbacher Waldweg beginnt ebenfalls beim Gut Aiderbichl und führt über 14 km auf ruhigen Waldwegen durch das Wald- und Moorgebiet nördlich und westlich vom Großen Ostersee.

Der aussichtsreiche, leichte Kirchen-Rundweg Iffeldorf führt über 3 km zur Heuwinklkapelle.

Die 12 km lange, gemütliche Halbtagestour von den Osterseen zum Starnberger See führt vom Bahnhof in Iffeldorf zum Bahnhof in Seeshaupt.

Radwege

Rund um Iffeldorf gibt es eine große Auswahl an attraktiven Radwegen.
Zu den schönsten gehört die 25 km

Osterseen

lange Kapellen- und Panoramatour, die in einem Rundweg landschaftlich reizvoll nach Penzberg und zurück führt mit interessanten Sehenswürdigkeiten und zünftigen Einkehrstationen.

Freizeiteinrichtungen

Eine Reihe von Freizeiteinrichtungen wie die Mehrzweckhalle mit Kegel- und Schießanlage im Gemeindezentrum sowie die Sportplätze der Vereine bieten vielfältige Möglichkeiten für sportliche Aktivitäten.

Zwei wunderschön gelegene Golfplätze der Golfanlage Iffeldorf und des Golfclubs St. Eurach sind Ziel vieler Freunde des Golfsports.

Ein attraktives Ausflugsziel für die ganze Familie ist der Tier-Gnadenhof Gut Aiderbichl. Beim Besuch der Anlage begegnet man glücklichen, geretteten Tieren. Es gibt auch eine Einkehrmöglichkeit im vegetarischen Restaurant.

Im Winter

Im Winter tummeln sich bei sicheren Verhältnissen Eisläufer, Eishockeyspieler, Eissegler und Freunde des Eisstockschießens auf den zugefrorenen Osterseen.

Blaue Gumpe

Veranstaltungen

Das Iffeldorfer Jahresprogramm verzeichnet neben den traditionellen Brauchtumsfesten viele Feste und Veranstaltungen der Iffeldorfer Vereine sowie Konzerte.

Alle 4 Jahre wird in Iffeldorf unter großem Einsatz der starken Männer des Ortes der Maibaum aufgestellt. Jährlich am 1. Mai wird auf dem Vitusplatz das Maifest mit Tanz gefeiert. Zehn Tage nach Pfingsten wird in Iffeldorf das traditionelle Fronleichnamsfest gefeiert. Die Gläubigen in festlichen Trachten begleiten die Fronleichnamsprozession durch den geschmückten Ort zu den vier im Freien aufgebauten Altären, die den Evangelisten zugeordnet sind.

Das Sonnwendfeuer im Juni und der Christkindlmarkt am 1. Adventssonntag gehören ebenfalls zu den Traditionsveranstaltungen in Iffeldorf.

Jährlich am zweiten Sonntag im September zieht zu Ehren der Gottesmutter eine Lichterprozession von der Pfarrkirche zur Heuwinklkapelle unter Begleitung der Musikkapelle Iffeldorf.

Die Aufführungen eines bayerischen Theaterstücks der Laienspielgruppe sind fester Bestandteil des Iffeldorfer Kulturprogramms.

Die weithin bekannte Konzertreihe der hochwertigen Iffeldorfer Meisterkonzerte wird von zahlreichen Musikfreunden aus Nah und Fern besucht.

Wichtige Adressen und Telefonnummern

Gemeinde Iffeldorf
Staltacher Straße 34
D-82393 Iffeldorf
Tel. +49 (0)8856 901992 - 0
gemeinde@iffeldorf.de
tourismus@iffeldorf.de
www.iffeldorf.de

Ein perfekter Ort für die Erholung

Hotel & Landgasthof Osterseen

Idyllisch an den Osterseen liegt das familiär geführte Haus im gleichnamigen Naturschutzgebiet, das Ruhe, Erholung und Genuss verspricht.

Stilvoll und ländlich sind die Einzel- und Doppelzimmer eingerichtet, in denen es den Gästen an nichts fehlt. Die komfortable Ausstattung wird umrahmt von freundlichen Farben und viel Holz, das eine angenehme Atmosphäre vermittelt.

Aus einigen Zimmern genießt man einen einmalig schönen Ausblick auf die Seen. Übernachtungsgästen stehen die hauseigene Kegelbahn und der Besuch der Sauna zur Verfügung.

Für kulinarische Verwöhnmomente steht die gehobene Küche des Landgasthofs. Hier sorgt das Team mit bayerischer Küche, die modern zelebriert wird, für die Genüsse, die auf den Tellern der Gäste landen. Beim Einkauf der Produkte wird streng darauf geachtet, nachhaltig und saisonal zu arbeiten und vor allem auf ausgewählte regionale Lieferanten, Fischereien und Bauern zu setzen.

Tipp: Nur hier im Landgasthof gibt es den OSTERSEEN MULE, einen neuen Aperitif, der mit feinstem Münchner "The Duke" Gin, Gurke, Limette und Ginger Ale aufgegossen wird.

Stilvoll elegant präsentieren sich die Gasträume, in denen man mit den Köstlichkeiten aus Küche und Keller verwöhnt wird und der Blick von der Sonnenterrasse hinunter auf die Osterseen schmeichelt der Seele.

Die Räumlichkeiten eigenen sich auch für private Feierlichkeiten und betriebliche Veranstaltungen aller Art. Schließlich können bis zu 300 Personen ihren Platz finden. Dabei werden die Gäste von einem professionellen und aufmerksamen Service, getreu dem Motto „Gastfreundschaft, die von Herzen kommt“ begleitet. Schließlich leiten die Betreiber, die Familie Link das Haus schon seit über 30 Jahren. So soll der Besuch des Hotel & Landgasthof Osterseen für die Gäste zu einem unvergesslichen Moment werden.

Hotel & Landgasthof Osterseen
Hofmark 9, D-82393 Iffeldorf
Tel. +49 (0)88 56-9 28 60
Fax +49 (0)88 56-92 86 45
landgasthof@osterseen.de
www.osterseen.de

Lechbruck

Tradition trifft Moderne

Eine erste urkundliche Erwähnung Lechbrucks geht auf das Jahr 1398 zurück. Damals war das Leben der Menschen mit dem Lech verbunden. Der Fluss bildete einen wichtigen Handels- und Verkehrsweg, auf dem Holz aus dem Gebirge, Lechbrucker Sandstein und Lebensmittel donauabwärts bis ans Schwarze Meer transportiert wurden. Zu Zeiten der Römer war Lechbruck, an der Via Claudia gelegen, bereits ein wichtiger Handels- und Umschlagplatz für Güter, die ihren Weg von Augsburg bis an die Adria nahmen.

Und immer noch verbindet man den Ort mit der Flößerei, die einem allgegenwärtig erscheint: Die Brücke über den Fluss, in vergangenen Zeiten ein belebter Handelsweg, verbindet die Bezirke Schwaben und Oberbayern und auf der Brücke begegnet einem die Figur des Nepomuk, des Schutzheiligen der Flößer.

Einmalig in der Region ist das Flößermuseum in der Ortsmitte. In einem ehemaligen Anwesen einer Flößerfamilie sind viele Exponate ausgestellt, die das harte Arbeitsleben der Flößer in den vergangenen Jahrhunderten nachzeichnen und erlebbar machen. Außerdem finden hier Lesungen und Konzerte statt.

Inmitten des Dorfes, direkt neben dem Rathaus, lädt der Flößer-Golf zu spannenden Wettkämpfen ein. Die Sehenswürdigkeiten des Königswinkels bilden in Miniaturausgabe die Hindernisse, die erfolgreich überwunden werden müssen und zum Abschlag überqueren die Spieler einen kleinen Wasserlauf mit einem Floß.

Auf einem nach alten Plänen gebauten Lechfloß schließlich, das während des Sommers am Bootshafen des Lechsees vertäut liegt, werden Floßfahrten unternommen und die Fahrgäste gewinnen einen Eindruck und erfahren manch Wissenswertes über die Geschichte der Flößerei. Darüber hinaus zelebriert die Gemeinde unter dem Motto „Auf dem Floß in den Ehehafen" individuell gestaltete, standesamtliche Trauungen während

Lechbruck am See
(Bilder Gemeinde Lechbruck)

einer Floßfahrt. Im Sommer bieten jeden Dienstagabend die Alphornbläser auf dem Lechfloss eine Kostprobe ihres Könnens.

Lebensqualität im Flößerdorf

Modern und lebendig zeigt sich der Ort heute, der mit zwei Feriendörfern, einem Campingplatz, Hotels, private Zimmer und Ferienwohnungen für den Tourismus gut gerüstet ist.

Mit einem unverwechselbaren Charme lockt die 18-Loch-Golfanlage „Auf der Gsteig". Majestätisch liegt die Alpenkette vor dem 93 Hektar umfassenden Areal, das, hoch über Lechbruck, Golfsportler aller Spielstärken seit vielen Jahren begeistert. Die Planer der Anlage achteten strikt darauf, die Bahnen behutsam in die Natur zu integrieren.

Jedes Jahr am ersten Wochenende im August findet am Lechuferweg der Flößermarkt mit etwa 70 Kunsthandwerkern, einem Festabend und Frühschoppen statt, der den Besuchern eine einmalige Atmosphäre bietet. Für Wanderer sind der Lech-Erlebnisweg sowie verschiedene Fernwanderrouten wie der Via-Claudia-, Jakobs- und Lechhöhenweg Herausforderungen, Land und Leute kennen zu lernen. Auf Ruhebänken und Liegen entlang des Weges kann der Wanderer entspannen und die Landschaft genießen. Im Sommer laden die Seen im Umland zu einem erfrischenden Bad oder der Lech zu einer Schlauchboottour ein. Während des Winters sind der Langlauf, das Rodeln oder das Schlittschuhfahren im Lechbrucker Eisstadion angesagte Freizeitbeschäftigungen.

Verbrauchermarkt und Lebensmitteldiscounter versorgen die Menschen am Ort. Mit der vielfältigen Gastronomie des Flößerdorfes, die von italienischer Pizza über kroatische Küche bis hin zu mediterraner Kost und bayerischen Spezialitäten reicht, gehen die Gäste kulinarisch auf Reisen in die verschiedensten Länder.

Wichtige Adressen und Telefonnummern

Gemeinde Lechbruck am See
Tourist-Information, Flößerstr. 1
D-86983 Lechbruck am See
Tel. +49 (0)8862 98 78 30
Fax +49 (0)8862 98 78 20
info@lechbruck.de
www.lechbruck.de

Die Erfüllung schönster Urlaubsträume

Hotel Auf der Gsteig

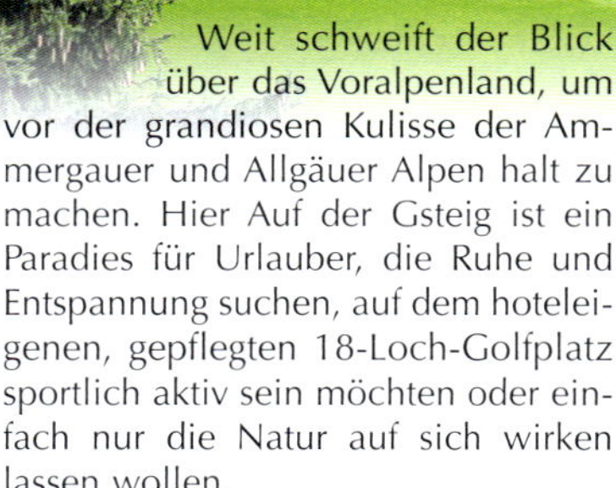

Weit schweift der Blick über das Voralpenland, um vor der grandiosen Kulisse der Ammergauer und Allgäuer Alpen halt zu machen. Hier Auf der Gsteig ist ein Paradies für Urlauber, die Ruhe und Entspannung suchen, auf dem hoteleigenen, gepflegten 18-Loch-Golfplatz sportlich aktiv sein möchten oder einfach nur die Natur auf sich wirken lassen wollen.

Übernachten in stilvollem Ambiente

Die 42 Doppelzimmer und Suiten Auf der Gsteig sind zum Teil barrierefrei erreichbar und haben Balkon oder Terrasse. Die atemberaubende Aussicht, die der Gast genießt, und der Komfort in den behaglich eingerichteten Räumen machen den Aufenthalt zu einem unvergesslichen Erlebnis.

Kulinarische Finesse aus der Küche

im gemütlich eingerichteten Restaurant, im Panorama-Wintergarten oder

auf Bayerns schönster Sonnenterrasse werden die feinen Speisen und Getränke serviert, die in der Küche kreativ in Szene gesetzt werden. Dabei wird vorwiegend auf frische und regionale Zutaten geachtet.

Während die kulinarischen Leckereien den Gaumen verwöhnen genießt der Gast den unvergleichlichen Ausblick auf den Oberen Lechsee und das wunderschöne Voralpenland des Königs- und Pfaffenwinkels. Auf der Gsteig werden Essen und Trinken zu einem wahrlich sinnlichen Genuss.

Golfspielen mit besten Aussichten

Für Golfer und solche, die diesem Sport näher kommen wollen, ist die Gsteig ein besonderes Paradies. 18 top gepflegte Greens liegen inmitten von altem Baum- und Heckenbestand auf einer Gesamtfläche von 93 ha. Mit mittlerem Schwierigkeitsgrad bei rund 5.600 m Länge und Par 71 ist der abwechslungsreiche und fordernde Kurs geschickt und sorgsam in die einmalige Allgäuer Natur und Landschaft integriert.

Das großzügige Übungsgelände vor imposanter Kulisse bietet Einsteigern und erfahrenen Golfspielern die komplette Bandbreite an Trainingsmöglichkeiten.

Nur das Beste für Körper und Seele

Der Indoorpool mit seiner Panorama Fensterfront verwöhnt die Wellnessgäste mit einem traumhaft schönen Blick bis weit in die Tiroler Bergwelt hinein.

Das einmalige Ambiente kann man auf gemütlichen Liegen auf sich wirken lassen. Für die körperliche Fitness ist ein eigener Raum mit Ergo-fit-Geräten eingerichtet. Gleich nebenan liegt die Saunalandschaft mit finnischer Sauna, Aroma- und Dampfbad sowie einem Kneippbecken. Im Ruheraum können die Gäste nach den körperlichen Aktivitäten entspannen und relaxen.

Hotel Auf der Gsteig
Gsteig 1
D-876983 Lechbruck am See
Tel. +49 (0) 88 62-98 77-0
Fax +49 (0) 88 62-98 77-7
info@aufdergsteig.de

Alles, was das Herz begehrt

Camping Via Claudia

Auf der Allgäuer Seite des Lechs, aber direkt im Pfaffenwinkel gelegen, erwartet wohl einer der schönsten Campingplätze der Region seine Gäste.
Entlang des Lechsees in Lechbruck finden Camper eine Oase der Ruhe, die zu Entspannung und Erholung ebenso einlädt wie zu Entdeckungstouren und Bewegung an der frischen Luft.
Kulturelle Genießer statten dem Märchenschloss von König Ludwig II einen Besuch ab und sehen sich die Wieskirche an. Wassersportler leben ihre Passion beim SUP, Surfen, Segeln oder Schwimmen und Radler wie auch Wanderer finden rund um den Campingplatz in der Region bestens gepflegte Wander- und Fahrradwege.

Wohnmobil, Caravan oder Zelt

Für Campinggäste, die mit ihrem eigenen Freizeitfahrzeug unterwegs sind, steht hier der Standardplatz mit Stromanschluss ebenso zur Verfügung wie der geräumige Komfortplatz, der mit allem ausgestattet ist, was das Herz der Camper höherschlagen lässt. Zeltwiesen in aussichtsreicher Lage runden das Angebot ab.

Mietobjekte für Radwanderer, Biker oder Pilger

Ob in der gemütlichen Blockhütte, dem POD, dem Schlaffass oder dem Naturwagen - Gästen, die ohne eigenes Dach über dem Kopf unterwegs sind, bietet der Campingplatz Mietunterkünfte, in denen der Aufenthalt zum Vergnügen wird. Und wer es ein wenig ausgefallener mag, der wird sich in der Kuschelkota bestens aufgehoben fühlen.

Service wird hier großgeschrieben

Die Ausstattung des weitläufigen Areals lässt keine Wünsche offen. So gibt es neben den Sanitäranlagen, die dem

neuesten Stand der Technik entsprechen, exklusive Mietbäder mit Waschbecken, Dusche und WC.

In einem Restaurant mit Biergarten werden die Gäste ebenso mit kulinarischen Leckereien verwöhnt wie in einem neu geschaffenen Imbiss für den kleinen Hunger zwischendurch. Den Zeltgästen steht eine komplett eingerichtete Küche zur Verfügung, in der Gerichte zubereitet und - mit passenden Sitzgelegenheiten ausgestattet - direkt vor Ort verspeist werden können.

Einen ganz besonderen Anziehungspunkt, nicht nur für die kleinen Gäste, bietet der erste interaktive Spielplatz Deutschlands, den der Camping Via Claudia exklusiv für seine Gäste geschaffen hat. Hier ermöglichen unterschiedliche Spiele in skalierbaren Schwierigkeitsgraden den Kindern ein auf sie zugeschnittenes Spiel-Erlebnis. Klein und Groß, Mädchen und Jungen – alle können gemeinsam, miteinander oder gegeneinander spielen und sich beweisen.

Darüber hinaus wird den Gästen während der Sommermonate ein abwechslungsreiches Freizeit- und Erlebnisprogramm mit ausgebildeten Erlebnispädagogen geboten.

Via Claudia Camping Company Ltd.

Via Claudia 6
D-86983 Lechbruck am See
Tel. + 49 (0)88 62-84 26
Fax + 49 (0)88 62-75 70
anfrage@via-claudia-camping.de
www.via-claudia-camping.de

Oberhausen

Im idyllischen Hungerbachtal

Die Gemeinde Oberhausen (rund 2.100 Einwohner) im oberbayerischen Landkreis Weilheim-Schongau ist Mitglied der Verwaltungsgemeinschaft Huglfing. Die Gemeinde besteht aus den Dörfern Berg, Maxlried und Oberhausen, den Weilern Eyach, Kreilhof und Thalhausen sowie drei Einöden. Oberhausen liegt nur 7 km südöstlich von Peißenberg. Durch den Ort fließt der Hungerbach, der in Huglfing entspringt.

Durch die Bundesstraße 472 von Schongau nach Bad Tölz, die durch die Gemeinde führt, ist Oberhausen gut zu erreichen. Die Bundesstraße 2 von Weilheim nach Murnau ist nur wenige Kilometer entfernt.

Der gemütliche Ort mit gut entwickelter Infrastruktur und hoher Lebensqualität bietet in der wunderschönen Umgebung des Alpenvorlandes hervorragende Freizeitmöglichkeiten.

Für Gäste stehen mehrere gastfreundliche Privatzimmer und Ferienwohnungen zur Verfügung. Für Speis und Trank sorgt die beliebte örtliche Gaststätte.

Sehenswürdigkeiten

St. Mauritius in Oberhausen

Die katholische Pfarrkirche St. Mauritius in Oberhausen hat Ursprünge mit einem gotischen Bau aus dem Jahr

Oberhausen
(Bild gis-fotografie // captured moments, Gisela Schregle)

Badeweiher
(Bild Anneliese Reichert-Schwaiger)

1420. Die Kirche wurde im 17. Jahrhundert im Barockstil umgestaltet. Im prächtig geschmückten Innenraum findet man Fresken mit Stationen aus dem Leben des Heiligen von Johann Sebastian Troger sowie einen beeindruckenden Hochaltar.

St. Nikolaus in Eyach

Die katholische Filialkirche St. Nikolaus in Eyach stammt aus dem Mittelalter und wurde im 18. Jahrhundert im barocken Stil erweitert.

St. Michael in Berg

Die im 17. Jahrhundert errichtete Filialkirche St. Michael in Berg ist für ihren prachtvollen Deckenstuck bekannt.

Freizeit und Sport

Die Vereine in Oberhausen sorgen für ein vielseitiges Freizeitangebot.

Zur Umgebung rund um Oberhausen gehört ein Teil der Grasleitener Moorlandschaft.

Vom Kreuzbichl in Berg hat man einen wunderschönen Blick auf den Ort und die Alpenkette.

Der Oberhausener Badeweiher mit Liegewiese bietet im Sommer willkommene Abkühlung an heißen Tagen.

Die Staudengärtnerei in Eyach mit großem Schaugarten ist ein beliebtes Ziel für Garten- und Naturfreunde.

Rund um Oberhausen laden gepflegte Wanderwege zu erholsamen Touren in der natürlichen Landschaft ein.

Wichtige Adressen und Telefonnummern

Gemeinde Oberhausen
Schulstr. 1
D-82386 Oberhausen
Tel. +49 (0)8802 259
gemeinde-oberhausen@t-online.de
www.oberhausen-obb.de

Tradition trifft Kultur

Stroblwirt & Stroblbühne

Als gesellschaftliches und kulturelles Zentrum versteht sich der Stroblwirt in Oberhausen im Pfaffenwinkel. Das Wirtshaus ist seiner Tradition treu geblieben und bietet ein vielfältiges Angebot an Räumlichkeiten für seine Gäste und die Vereine der Gemeinde.

Im Festsaal, der bis zu 180 Personen Platz bietet, finden nicht nur Hochzeiten, Firmen- und Familienfeiern statt. Das Kulturangebot der Stroblbühne reicht von Theateraufführungen, Blasmusik, Musikkabarett bis hin zu Rock und Pop.

Die Bühne ist eine Plattform, nicht nur für bekannte Künstler, sondern sie gibt auch unbekannten Talenten eine Chance. Das „Georg-Pschorr-Stüberl" ist die gute Stube im Wirtshaus. Hier serviert man gut bürgerliche Küche, bayerische Schmankerl und die hausgemachten Kuchen und Torten.

Der kleine Gastgarten, durch einen „Himmel der Bayern" teilweise überdacht, ist an warmen Sommertagen ein angesagter Platz, um sich mit einem kühlen Bier zu erfrischen oder eine bayerische Brotzeit zu genießen.

Die Geschichte des „Stroblwirt" geht auf das 12. Jh. zurück. Das damalige Adelsgeschlecht „Edle von Wil-

haim" betrieb am Hungerbach eine Schmiede, eine Mühle und eine Taverne. Die Familie Strobl erwarb das Gasthaus im Jahr 1901 vom Bierbrauer Georg Pschorr und betreibt es nun in der vierten Generation.

Landgasthaus Stroblwirt
Dorfstr. 6
D-82386 Oberhausen
Tel. +49 (0)8802 222
info@stroblwirt.de

Hier werden Gartenträume wahr

Gärtnerei StaudenSpatz

Stauden sind dank ihrer Farben- und Formenvielfalt außerordentlich abwechslungsreich und vielseitig im Garten einsetzbar. Charakteristisch sind ihr krautiger Wuchs, ihre weichen Triebe und der Reichtum unterschiedlicher Blüten, Duftnoten und Blattformen. Dabei sind Stauden sind nicht nur eine Zierde für blühende Beete, den Steingarten, zur Flächenbegrünung oder Wegrandbepflanzung, sondern haben auch noch einen hohen Nutzen für Insekten.

Die erste Adresse im Pfaffenwinkel, wenn es um winterharte Stauden geht, ist die Gärtnerei StaudenSpatz in Oberhausen. Über 3.000 Sorten werden hier nach den Richtlinien des Bioland-Verbandes gezogen. Dabei liegt ein Schwerpunkt auf heimischen Wildstauden, ein weiterer auf besonderen Schattenstauden, sowie speziell trockenheitsresistenten Pflanzen. Außerdem präsentiert sich dem Naturliebhaber hier ein Fundus von Gräsern, Farnen und Garten- sowie Küchenkräutern.

Die Schaupflanzungen der Staudengärtnerei überraschen mit einer Vielfalt von Pflanzen und bieten dem Besucher viele Ideen und Anregungen für den eigenen Garten. (Und der Duft und die unterschiedlichen Aromen, die sich dem Besucher präsentieren, betört die Sinne.)

Gesund, frisch und artgerecht

Gleich nebenan liegt in Oberhausen die Kreilhofer Bio-Rotwildzucht (www.kreilhof.de). Hier finden sich gesunde Heidelbeeren, die artgerecht auf einem ehemaligen Torfstich heranwachsen und während der Erntezeit bequem von den 1,70 hohen Pflanzen gepflückt werden können. Außerdem ist das Rotwildgehege einen Besuch wert, das nach Bioland-Richtlinien gepflegt wird. Hier kommen Frischfleisch, Wurst- und Schinkenspezialitäten vom Rotwild direkt ab Hof in den Handel.

Die Gärtnerei StaudenSpatz ist Mitglied im Gartennetzwerk Gartenwinkel-Pfaffenwinkel, es gibt jedes Jahr 2-3 Tage der offenen Tür und gerne werden auch Führungen für Gruppen angeboten.

Die naturnahe Umgebung der Gärtnerei und des Biolandhofes mit den Obstgärten, mit ihren Wiesen, Hecken und Wäldern bringt dem Naturliebhaber die Freude am Garten, an der Natur und der Ökologie näher.

Gärtnerei StaudenSpatz

Kreilhof 7, D-82386 Oberhausen
Tel. +49 (0)8803-4780900
info@staudenspatz.de
www.staudenspatz.de

Pähl

Die Gemeinde Pähl (rund 2.500 Einwohner) im oberbayerischen Landkreis Weilheim-Schongau liegt zwischen Ammersee und Starnberger See ca. 50 km südwestlich von München. Pähl erreicht man gut über die Bundesstraße 2 von Starnberg nach Weilheim.

Das Gemeindegebiet besticht durch reizvolle landschaftliche Vielfalt und Schönheit sowie bei gutem Wetter über einen wundervollen Panoramablick vom Hirschberg auf die Alpenkette.

Sehenswürdigkeiten

Zu den sehenswerten Bauwerken in Pähl gehört das Ende des 19. Jahrhunderts erbaute Hochschloss Pähl hoch über dem Ort.

Die Pfarrkirche St. Laurentius mit Ursprüngen im 12. Jahrhundert beeindruckt mit prächtiger barocker Innenausstattung.

Einen Besuch wert ist auch die liebevoll renovierte, 400 Jahre alte Hofmarkmühle mit Restaurant und Antiquitätenladen.

Im Ortsteil Kerschlach mit über 1200-jähriger Geschichte ist auf dem ehemaligen Klostergut ein ökologisch bewirtschaftetes Hofgut entstanden, das Führungen anbietet.

Naturliebhaber sollten die unterhalb des Hochschlosses verlaufende Pähler Schlucht besuchen, ein unter Naturschutz stehendes Geotop im Nagelfluhgestein.

Freizeit und Sport

Die herrliche Umgebung von Pähl lädt zu genussvollen Wander- und Radtouren ein.

Golffreunde kommen im 18-Loch-Golfclub neben dem Hochschloss auf ihre Kosten.

Wichtige Adressen und Telefonnummern

Gemeinde Pähl
Kirchstraße 7, D-82396 Pähl
Tel. +49 (0)8808 92 04-0
gemeinde@paehl.bayern.de
www.gemeinde-paehl.de

Pähl
(Bild Gemeinde Pähl)

Hier stehen alle Zeichen auf Genuss

Restaurant Pfaffenwinkel

Nahe der Pähler Schlucht mit seinem 16 Meter hohen Wasserfall liegt eine Oase für kulinarische Genüsse. Hier wird auf gesundheitsbewusste Ernährung Wert gelegt. So finden sich auf der Speisekarte Fisch- und Fleischgerichte, die qualitativ hochwertig eingekauft und in der Küche zu kreativen Speisen zubereitet werden. Ein ausgewähltes Wein- und Getränkeangebot rundet das Angebot des Restaurant Pfaffenwinkel ab.

In gemütlicher Runde wird das, was Küche und Keller zu bieten hat, genossen. Das exklusive Ambiente eines Clubhauses, das in rustikalem Stil eingerichtet ist, geht mit der traditionellen Bauweise des Hofguts einher und lädt zu geselligen Stunden ein, in denen es sich angenehm speisen und genießen lässt.

Während der warmen Jahreszeit werden die Gäste auf den sonnenverwöhnten Terrassen von einem aufmerksamen Service bedient.

Restaurant Pfaffenwinkel
Pál Imre e.K.
Am Hochschloß, D-82396 Pähl
+49 (0)8808 92 42 875
info@restaurant-pfaffenwinkel.de

Das Golfspiel in seiner schönsten Form

Golfclub Hohenpähl

Besondere Gegebenheiten machen den Fünf Sterne Golfplatz Hohenpähl zu einem landschaftlich wie sportlich eindrucksvollen Erlebnis.

Der Landschaftsgolfplatz ist eine Oase der Ruhe, wo der Golfsport im Einklang mit der Natur ist. Hoch zwischen Starnberger- und Ammersee auf den Fluren des alten Gutshofes des Hochschlosses Pähl gelegen, erstreckt sich die Anlage mit alten Bäumen, Alleen, Hügeln, Bächen und Weihern. Nicht umsonst ist die Golfanlage Hohenpähl als einer der ersten Golfplätze Deutschlands 2009 mit dem Umweltpreis „Golf und Natur" in Gold sowie als erster Golfclub in Bayern mit dem „Umweltpakt Bayern" Siegel ausgezeichnet worden.

Darüber hinaus bietet der Golfclub ein harmonisches und aktives Clubleben und einen Veranstaltungskalender, der für jeden etwas bietet. Außerdem liegt die Förderung und sportliche Ausbildung Jugendlicher den Betreibern des Golfclub Hohenpähl besonders am Herzen.

Bei einem Besuch können sich Interessierte das Clubhaus, die Übungsanlagen und den Golfplatz ansehen und sich ausführlich über Beitrittskonditionen informieren. Zum Abschluss des Besuches empfiehlt sich ein Abstecher in die Gastronomie des Platzes, dem "Restaurant Pfaffenwinkel", das mit seiner einzigartigen Atmosphäre die Gäste zu einer kulinarischen Reise durch bodenständige bayerische Küche mit saisonalen und regionalen Speisen einlädt.

Um den Golfsport in seiner schönsten Form zu erleben, kann man sich zu einem Schnupperkurs anmelden, in dem man die Grundlagen des Sports kennenlernen kann. Und wer schließlich auf den Geschmack gekommen ist, kommt durch einem Platzreifekurs zum DGV-Platzreifezertifikat, das zum Spielen auf dem Golfplatz Hohenpähl berechtigt.

Golfclub Hohenpähl

Am Hochschloss
D-82396 Pähl
Tel. +49 (0)88 08-92 02-0
info@gchp.de
www.gchp.de

Peißenberg

Mitten im Pfaffenwinkel

Der Markt Peißenberg (rund 12.600 Einwohner) mit 25 Ortsteilen im oberbayerischen Landkreis Weilheim-Schongau liegt im landschaftlich reizvollen, ländlich geprägten Kulturland des Pfaffenwinkels im Alpenvorland zwischen dem Hohen Peißenberg und dem Guggenberg am linken Ammerufer.

Der Markt Peißenberg verfügt über eine hervorragende Infrastruktur sowie ein breites Angebot an Arbeitsplätzen in verschiedenen Branchen und ist ein beliebter Wohnort mit hoher Lebensqualität und vielfältigen Freizeitmöglichkeiten.

Durch die günstige Lage sind viele attraktive Ausflugsziele wie die Wieskirche, Ammer-, Staffel- und Starnberger See, die Königsschlösser und die bayerischen Alpen schnell erreichbar.

Peißenberg
(Bilder Markt Peißenberg)

Für Gäste bietet Peißenberg eine Reihe von Unterkünften in Gasthöfen und Pensionen, Ferienwohnungen und Privatzimmern, auf dem Campingplatz und beim Urlaub auf dem Bauernhof. Mehrere Gasthäuser mit attraktiven gastronomischen Angeboten sorgen für das Wohl der Gäste.

Peißenberg ist über die B 472 von Irschenberg nach Marktoberdorf und die nahe B 2 von München nach Garmisch-Partenkirchen gut zu erreichen. Der Bahnhof Peißenberg liegt an der Bahnstrecke Weilheim-Schongau.

Kurzer Blick ins Geschichtsbuch

In der Peißenberger Region gibt es archäologische Nachweise von menschlicher Aktivität bereits zur Bronzezeit von 2200 bis 800 v. Chr. Es wurden auch Münzen aus der Römerzeit und Reihengräber aus der Merowingerzeit vom 5. bis 8. Jahrhundert gefunden.

Erstmals schriftlich erwähnt wurde Peißenberg im 11. Jahrhundert in Aufzeichnungen des Klosters Benediktbeuern. Nach wechselvoller Geschichte entstand 1818 die heutige Gemeinde im Königreich Bayern. 1919 wurde Peißenberg zum Markt ernannt.

Maria Aich

Im 19. Jahrhundert wurde am Hohen Peißenberg wegen der starken Kohlenachfrage im Zuge der Industrialisierung Pechkohle abgebaut. Peißenberg entwickelte sich zum Bergwerksdorf mit bis zu 3500 Arbeitern im Bergwerk und rasch steigender Bevölkerungszahl. 1971 wurde das Bergwerk geschlossen. Ein Museum erinnert an die Ära des Bergbaus.

Sehenswürdigkeiten

Wallfahrtskirche Maria Aich

Die barocke Wallfahrtskirche Maria Aich liegt am östlichen Ortsrand von Peißenberg. Der Ursprung der Kirche ist eine Kapelle aus dem Jahr 1631, die zum Gedenken an die Pestopfer von 1628 erbaut wurde. Beim Bau ereigneten sich angeblich einige „Wunder", die zu einer lokalen Wallfahrtsbewegung führten. Von 1731 bis 1734 wurde an gleicher Stelle vom Wessobrunner Baumeister Joseph Schmuzer eine äußerlich schlichte Wallfahrtskirche errichtet. Im prachtvoll gestalteten Innenraum findet man bedeutende Deckenfresken des einheimischen Meisters Matthäus Günther.

Kapelle St. Georg

Die mittelalterliche Kapelle St. Georg am bewaldeten Südhang des Hohenpeißenbergs befindet sich auf dem Gelände der hochmittelalterlichen Ministerialenburg Peißenberg aus dem 12. Jahrhundert, die 1388 zerstört wurde. Die Kapelle blieb erhalten. Im Innenraum des schlichten Gotteshauses sind von einem bedeutenden Zyklus mit rund 50 gotischen Wandmalereien aus dem Leben des heiligen Georg aus den Jahren um 1400 18 Bilder erhalten geblieben. Hier findet man auch die einzige Darstellung des Martyriums des heiligen Georgs aus dem 5. Jahrhundert anstelle der bekannten Ritter-Drachendarstellung.

Die Kapelle befindet sich im Privateigentum, kann aber auf Nachfrage besichtigt werden.

Einen Besuch wert ist die Lourdesgrotte im Maximiliansweg aus dem Jahr 1895.

Bergbaumuseum mit Erlebnisbergwerk

Das Bergbaumuseum in Peißenberg erinnert an die Zeit der Pechkohleförderung und ist das einzige Erlebnisbergwerk Südbayerns. Im Zuge des Museumsbesuchs kann man auch einen alten Stollen besichtigen. Auf der spannenden Bahnfahrt mit dem Museumsführer in den 670 Meter langen Stollen erleben die Besucher eine simulierte Explosion, bei der der Boden bebt und es qualmt.

Das Museum auf dem ehemaligen Bergwerksgelände informiert in 14 Räumen mit geologischen Schaubildern über die Entstehung der Kohleflöze im Voralpenland. Werkzeuge, Schachtmodelle und Grubeneinrichtungen veranschaulichen die bergmännische Arbeit, bei der die Pechkohle in früheren Zeiten in mühsamer Handarbeit abgebaut wurde. In der Tiefstollenhalle können Großgeräte besichtigt werden. Am „Schaustreb“ wird die Methode des modernen Kohleabbaus dargestellt.

Stolleneingang

Knappengedächtniskapelle

Auf der neuen Bergehalde beim Bergbaumuseum, dem schönsten Aussichtsplatz in Peißenberg, wurde eine Kapelle zum Gedenken an verunglückte Bergleute errichtet. Sie ist den Schutzheiligen der Bergleute Barbara und Antonius geweiht. Auf der Bergehalde wurden in den 1960er Jahren Szenen für die Fernsehserie „Raumpatrouille Orion“ gedreht.

Bockerlbahn

Beim Bergbaumuseum sorgt eine 370 Meter lange stationäre Bockerlbahn für großes Vergnügen bei den mitfahrenden Kindern.

Wohnanlage Barbarahof

Die vor 100 Jahren erbaute Wohnanlage Barbarahof für Bergwerksfamilien im Ortsteil Wörth ist architektonisch interessant.

Marktarchiv

Das Marktarchiv mit heimatlichen Exponaten im Max-Biller-Haus in der Schongauer Strasse 2 ist für interessierte Besucher jeden Mittwoch von 14 – 16 Uhr geöffnet. Hier wird durch Dokumente und Exponate die Vergangenheit der Region lebendig.

Sandsteinhöhlen

In der Ammerschlucht am Nordwesthang der Schnalz findet man eine Reihe von Höhlen, die vermutlich während des Bauernkriegs im 16. Jahrhundert als Zufluchtsstätte dienten.

Werkstattgalerie

In der Bergwerkstraße lohnt für Kunstinteressierte ein Besuch der Werkstattgalerie von Bernd Schweizer und Irene Orecher. Die Dauerausstellung in der Werkstatt und auf dem Freigelände zeigt Werke der Künstler aus Metall und Bronze sowie Mosaiken und Gemälde. Im Shop sind auch kleinere Accessoires käuflich zu erwerben. Zum Programm gehören auch wechselnde Gastausstellungen. Infos unter https://momeart.com/werkstatt-galerie/

Pfarrgarten

Für Gartenfreunde lohnt der Besuch des Hausgartens im Pfarrhof St. Johann in der Hauptstraße, der im neubarocken Stil um 1900 entstanden ist. Der liebevoll angelegte Garten dient heute als Schul- und Lehrgarten und zeigt eine üppige Vielfalt von

Blumen, Kräutern, Obstbäumen und vieles mehr.

Freizeit und Sport

Peißenberg zeichnet sich durch vielfältige Freizeitmöglichkeiten und ein reges Vereinsleben aus. Zu den zahlreichen aktiven Vereinen gehören Brauchtumsvereine wie der Knappenverein und der Trachtenverein, Musikvereine wie die Knappschaftskapelle und der Volks-Chor, Sportvereine wie der TSV Peißenberg und der Schützenverein VSG Peißenberg sowie Vereine mit kulturellen Themen wie der Kulturverein oder mit gesellschaftlichen Themen.

Die Vereine sorgen mit ihren Festen und Wettbewerben für ein umfangreiches Veranstaltungsprogramm.

Zu den sportlichen Freizeiteinrichtungen in Peißenberg gehört die Sportanlage mit Fußballstadion, Turnhallen und Trainingslätzen.

Eissporthalle

Die Eissporthalle des TSV Peißenberg steht den Eishockeyspielern des Vereins sowie dem Publikum zu bestimmten Zeiten für Schlittschuhlaufen oder Eisstockschießen zur Verfügung.

Die Halle bietet Raum für rund 3.000 Zuschauer. Im Sommer finden auch Veranstaltungen in der Halle statt.

Kletterhalle

Die Kletterhalle der Peißenberger Sektion des Deutschen Alpenvereins in der Alpspitzstraße bietet 400 qm Kletterfläche bei einer Wandhöhe von 11 m mit 60 Kletterrouten. Zum Service des Vereins gehören auch Kletterkurse.

Freizeitbad Rigi-Rutsch'n

Zur Ausstattung des beliebten Freizeitbades in der Pestalozzistraße gehören im beheizten Freibadbereich ein Sportbecken, ein Sprungbecken, ein Nichtschwimmerbecken und ein Kin-

Freizeitbad Rigi-Rutsch'n

derbecken mit insgesamt rund 1500 qm Wasserfläche, zwei kleine Rutschen und eine Riesenwasserrutsche sowie 9.000 qm Liegewiese mit Beachvolleyball-Platz, Tischtennis und Slackline. Der Kiosk sorgt mit seinen Angeboten für das leibliche Wohl. Im Hallenbad steht ein 10 x 8 Meter großes Innenbecken zur Verfügung. Im Saunabereich sorgen mehrere Saunen und ein Dampfbad für Entspannung. Zum Angebot gehören auch Massagen und Wellnessbehandlungen. Infos unter www.rigirutschn.de

Wandern und Radfahren

Wanderer und Radfreunde haben rund um Peißenberg die Auswahl an schönen Routen auf den Hohen Peißenberg, entlang der wildromantischen Ammer und durch den Wald des Landschaftsschutzgebietes Eibenwald.

Radfahrer finden gut ausgebaute Wege abseits der Hauptverkehrswege. Auch anspruchsvolle Mountainbike Touren auf dem Hohen Peißenberg sind möglich.

Wanderwege

Meditationsweg

Der Meditationsweg auf der Neuen Berghalde lädt auf 4,6 km zum Spazieren und zum Innehalten, Nachdenken, Meditieren und Beten an den einzelnen Stationen ein. An der Knappengedächtniskapelle liegt ein „Gipfelbuch“ aus.

Alpiniweg

Der 7 km lange Rundweg beginnt an der Böbinger Ammerbrücke und führt

abwechslungsreich durch die reizvolle Landschaft mit Tälern, Wiesen und Wäldern, vorbei an Weilern und Wasserfällen.

Jubiläumsweg

Der 8,5 km lange Weg beginnt beim Parkplatz an der Ammerbrücke auf der Straße von Peißenberg nach Oberhausen und führt zunächst auf dem Ammerdamm ammerabwärts. Weiter geht es zum Kreilhof und dann bergauf Richtung Oberhausen zu einem Höhenrücken, der eine prächtige Aussicht auf die Alpen gewährt. Bergab geht es durch Wald und dann abwechslungsreich zurück zum Ausgangspunkt.

Auf den Hohenpeißenberg

Der 14 km lange lohnende Weg für Wanderer mit guter Kondition beginnt am Parkplatz am Bahnhof. Er führt vorbei am ehemaligen Bergwerksgelände zur Kapelle St. Georg. Dann geht es ansteigend Richtung Hohenpeißenberg, der einen herrlichen Rundblick bietet und zum Besuch der Wallfahrtskirche einlädt. Zurück geht es durch Wiesen, Wälder und Felder vorbei an der Kapelle St. Michael zum Bahnhof.

Die Ammer

Tiefstolleneingang

Schäfflerweg

Der 10 km lange Weg beginnt ebenfalls am Bahnhof. Der Weg führt entlang der Straße nach Paterzell bis zum Rehgraben. Dann geht es bergauf durch Hochwald zu den Höfen von Windkreut, wo man eine aussichtsreiche Rast einlegen kann. Der Weg führt weiter nach Tritschenkreut, dem Geburtsort des Kirchenmalers Matthäus Günther (1705-1788). An der Kapelle St. Michael vorbei geht es zurück zum Bahnhof.

Stollenweg

Der 10 km lange Wanderweg entstand in Zusammenarbeit mit dem Knappenverein. Er beginnt beim Bergbaumuseum und führt zum Hohen Peißenberg vorbei an mehreren Stollen. Am Weg informieren 15 Schautafeln über Bergbau, Geologie und Landschaft.

Veranstaltungen

Der abwechslungsreiche Veranstaltungskalender in Peißenberg bietet Feste und Märkte, Kulturelles und Brauchtum sowie sportliche Events.

Kulturverein

Das vielfältige Programm des Kulturvereins in der „Tiefstollenhalle“ mit Kunstausstellungen, Konzerten, Kabarett und Theateraufführungen ist beim Publikum sehr beliebt. Infos unter www.kulturverein-peissenberg.de.

Dorffest

Das traditionelle Dorffest am 15. August zu Mariä Himmelfahrt findet im alten Dorfkern in der Ludwigstraße mit Blasmusik, Trachtentänzen und Angeboten aus der bayerischen Küche statt.

Leonhardifahrt

Am letzten Sonntag im Oktober kommen zahlreiche Besucher zum Leonhardifest zu Ehren des Hl. Leonhard, dem Schutzpatron der landwirtschaftlichen Tiere. Rund 200 Pferde, festlich geschmückte Wagen und Blaskappelen ziehen zur Kirche Maria Aich, wo die Pferde gesegnet werden.

Barbarafeier

Am ersten Sonntag im Dezember feiern die Mitglieder der Knappenvereine aus nah und fern in ihren schmucken Bergbauuniformen in Peißenberg mit einem Festzug und Festgottesdienst die Schutzpatronin der Bergleute, die heilige Barbara.

Leonhardifahrt

Weihnachtsmarkt

Am ersten Adventsonntag findet auf dem Tiefstollenplatz der Weihnachtsmarkt der Peißenberger Vereine statt. An Verkaufsständen werden kulinarische Köstlichkeiten und selbst gebastelte Weihnachtsgeschenke angeboten. Der Posaunenchor sowie weitere Chöre und Kapellen sorgen für weihnachtliche Stimmung. Ergänzend kann man in der Tiefstollenhalle eine Kleinkunstausstellung besuchen.

Maibaum

Alle fünf Jahre am 1. Mai stellen rund 50 starke Männer des Trachtenvereins am Rathausplatz einen rund 30 Meter hohen, bunt geschmückten

Maibaum unter großer Anteilnahme der Bevölkerung auf. Das festliche Ereignis wird umrahmt durch die Böllerschützen, die Knappschaftskapelle und angeboten von bayerischen Schmankerln. Das nächste Maifest findet 2023 statt.

Schäfflertanz

Alle sieben Jahre, das nächste Mal 2021, erinnern ab dem 6. Januar rund 2 Monate lang zahlreiche Aufführungen des Schäfflertanzes der Peißenberger Schäfflertanzgruppe an die Peißenberger Pestkatastrophe im Jahr 1628. Der Tanz ist der Zunfttanz der Schäffler, die früher Holzfässer herstellten. Er sollte nach der Pest das öffentliche Leben wieder in Gang bringen.

Rathaus

Wichtige Adressen und Telefonnummern

Rathaus Markt Peißenberg
Hauptstr. 77
D-82380 Peißenberg
Tel. +49 (0)8803 690 0
poststelle@peissenberg.de
www.peissenberg.de

Freibad & Saunalandschaft

Rigi Rutsch'n

Ein herzliches willkommen im Gesundheits- und Bäderpark Rigi Rutsch'n in Peißenberg. Hier bietet sich eine Vielzahl an Möglichkeiten, bei denen sich der Besucher vom Alltag erholen und seine Freizeit genießen kann.

In der Saunalandschaft kann man den Stress des Alltags ganz einfach „ausschwitzen" und im Frühjahr bis Spätsommer lädt das Freibad zu einem herrlichen Badevergnügen ein.

Gäste mit Gehbehinderung können sich im gesamten Saunabereich und im Hallenbad sowie im Freibadgelände barrierefrei bewegen.

Ein Genuss für die ganze Familie

Den Sommer genießt die gesamte Familie im Gesundheits- und Bäderpark Rigi Rutsch'n in Peißenberg. Durch die verschiedenen Becken und Freizeitangebote kommen Groß und Klein auf ihre Kosten. So bereitet das Spaßbecken mit Riesen-Wasserrutsche oder den zwei kleineren Rutschen pures Vergnügen. Ausdauerschwimmer ziehen im 25-Meter-Sportbecken ihre Bahnen und fünf Sprungbretter mit 1-, 3- und 5-Metern im Sprungturmbecken locken Wagemutige in die Höhe. Die kleinen Gäste kommen im Kinderbecken mit Wasserpilz, Sprudel, einer kleinen Rutsche und Sonnenschutz auf ihre Kosten.
Im Nichtschwimmerbecken kann sich jeder, der möchte, bei niedriger Wassertiefe erfrischen. Und wenn man sich

eine Pause vom Wasser gönnen und lieber etwas an Land machen möchte, nutzt man den Beachvolleyball-/Bolzplatz, spielt eine Runde Tischtennis oder trainiert die Treffsicherheit an den Kicker-Automaten. Eine Slackline und für die Kinder ein großer Spielplatz mit UV-Sonnensegel runden das Angebot ab. Einen sonnigen Tag genießen die Gäste auf der gepflegten, großzügigen Liegewiese oder abseits vom Freibadgeschehen am Relaxbereich.

Natürlich ist auch für das leibliche Wohl gesorgt. Der Kioskbetreiber hält unter anderem Kaffee, Kuchen und Erfrischungsgetränke aller Art, Eis am Stiel, Currywurst, Schnitzelsemmel, Wurstsalat sowie – für ernährungsbewusste Badegäste – verschiedene Salatteller – bereit. Vier Elektro-Grills stehen den Gästen zum Selbergrillen bereit.

Ein Ort der Entspannung

Gesundes Schwitzen verlangsamt Alterungsprozesse, trainiert die Gefäße, lockert verspannte Muskeln, hilft dem Körper zu entschlacken und wirkt insgesamt entschleunigend. Regelmäßiges Saunieren tut gut und hat positive Effekte auf Gesundheit und Schönheit!

In der Rigi Rutsch'n stehen fünf unterschiedlich temperierte Saunen, darunter eine Finnische-Blockhaus-Sauna (optisch dem historischen Bergwerk in Peißenberg angelehnt) mit Saunagarten und Stollendusche, eine kleine finnische Sauna, eine Biosauna, ein klassisches Dampfbad und eine Infrarotsauna – insgesamt rund 1.500 m² zur Verfügung. Ein abwechslungsreiches Aufgussprogramm ergänzt das Angebot.

Nach den Saunagängen und dem Abkühlen unter der Stollendusche oder dem Tauchbecken, entspannen die Gäste in den Ruheräumen, die zum Teil Panoramablicke in den Saunagarten erlauben. Darüber hinaus kann das vitalisierende Fußbecken genutzt werden.

Entspanntes Schwimmen

Das 10 x 8 Meter große und ca. 32°C warme Hallenbecken lädt zum entspannten Schwimmen ein. Über die Freibad-Saison hinaus kann auch das Nichtschwimmerbecken im Außenbereich genutzt werden, das bis Ende Oktober auf ca. 26°C beheizt und ab November auf ca. 12°C abgesenkt wird.

Die Öffnungszeiten entnehmen Sie auf der Webseite www.rigirutschn.de

Rigi Rutsch'n

Pestalozzistr. 8, D-82380 Peißenberg
Tel. +49 (0)8803-5001
schwimmbad@peissenberg.de
www.rigirutschn.de

Spaß und Action für Kinder und Erwachsene

Marcello Fun Arena

Raus aus dem Alltag und rein ins Vergnügen heißt es in der Marcello Fun Arena. Denn eines gibt es in dem Indoorspielplatz in Peißenberg sicher nicht: Langeweile! Auf weitläufigen 2.000 Quadratmetern sind Action, Spiel und Spaß für Klein und Groß garantiert.

So kann man sich im riesigen Trampolin-Bereich auspowern, sich durch das Kletterlabyrinth kämpfen oder in der riesigen Schaumstoffgrube tolle Sprünge wagen. Mit einem Affenzahn die vier Rutschen hinunter sausen oder die E-Kartbahn nutzen und noch vieles mehr – die Marcello Fun Arena lässt keine Wünsche offen.

Die angegliederte Gastronomie bietet eine große Auswahl an Speisen für jeden Geschmack, wenn beim Toben der kleine oder große Hunger kommt. Im Zentrum der dazugehörigen Sitzgelegenheiten befindet sich ein Spielplatz für Kleinkinder, sodass die Eltern beruhigt verweilen können, während die Kleinen schon wieder losflitzen.

Für Geburtstagskinder und deren Gäste ist die Marcello Fun Arena ein unvergessliches Erlebnis mit attraktiven Angebotspaketen. Während die Geburtstagsgesellschaft von einem geschulten Mitarbeiter kompetent betreut und bestens unterhalten wird, können sich die erwachsenen Begleitpersonen entspannt zurücklehnen. Alternativ toben sie sich selbst im Action-Bereich aus.

Denn Erwachsene sind in der Marcello Fun Arena ausdrücklich zum Mitmachen aufgefordert! So gibt es beispielsweise einen "Ninja-Käfig", bei dem einige sportliche Herausforderungen zu bewältigen sind. Sportlich-spaßige Wettkämpfe machen die Marcello Fun Arena zu einem lohnenswerten Ausflugsziel für alle Altersklassen.

Wie wäre es mit einem erlebnisreichen Tag voller Action und Teambuilding für Betriebsausflüge oder Schulklassen?

Für Vereine, Cliquen und Sportmannschaften ist die Marcello Fun Arena ein Geheimtipp, um sich einmal auf eine ganz andere Art und Weise auszupowern – wer möchte, sogar den ganzen Tag, denn hier bucht man kein festes Zeitfenster.

Der Name "Marcello Fun Arena" geht übrigens auf Marcel, den Sohn einer der Geschäftsführer, zurück. Es zeigt, wie viel Persönlichkeit und Herzblut die beiden Betreiber, zwei Familienväter, in ihr aufwendiges Projekt gesteckt haben. Familienfreundlichkeit, herzliche Mitarbeiter und moderate Preise sind ihnen ebenfalls ein wichtiges Anliegen. Und bei solch einem fairen Preis-Leistungsverhältnis macht der Tag in der Marcello Fun Arena gleich noch viel mehr Spaß und Freude!

Marcello Fun Arena
Max-Planck-Str. 8-10
D-82380 Peißenberg
Tel. +49(0) 88 03-7 40 97 49
info@marcello-funarena.de
www.marcello-funarena.de

Penzberg

Ehemalige Bergarbeiterstadt in einzigartiger Naturlandschaft

Mit dem Bergbau verbunden ist die moderne und kulturell vielseitige Stadt noch heute. Das Bergwerksmuseum zeichnet anhand zahlreicher Exponate die spannende Geschichte des Penzberger Kohlebergbaus nach. Fotografien, Originalobjekte wie Grubenlampen und Gezähe, Modelle und Medienstationen veranschaulichen das Arbeitsleben in der einstigen Bergbaustadt. Die begehbaren Streckeneinbauten, die ein realistisches Bild des Betriebs unter Tage vermitteln, beeindrucken auch die jüngsten Besucher. Mit dem Audioguide wird der Besuch des Museums für Jugendliche und Kinder zu einem unvergesslichen Erlebnis.

Die Geschichte der Stadt

Penzberg wurde 1275 erstmalig urkundlich erwähnt. Im 18. Jahrhundert entwickelte sich der Kohlebergbau und mit den Errungenschaften der Industrialisierung und der Erweiterung der Eisenbahnstrecke im 19. Jahrhundert nahmen der Bergbau und der Absatz der Pechkohle einen rasanten Aufstieg. Zu Beginn des 20. Jahrhunderts beschäftigte das Penzberger Bergwerk über 2.000 Mitarbeiter. Nachlassende Ressourcen und sinkender Absatz der Kohle beendeten 1966 die Bergbaugeschichte in Penzberg.

Bergwerksmuseum

Penzberg

Rathaus

Seither ist Penzberg auch weiterhin Industriestandort geblieben und mit über 17.000 Einwohnern ein pulsierendes Mittelzentrum mit großer Bedeutung für sein Umland. Geboten werden Dienstleistungen, vielfältige Einkaufsmöglichkeiten und ein breites Arbeitsspektrum vom traditionellen Handwerk bis zur Biotechnologie eines „global players".

Das ausgeprägte kulturelle Leben sowie die Vielzahl von Sport- und Freizeiteinrichtungen üben eine große Anziehungskraft auf die Region aus. Der wirtschaftliche und gesellschaftliche Wandel in den vergangenen Jahrzehnten schuf ein ausgeprägtes Bildungswesen. Die verkehrstechnische Anbindung mit der A95 München – Garmisch und dem Halbstundentakt der Bahnstrecke Kochel – München ist hervorragend.

Kulturell Interessantes und Sehenswertes

Neben dem schon erwähnten Bergwerksmuseum bietet das Museum Penzberg-Sammlung Campendonk einen umfassenden Überblick über das Werk des jüngsten Mitglieds der Künstlergruppe Blauer Reiter. Der Maler lebte von 1911 bis 1922 in der Region und schilderte die Stadt als künstlerischer Zeitzeuge. In dem Ausstellungshaus in der Straße Am Museum 1 erfahren die Besucher Wissenswertes über die Stadtgeschichte und die lebendige Kunstwelt des Münchener Südens. Außerdem präsentiert sich eine authentisch eingerichtete Bergarbeiterwohnung aus der Zeit um1920 und die zeitgeschichtlichen Ereignisse der „Penzberger Mordnacht" vom 28. April 1945 werden mit Texten und Originalobjekten erläutert.

Pfarrkirche Christkönig

Den schlichten Kirchenraum der katholischen Pfarrkirche Christkönig, die 1949 erbaut wurde, schmücken zwei Fenster des expressionistischen Künstlers Heinrich Campendonk. Das in den 1950er Jahren geschaffene Jesaja-Fenster findet sich in dem Gotteshaus neben der Orgel. In einer kleinen Seitenkapelle sieht man das Passionsfenster, für das Heinrich Campendonk 1937 auf der Weltausstellung in Paris den Grand Prix erhielt.

Mit einem Gebäude aus Stein, Stahl und blauem Glas gewann der Augsburger Architekt Alen Jaserevic 2008 den Wessobrunner Architekturpreis. Das Gebäude ist die Moschee der islamischen Gemeinde und das islamische Forum gilt mit seiner filigranen Struktur als einer der schönsten Sakralbauten der Gegenwart.

Vielfältige Veranstaltungen prägen das Bild der Stadt

10 Tage dauert das jedes Jahr am Ende der Sommerferien stattfindende Penzberger Volksfest, das weit über die Region hinaus bekannt ist. Verschiedene Märkte, Stadtfeste sowie viele weitere interessante Veranstaltungen bieten im Jahreslauf viel Abwechslung. Kleinkunst, ein Literaturpreis und eine musikalisch

Hannis Eismärchen

hochwertige Konzertreihe runden das Programm ab. Im Winter ist „Hannis Eismärchen“, eine große Kunsteisfläche am Stadtplatz, Anziehungspunkt für Tausende von Besuchern.

Natur und Bewegung

Das Umland bietet Fahrradfahrern und Wanderfreunden eine Fülle wunderschöner Touren. Im Nordwesten der Stadt ist der Barfußpfad entlang dem Freizeitgebiet Gut Hub eine Attraktion, auf dem die unterschiedlichen Bodenstrukturen mit den Füßen erfühlt werden können. Themenwege wie der Penzberger Geschichtslehrpfad und der Bergbaurundweg liefern wissenswerte Informationen über die Stadt und ihre Geschichte.

In den Sommermonaten bieten die Freibäder am Eizenberger Weiher oder am Hubersee Wassersportmöglichkeiten.

Ein Freizeitbad, das derzeit gebaut wird, sorgt zukünftig zu jeder Jahreszeit für Badevergnügen für Jung und Alt.

Wichtige Adressen und Telefonnummern

Stadt Penzberg
Karlstr. 25, D-82377 Penzberg
Tel. +49 (0)8856 813-0
Fax +49 (0)8856 813-136
poststelle@penzberg.de
www.penzberg.de
www.facebook.com/stadtpenzberg
www.instagram.com/stadt_penzberg

Fotos Ralf Gerard – www.gerardfotos.de

Hubersee
(Bild Ralf Gerard – www.gerardfotos.de)

Vom Bergbau zum Biotech-Zentrum

Biotechnologiezentrum Penzberg

Acht Jahre nach Ende der Bergbau-Ära zog die Diagnostika-Produktion von Boehringer Mannheim im Jahr 1974 aus Tutzing am Starnberger See in den Nonnenwald nach Penzberg um. Im März 1998 erfolgte die Übernahme des Unternehmens durch den Schweizer Gesundheitskonzern Roche.

Seither wächst Roche in Penzberg stetig weiter: Der Konzern investiert kontinuierlich in den Standort und erweitert Labore, Produktionsanlagen, Ausbildungskapazitäten und Infrastruktur. Neben diagnostischen Tests stellt das Unternehmen in Penzberg biopharmazeutische Wirkstoffe für Medikamente für den Weltmarkt her. Heute zählt Roche in Penzberg mit mehr als 6.400 Mitarbeitenden aus über 60 Ländern zu den größten Biotech-Zentren in Europa.

Auf dem Gelände des Werks befindet sich zudem das größte biotechnologische Ausbildungszentrum Bayerns. Derzeit werden dort 300 Auszubildende und Studierende mit Schwerpunkt Naturwissenschaften ausgebildet. Für interessierte Besucher bietet das Unternehmen über das Jahr verteilt mehrere Werksführungen an.

Weitere Informationen:
www.roche.de

Roche Diagnostics GmbH
Nonnenwald 2, D-82377 Penzberg

Polling

Das Klosterdorf

Die Gemeinde Polling (rund 3.500 Einwohner) im oberbayerischen Landkreis Weilheim-Schongau besteht aus den Ortsteilen Polling, Etting und Oderding. Die Gemeinde liegt nur wenige Kilometer von den größeren Orten Weilheim und Peißenberg entfernt. Sie ist über die Bundesstraßen 2 und 472 gut zu erreichen. Die Ammer fließt durch das Gemeindegebiet.

Polling zeichnet sich durch historische Sehenswürdigkeiten aus und ist ein beliebtes Ausflugsziel bei Kulturliebhabern.

Für Gäste stehen Unterkünfte in Ferienwohnungen und Gasthöfen zur Verfügung. Für das leibliche Wohl sorgen mehrere Gaststätten.

Kurzer Blick ins Geschichtsbuch

Die Region war bereits im 4. Jahrtausend v.Chr. besiedelt, wie Funde aus den Tuffsteinbrüchen belegen. Der wertvolle Pollinger Kalktuff wird noch heute abgebaut.

Der Legende nach soll Herzog Tassilo III. um 750 n.Chr. das Benediktiner- und spätere Augustiner-Chorherrenstift Kloster Polling gegründet haben. Urkundlich erwähnt wurde Polling erstmals im Jahr 1010.

Der Ort war bis zur Säkularisation 1803 als geschlossene Hofmark mit Sitz im Kloster Polling Teil des Kurfürstentums Bayern. 1818 wurde die heutige Gemeinde errichtet.

Blick auf Polling
(Bilder Gemeinde Polling)

Kloster Heilig Kreuz und Stiftskirche

Sehenswürdigkeiten

Kloster Heilig Kreuz

Das Kloster im Zentrum des Dorfes gehört seit 1892 dem Dominikanerinnenkloster Donauwörth. Es beherbergt heute ein Hospiz und ein Bildungshaus. In den prachtvollen, mit Stuck geschmückten Sälen finden Konzerte und Veranstaltungen statt.

Stiftskirche St. Salvator

Die Kirche wurde 1416 nach einem Brand neu errichtet und im Lauf der Jahrhunderte mehrfach umgestaltet. Im Innenraum findet man am Triumphbogen gegenüber der Kanzel die sitzende Muttergottes des Landshuter Meisters Hans Leinberger aus dem Jahr 1526. Aus der Umgestaltung von 1621 – 1628 stammen die flächendeckenden Stuckaturen von Jörg Schmuzer aus Wessobrunn sowie bedeutende Werke von Malern und Bildhauern.

1733 wurde der Portalbau errichtet mit der berühmten Inschrift „Liberalitas Bavarica", die bayrisch-typische Freigiebigkeit aus edler Gesinnung ausdrückt.

1762 wurde die Kirche im Rokokostil umfassend renoviert. In der Reliquien- und Achbergkapelle beeindruckt der Bilderzyklus von Johannes Baader, dem „Lechmühlen-Hansl".

Das Museum Polling am Kirchplatz im ehemaligen Seminargebäude des Klosters zeigt auf drei Stockwerken eine vielfältige Sammlung zur religiösen Kunst, zur Volksfrömmigkeit, Naturkun-

Polling vom Schafbichl aus gesehen

de, Malerei und Alltagskultur. Weitere Exponate präsentieren die lange Klostergeschichte, Mineralien, Fossilien, Tuff und ein bemaltes Walschulterblatt. Infos unter www.museumpolling.de

Der Regenbogenstadl in der Georg-Rückert-Straße ist dem Komponisten La Monte Young und seiner Ehefrau, der Lichtkünstlerin Marian Zazeela gewidmet. Von Mai bis Oktober können Besucher hier samstags und sonntags Licht-Klang-Raum-Kompositionen erleben. Siehe auch www.regenbogenstadl.de

Der „Raritätenstadl" des Altbürgermeisters Dominikus Weiß in der Hofmarkstrasse präsentiert nach Anfrage auf 500 qm Ausstellungsfläche gesammelte Raritäten. Infos unter www.raritaetenstadl.de

In der Alten Ziegelei in der Tassilostraße findet man ein sehenswertes privates Automuseum mit seltenen Oldtimern.

Kulturinteressierten sei der Besuch der Künstlersäulenhalle der STOA169 Stiftung an der Ammer empfohlen. Siehe auch www.stoa169.com

Freunde eines guten Tropfens können jeden Samstagmorgen die Pollinger Weinerer im Rathauskeller besuchen, wo Weine aus Meraner Weingütern angeboten werden, die dem Kloster Polling gehören.

Freizeit und Sport

Polling bietet durch die Lage in der reizvollen Voralpenlandschaft mit idyllischen Seen beste Bedingungen für aktive Freizeitgestaltung und attraktive Ausflugsmöglichkeiten.

Radler und Wanderer können sich auf wenig befahrenen Wegen in herrlicher Landschaft erholen.

Auf dem 5 km langen, historisch-literarischen „Doktor-Faustus-Rundweg“ mit 13 Stationen und erläuternden Texttafeln kann man den Spuren des Romans „Doktor Faustus“ von Thomas Mann folgen. Der fiktive Romanort „Pfeiffering“ hat sein reales Vorbild in Polling, das vom Schriftsteller mehrfach besucht wurde. Der Weg berührt die im Roman erwähnten Örtlichkeiten.

Veranstaltungen

Neben den Veranstaltungen der aktiven Pollinger Vereine und Brauchtumsfesten gehören attraktive Kulturevents zum Pollinger Jahresprogramm.

Der 1745 von Johann Michael Fischer erbaute Märzenbierkeller ist das ehemalige Bierkühlhaus des Klosters und wird heute für Kunstausstellungen genutzt. Siehe auch www.fischerbaukunst.de

Im 1975 restaurierten Bibliothekssaal werden erstklassige Kammerkonzerte veranstaltet, die bei Klassikfreunden sehr beliebt sind. Siehe auch www.bibliothekssaal.de

Wichtige Adressen und Telefonnummern

Rathaus Polling
Kirchplatz 11
D-82398 Polling
Tel. +49 (0)881 93 90-0
gemeindeverwaltung@polling.de
www.polling.de

Leidenschaft in jedem einzelnen Detail

Alte Ziegelei Polling

Dort, wo vor vielen Jahren Ziegel gebrannt wurden, werden die Gäste heute mit kulinarischen Leckerbissen verwöhnt. Nicht nur die liebevoll und behutsam renovierten Gasträume mit den urigen Ziegelsteinen und alten Holzbalken schaffen eine einmalige Atmosphäre, sondern auch die außergewöhnliche Ansammlung von 300 SL und anderen Oldtimern bei HK-Engineering.

Ob ein gemütlicher Nachmittag im Biergarten, ein romantisches Dinner zu zweit oder ein ausgelassener Abend mit kreativen Cocktails an der Bar – die Alte Ziegelei bietet den angemessenen Rahmen. Das Küchenteam verwöhnt seine Gäste mit regionalen Spezialitäten und Zutaten. Die Auswahl reicht vom saftig zarten Dry Aged Steak von der bayerischen Färse über den Burger mit hausgemachten Saucen bis hin zur frischen Forelle aus den Pollinger Fischteichen

Ein stilgerechter Sektempfang im restaurierten Rührwerk, große Tagungen oder Konzerte in den alten

Trocknungshallen oder sommerliche Feste auf dem großzügigen, idyllischen Innenhof inspiriert zu vielfältigen Möglichkeiten auf insgesamt 2.500 qm Ausstellungsfläche vor malerischer Kulisse und begeistert die Gäste mit einer Veranstaltung der ganz besonderen Art.

Alte Ziegelei

Tassilostraße 2
D-82398 Polling
Tel. +49 (0)881 22 96
info@alte-ziegelei-polling.de
www.alte-ziegelei-polling.de
www.alte-ziegelei.de

Prem

Hier flirtet Oberbayern mit dem Allgäu

Das ehemalige Flößerdorf am Lech liegt in der herrlichen Kulturlandschaft des Pfaffenwinkels. Aus der urwüchsigen Voralpenlandschaft genießt man aus jedem Winkel einen beeindruckenden Blick auf die Berge von den Ammergauer Alpen bis weit ins Allgäu hinein. Prem liegt auf einer Höhe von ca. 749 m ü. M. und bietet etwa 950 Einwohnern eine Heimat.

Die zentrale Lage des Ortes ist ein günstiger Ausgangspunkt für Ausflüge zu den weltberühmten Sehenswürdigkeiten der Region: Die Wieskirche und das Welfenmünster in Steingaden, Kloster Ettal und die Königsschlösser Neuschwanstein, Hohenschwangau und Linderhof liegen vor der Haustüre und sind schnell erreichbar.

Kurzer Blick ins Geschichtsbuch

Prem ist eine der ältesten Siedlungen am Lech und wurde bereits 1147 erstmals urkundlich erwähnt. Der Ort gehörte bis 1803 zur geschlossenen Hofmark Steingaden des gleichnamigen Klosters. Im Jahr 1818 wurde die heutige Gemeinde errichtet.

Sehenswürdigkeiten

Bereits im Jahr 1147 besaß Prem eine Kirche. Das Gotteshaus „Unserer lieben Frau" gehörte den Bischöfen von Augsburg. Auf das Jahr 1774 geht die heutige Pfarrkirche St. Michael zurück, deren Turm mit Satteldach schon von Weitem zu sehen ist. An der Restaurierung der Kirche war 1755 auch der Erbauer der Wieskir-

Prem
(Bilder Gemeinde Prem)

che, Abt Marinus II., beteiligt. Die verschiedenen Stilarten aus Gotik, Barock und romanischer Kunst beeindrucken die Besucher.

Freizeit und Sport

Die südwestliche Grenze zwischen Oberbayern und dem Allgäu ist von Wiesen, Weiden, Wäldern und Mooren geprägt. Hier durchqueren die drei Fernwanderwege „König-Ludwig-Weg“, „Lech-Erlebnisweg“ sowie der „Prälatenweg“ das Land. Prem ist an dieses weiträumige, überregionale Wegenetz angeschlossen. Aber auch um den Ort herum bietet sich eine Fülle von Wander- und Radwegen, auf denen man die naturbelassene Landschaft erkunden kann. Zu einem erfrischenden Bad an heißen Sommertagen lädt der Kaltenbrunner See ein, den sich die Badegäste mit den Anglern teilen, die am Ufer auf einen guten Fang warten. Der Naturpark Lechaue bietet neben Kneippschem Wassertreten einen abenteuerlichen Kinderspielplatz, an dem sich die Kleinen austoben können, während an einem Grillplatz das Essen zubereitet werden kann. Für sportliche Aktivitäten steht ein Fußball- und Tennisplatz zur Verfügung sowie die Möglichkeit, Tischtennis und Federball zu spielen.

Auf einem Ausflug ins Premer Filz, einem ausgedehnten Moorgebiet direkt am Ortsrand, lernt man durch den Moorlehrpfad eine Menge über die Geschichte und Geologie des Moores kennen. Dort begegnet man auch dem „Huidingerle“, der riesenhaften Sagengestalt des Premer Filzes.

Während der Wintermonate laden attraktive Loipen klassische Langläufer und Skater zu sportlichen Stunden im Schnee und der Übungshang, dessen Lift kleine Skifahrer gerne nutzen, ist auch ein beliebter Rodelberg.

Wichtige Adressen und Telefonnummern

Tourist Information Prem
Schulweg 6
D-86984 Prem am Lech
Tel. +49 (0)8862 7256
Fax +49 (0)8862 6739
info@prem-am-lech.de
www.prem-am-lech.de

Raisting

Gemeinde zwischen Lech und Ammer

Die Gemeinde Raisting (rund 2300 Einwohner) im oberbayerischen Landkreis Weilheim-Schongau liegt in der Region Oberland 5 km südlich vom Ammersee und rund 14 km westlich vom Starnberger See. Die Gemeinde besteht aus den Weilern Ertlmühle, Rothbad und Stillern sowie aus den Ortsteilen Raisting und Sölb. Durch das Gemeindegebiet fließt die Rott, ein Zufluss des Ammersees.

Durch die günstige Lage in reizvoller Landschaft ist Raisting ein beliebter Wohnort mit hohem Freizeitwert und attraktiven Ausflugmöglichkeiten. Für Gäste stehen einige Ferienwohnungen, zwei Gasthöfe, ein Bistro und ein Hofbiergarten zur Verfügung.

Kreisstraßen verbinden Raisting mit der nahen Bundesstraße 2 von Weilheim nach Starnberg und mit Dießen am Ammersee. Raisting hat einen Bahnhof an der eingleisigen Ammerseebahn von Augsburg nach Weilheim.

Sehenswürdigkeiten

Die Gemeinde ist durch das Industriedenkmal der Erdfunkstelle Raisting überregional bekannt. Sie kann im Sommer sonntags von 14:00 bis 17:00 besichtigt werden. Weitere Infos unter https://radom-raisting-gmbh.de

In den Ortsteilen findet man sehenswerte Kirchen und Kapellen. Hierzu gehören die katholische Pfarrkirche St. Remigius in Raisting mit barocker Ausstattung, die ehemalige Wallfahrtskirche St. Johannes der Täufer als eine der ältesten Kirchen in der Region sowie die Kapelle St. Stephanus im Weiler Stillern und die Kirche St. Margarethen in Sölb als Beispiel nazarenischer Kirchengestaltung.

Raisting

(Bilder Gemeinde Raisting)

Seit Jahren sind insbesondere in der Zeit von April bis September zahlreiche Störche auf den Dächern des Ortes und den umliegenden Wiesen zu finden, aber auch im Winter bleibt der ein oder andere in Raisting und Umgebung.

Lohnend ist auch der Besuch des Heimatmuseums in der Herrenstraße 13. Es präsentiert eine umfangreiche Sammlung an Trachten, Hausrat, landwirtschaftlichen Geräten und handwerklichen Erzeugnissen aus vergangenen Zeiten. Am Kirchweihsonntag, dem 3. Sonntag im Oktober findet ein Tag der Offenen Tür statt. Weitere Infos, auch über Führungen, unter www.hut-raisting.de

Das Kulturhaus Otto Hellmeier in der Wielenbacher Str. 13 zeigt eine Ausstellung der Werke des Raistinger Malers. Weitere Infos unter https://otto-hellmeier.de

Freizeit und Sport

Die 20 Vereine in der Gemeinde sorgen mit ihren Freizeitangeboten und Veranstaltungen für ein abwechslungsreiches Gemeindeleben.

Wichtige Adressen und Telefonnummern

Gemeinde Raisting
Kirchenweg 12
D-82399 Raisting
Tel. +49 (0)8807 21439 0
info@raisting.de
www.raisting.de

Kathedrale der Moderne

Das Radom – ein einzigartiges Industriedenkmal

Mit dem Bau des Radom in der weiten Talebene der Raistinger Wanne entstand ab 1962 ein Zeichen für den Schritt vom analogen in das digitale Zeitalter. Als Bauherr der Erdefunktstelle agierte die Deutsche Bundespost. Den Standort nahe Raisting hatte man gewählt, da hier der hohe Elevationswinkel für geostationäre Satelliten gewährleistet ist.

Nachdem 1963 die Traglufthülle errichtet worden war, konnte 1965 bereits die erste Fernseh-Liveübertragung stattfinden und schon im April desselben Jahres nahm die Anlage den kommerziellen Telefonverkehr auf.

Dass man 1969 die ersten Schritte von Menschen auf dem Mond live im Fernsehen verfolgen konnte und 1972 die Olympiade in München über die Fernsehbildschirme flimmerte, war dem Radom in Raisting zu verdanken, das die Funksignale in die heimischen Wohnzimmer sendete.

Im Jahr 1985 wurde der Betrieb offiziell eingestellt, bevor in den Jahren 2010 bis 2012 das Radomgebäude saniert und die Traglufthülle ausgetauscht worden war. Ein Sturm Anfang 2020 zerstörte die Traglufthülle und auch die Elektrik in den Betriebsräumen nahm durch eindringendes Regenwasser Schaden.

Die Errichtung der neuen Hülle ist in Planung. Voraussichtlich Mitte 2021 wird mit dem Bau der neuen Hülle gerechnet, sodass das Radom Raisting wieder sein markantes Äußeres erhält, wie man es aus früheren Zeiten kennt. Seit 1999 ist das Radom in Raisting in der Bayerischen Denkmalliste als technisches Denkmal von herausragender nationaler Bedeutung vertreten und genießt seit 2009 nationalen Status. Sie ist die letzte Anlage weltweit, in der der Besucher einen Blick auf die technische Finesse früherer Jahrzehnte werfen kann.

Die Erdefunkstelle ist frei zugänglich, sodass das Radom jederzeit besichtigt werden kann. Bestandteil der Führungen ist eine Sonderausstellung der ersten Mondlandung vor über 50 Jahren, die über Raisting live übertragen wurde. Gruppenführungen können nach Vereinbarung durchgeführt werden. Auf der Homepage des Radom Raisting https://radom-raisting.bayern/ oder der Facebookseite @radomgmbh wird aktuell über den Baufortschritt berichtet. Hier werden auch zukünftig die Öffnungszeiten veröffentlicht.

Tipp: Die Informationstour um das Raistinger Industriedenkmal ist eine fünf Kilometer lange Runde, die von der Kapelle „St. Johannes der Täufer" im Süden der Anlage auf Teilen der alten Römerstraße über das Gelände der Erdefunkstelle führt. Begleitet von einem herrlichen Ausblick auf die Bayerischen Alpen können die riesigen Parabolantennen aus nächster Nähe betrachtet werden.

Radom Raisting GmbH

Firmensitz:Pütrichstraße 8
D-82362 Weilheim
Tel. +49 (0)881-6811-43
Fax. +49 (0)881-6812-308
R.Jakob@lra-wm.bayern.de
www.radom-raisting-gmbh.de

Do bin i dahoam

Gasthof zur Post

Schon seit 110 Jahren wird in Raisting herzliche Gastfreundschaft gelebt. Im Hotel Gasthof zur Post führt die Familie Weichart nun schon in der vierten Generation eine Gastronomie und Hotellerie, die nur das Wohl der Gäste im Auge hat.

Die Hotelzimmer sind komfortabel und gediegen ausgestattet. Holz im Innenausbau und sehenswerte Dekorationen schaffen ein stilvolles Ambiente, in dem es sich die Gäste gutgehen lassen können.

Natürlich sind alle Zimmer mit einem WLAN-Anschluss versehen. Umrahmt wird der Schlafkomfort von einem reichhaltigen Frühstücksbuffet, an dem man sich für den Tag stärken kann.

Die Küche des Hauses bereitet bayerische und regional bodenständige Gerichte zu. Kreativ wird die traditionelle Küche mit besten frischen Zutaten saisonal zelebriert. Gegessen und getrunken wird schließlich in einer der gemütlich eingerichteten Gaststuben, die weit über die Region hinaus bekannt sind. Schließlich vermittelt

die heimelig anmutende Atmosphäre Gemütlichkeit und Behaglichkeit.

Ein großer Festsaal für bis zu 350 Personen lädt zu Familien- und Betriebsfeiern ein, zu dem das professionelle Team des Hotel Gasthof zur Post seinen Teil bei der Planung beiträgt. So wird das Fest oder die Feierlichkeit zu einem unvergesslichen Erlebnis. Abwechslung verspricht im Haus die Bundeskegelbahn, auf der im geselligen Kreis so mancher Wettbewerb ausgetragen werden kann.

Während des Sommers lädt der urige Biergarten im Schatten alter Kastanien zum Verweilen ein. Hier kann man sich mit allem was Küche und Keller des Hauses zu bieten haben, verwöhnen lassen und das frisch gezapfte Bier in geselliger Runde genießen.

Gasthof zur Post

Floßmannstr. 9, D-82399 Raisting
Tel. +49 (0)88 07-92 24-0
Fax +49 (0)88 07-92 24 12
info@post-raisting.de
www.post-raisting.de

Ökologisch, gemütlich und lecker

Hof-Biergarten bei Raisting

Inmitten von Grün erstreckt sich der schattige Biergarten in Stillern bei Rais-ting. Und wenn in den sozialen Medien Kommentare wie diese zu lesen sind wie „...Wunderbare Oase mit tollem Essen und leckeren Kuchen, alles Bio...“ oder „....Sehr schöner und großzügiger Biergarten...“

Überdurchnittliches Angebot an Biospeisen und ich vergebe für den Geschmack die Note 1. Sehr empfehlenswert ...“. Dann muss schon etwas dran sein, dass hier mit unverfälschten reinen Lebensmitteln gearbeitet wird, die Genussmomente versprechen.

Bei einem Aufenthalt im Hof-Biergarten in Stillern werden die Gäste nicht nur mit der ruhigen Lage inmitten von Grün verwöhnt, sondern auch mit Speisen und Getränken, die überwiegend aus ökologischer Erzeugung stammen. Schmackhafte Brotzeiten finden hier ebenso den Weg zu den Gästen wie hausgemachte Schmankerl und süffige Biere oder naturreine Säfte aus Bio-Brauereien. Und für private oder betriebliche Feierlichkeiten bietet sich der Hof-Biergarten an, um den Gästen unvergessliche Momente mit köstlichen Schlemmereien zu bescheren.

Die Öffnungszeiten des Hof-Biergartens sind wetterabhängig und können auf der Webseite abgerufen werden.

Hof-Biergarten

Inhaber: Gabriele Nordmann
Stillern 1, D-82399 Raisting
Tel. +49 (0) 88 09-8 62, Biergarten
mobil +49 (0)1 75-7 68 06 39
info@hofbiergarten.de
www.hofbiergarten.de

(Bild Jorda)

Roßhaupten

Das Wohlfühldorf am Forggensee

Die Gemeinde Roßhaupten (rund 2.200 Einwohner) im Ostallgäu gehört zum Gemeindenetzwerk Auerbergland und liegt am Nordufer des Forggensees. Der Ort ist über die Bundesstraße 16 von Günzburg nach Füssen gut zu erreichen.

Der beliebte Urlaubsort vor der prächtigen Kulisse der Alpenkette ist umgeben von Naturschönheiten und bietet vielfältige Freizeitmöglichkeiten. Attraktive Ausflugsziele wie die Königsschlösser sind nicht weit entfernt. Für Gäste stehen zahlreiche gastfreundliche Unterkünfte in Ferienwohnungen und in drei Hotels zur Verfügung.

Kurzer Blick ins Geschichtsbuch

Der Name Roßhaupten stammt von einer Legende aus dem 8. Jahrhundert, nach der ein Drache den Ort heimsuchte, der Pferde verschlang und die Köpfe übrig ließ. Der Hl. Magnus soll den Drachen getötet habe. Roßhaupten wurde 1206 erstmals urkundlich erwähnt und gehörte zum Herrschaftsbereich des Hochstifts Augsburg.

Sehenswürdigkeiten

Neben der imposanten Pfarrkirche St. Andreas aus dem 17. Jahrhundert ist die wertvoll ausgestattete Kapelle Maria Sieben Schmerzen im Ortsteil Sameister des bekannten Barockbaumeisters Johann Jakob Herkomer einen Besuch wert.

Dem Leben und Werk dieses aus Roßhaupten stammenden Künstlers ist unter anderem die Ausstellung im Dorfmuseum im Pfannerhaus ge-

Roßhaupten
(Bilder Gemeinde Roßhaupten)

Kurpark

widmet. Auch der bedeutende Lautenbauer Caspar Tieffenbrucker und der überregional bekannte Bildhauer Roman Anton Boos haben ihren Platz im Museum. Hier ist auch das Informationszentrum Via Claudia Augusta untergebracht.

Freizeit und Sport

Roßhaupten bietet zu jeder Jahreszeit Möglichkeiten für aktive Erholung.

Der Forggensee und die umliegenden kleinen Badeseen bieten im Sommer Gelegenheit für Wassersport aller Art. Durch den Ort führt der Fernradweg Via Claudia Augusta entlang der historischen Römerstraße.

Rund um den Ort finden Wanderfreunde ein dichtes Wegenetz mit 60 km markierter Wanderwege durch die abwechslungsreiche Landschaft mit sanften Hügeln, Wälder und stillen Seen mit Blick auf das faszinierende Bergpanorama.

Der kurze familienfreundliche Roßhauptener Drachenweg durch das Tiefental erzählt auf einigen Tafeln entlang des Weges spannende Drachengeschichten.

Im Winter führen gespurte Langlaufloipen, und Winterwanderwege durch die verzauberte Schneelandschaft. Auch bietet Roßhaupten einen Teller-Skilift mit einer Länge von 325m an.

Veranstaltungen

Zahlreiche Vereins- und Brauchtumsfeste sorgen in Roßhaupten zur Freude der Gäste für ein abwechslungsreiches Veranstaltungsprogramm mit Weinfest, Dorffesten, Fronleichnamsprozessionen und vielem mehr.

Wichtige Adressen und Telefonnummern

Touristinformation
Hauptstraße 10
D-87672 Roßhaupten
Tel. +49 (0)8367 364
Fax +49 (0)8367 1267
info@rosshaupten.de
www.rosshaupten.de

Rottenbuch

Herz des Pfaffenwinkels

Rottenbuch ist ein staatlich anerkannter Erholungsort im oberbayerischen Pfaffenwinkel. Die Gemeinde – zu der auch Schönberg zählt – besteht aus 26 Ortsteilen und hat ca. 1800 Einwohner. Der Name wird auf eine Buchenrodung während der Klostergründung zurückgeführt, eine andere Ableitung ist die von „raiten" für richten als der Ort einer Rechts- oder Ratsbuche.

Urkundlich erwähnt wurde Rottenbuch erstmals im Jahr 1073. Die Gemeinde liegt an Deutschlands bekanntester und beliebtester Ferienstraße – der Romantischen Straße.

Rottenbuch mit seiner fast tausendjährigen Geschichte - eingebettet in traumhafter Voralpenlandschaft - steht für Brauchtum, Tradition und Lebensfreude. Die Gemeinde hat sich ihren ländlichen Charakter bewahrt. Die Gäste erwartet ein Campingplatz, sowie gemütliche Ferienwohnungen und Privatunterkünfte. Ein Gasthof und das Kunstcafe sorgen für das leibliche Wohl der Besucher.

Sehenswürdigkeiten

Die einstige Klosterkirche der Augustiner-Chorherren, die heutige Pfarrkirche Mariä Geburt, wurde 1073 errichtet und ist das wertvollste Kulturdenkmal Rottenbuchs. Weithin sichtbar mit seiner stattlichen Höhe von 67 m ist der freistehende Kirchturm das Wahrzeichen von Rottenbuch. Der Freskenzyklus aus dem Leben des Hl. Augustinus von Mat-

Rottenbuch
(Bild Gemeinde Rottenbuch)

Klosterkirche
(Bild Gemeinde Rottenbuch)

thäus Günther und der Hochaltar von F.X.Schmädl werden die Besucher begeistern.

Der Rottenbucher Klosterrundweg erläutert auf 18 Infotafeln die Geschichte des Klosters.

Als einzige der Nebenkirchen und Kapellen des Stiftes hat die Frauenbrünnerlkapelle die Säkularisation überstanden. Bestandteil des Klosterrundweges ist auch der Pestfriedhof, der 1633 von den Chorherren während der verheerenden Pest errichtet wurde.

Das Industriedenkmal Echelsbacher Brücke, die als weitest gespannte Melanbogenbrücke der Welt bekannt ist, stellt für den Durchgangsverkehr in Nord-Süd-Richtung Augsburg-Schongau-Oberammergau-Garmisch-Partenkirchen nach Österreich-Brenner-Italien eine wichtige Verbindung dar. Sie überspannt in 75m Höhe die Ammerschlucht.

Freizeit und Sport

Wandern

Wanderer finden hier viele Möglichkeiten – und ein Weg ist schöner als der andere. Durch Rottenbuch führen der „König-Ludwig-Weg“ (Starnberg-Füssen), der „Münchner Jakobsweg“ (München-Bregenz), der „Meditationsweg Ammergauer Alpen“ (Wieskirche-Schloss Linderhof), die „Via Romea“ (Stade-Mittenwald) und der Weiterwanderweg „Romantische Straße“ (Würzburg-Füssen). Wer anspruchsvollere Touren bevorzugt, findet diese im nahe gelegenen Ammergebirge.

Außerdem gibt es in Rottenbuch schöne Rundwanderwege: „Rund um Rottenbuch“ ist eine 12,5 km lange, aber sehr abwechslungsreiche Tour, kann aber auch jederzeit abgekürzt werden. Landschaftlich hat der Weg viel zu bieten. Er führt durch Wälder, kleine Schluchten und die Aussichtspunkte Mühlegg und Schmauzenberg bieten ein tolles Bergpanorama.

Echelsbacher Brücke
(Bild Grobosch)

Schwaigsee
(Bild Grobosch)

Der Sonnenbichl-Weg ist eine erstklassige Panoramarunde in Schönberg. Bis auf wenige Abschnitte werden Spaziergänger auf der gesamten Strecke von einem grandiosen Bergblick begleitet.

Der 4,2km lange „Pfaffenwinkler Milchweg" ist ein Rundweg für die ganze Familie mit 10 spannenden Erlebnisstationen, wie z.B. Riesenmemory oder Glockenspiel. Auf der Schönegger Käsealm kann man die Wanderung dann mit einer deftigen

Milchweg
(Bild Grobosch)

Brotzeit beenden und die Kinder können sich auf dem großen Spielplatz austoben.

Radfahren

Radfahrer finden schöne Touren auf wenig befahrenen Nebenstraßen. Durch Rottenbuch führen auch die Fernradwege „Ammer-Amper-Radweg" und „Romantische Straße".

Baden

Bademöglichkeiten finden die Urlauber am nahe gelegenen Schwaigsee bei Wildsteig, am Lugenauer See in Böbing, am Soier See in Bad Bayersoien oder in den Frei- und Hallenbädern in der näheren Umgebung.

Winter

Das Loipennetz in Rottenbuch ist ca. 23 km lang - alle Loipen sind für den klassischen und den Skating-Stil gespurt.

Wer an einem schönen Wintertag bei traumhaftem Pulverschnee eine Abfahrt genießen oder eine Tour gehen will, der hat es nicht weit. Die bekannten Skigebiete auf der Zugspitze, in Unter- und Oberammergau, in Bad Kohlgrub sowie in Buching und Schwangau sind mit dem Auto innerhalb kürzester Zeit zu erreichen. Für die Kinder bietet der Kinderlift am Richterbichl in Rottenbuch Skivergnügen pur.

Veranstaltungen

Eine beliebte Veranstaltung bei den Urlaubern ist das Gartenfest, das jeden ersten Sonntag im August unter den Kastanien am Fohlenhof stattfindet und von der Musikkapelle Rottenbuch musikalisch umrahmt wird.

Die größte Veranstaltung im Jahresprogramm stellt Deutschlands größter Kaltblutfohlenmarkt mit Marktständen, Zeltbetrieb und Blasmusik dar. Er findet immer am ersten Freitag im September statt.

Leonhardiritt
(Bild Gemeinde Rottenbuch)

Am ersten Sonntag im November – immer um den Namenstag des Hl. Leonhard, Schutzpatron der Pferde – findet der traditionelle Leonhardiritt mit prächtig geschmückten Pferden statt.

Wichtige Adressen und Telefonnummern

Tourist-Information
Klosterhof 42
D-82401 Rottenbuch
Tel. +49(0)8867 9110-18
tourist-info@rottenbuch.de
www.rottenbuch.de

Skitour
(Bild Gemeinde Rottenbuch)

Klosterkirche der Augustiner-Chorherren
(Bild Grobosch)

„Wir zaubern Ihnen ein Lächeln ins Gesicht…“

Kunstcafé am Tor

Das Café in Rottenbuch, in dem Gastfreundschaft noch groß geschrieben wird, verzückt die Besucher mit wechselnden Bilderausstellungen und musikalischen sowie anderen kulturellen Veranstaltungen. Dieses außergewöhnliche Ambiente wird umrahmt von kulinarischen Köstlichkeiten, die von hausgemachten Kuchen und Torten, bis hin zu feinen Gerichten aus der Bistroküche reichen.

Während der Sommermonate ist der Besuch des Biergartens entlang der historischen Klostermauer zu empfehlen: Hier schmeckt das regional hergestellte unvergleichliche Bauernhofeis oder ein erfrischendes Bier, während man die besinnliche Ruhe in der Klostergemeinde genießt und anschließend noch die bekannte Stiftskirche besichtigt.

Egal ob es nun ein reichhaltiges Frühstück ist, Vitamine vom Salatbuffet oder etwas Deftiges… Hier findet bestimmt jeder etwas für seinen Geschmack.

Auch die kleinen Gäste dürfen sich über Kindercappuccino und Co freuen sowie viele Möglichkeiten der Beschäftigung außen wie innen.

Familie Kaufmann-Friedberger mit den zwei Jungwirtinnen Veronika und Lilli und das gesamte Team freuen sich auf ihre Gäste, um sie im Kunstcafé am Tor verwöhnen zu dürfen.

Kunstcafé am Tor
Klosterhof 1
D-82401 Rottenbuch
Tel. +49 (0)8867-92 10 40
info@kunstcafe-rottenbuch.de
www.kunstcafe-rottenbuch.de

Heumilch verleiht dem Käse Geschmack

Schönegger Käse-Alm

1988 ließ der Käsermeister Sepp Krönauer eine fast vergessene Tradition wieder aufleben. Er gründete die Schönegger Käse-Alm auf seinem Hof in Schönegg bei Rottenbuch und begann dort mit der Heumilchproduktion.

Schon bald hatte sich die Qualität seiner Käsepezialitäten herumgesprochen und die Kunden kamen aus Nah und Fern, um sich in dem kleinen Hofladen von den köstlichen Heumilch-Käsespezialitäten verwöhnen zu lassen.

Heute präsentieren sich die Produkte einer ständig wachsenden Zahl von Feinschmeckern zwischen Ulm und München und zwischen Oberstdorf und Garmisch-Partenkirchen. Überall finden sich Ladenlokale der Schönegger Käse-Alm oder die Köstlichkeiten werden auf den regionalen Wochenmärkten angeboten.

Bergbauern-Heumilch vermittelt den Gipfel der Genüsse

Es ist die natürliche Fütterung der Kühe im Jahresverlauf, die Heumilch so besonders macht: Für die Herstellung bester Heumilch genießen die Tiere im Sommer viel frische Luft, klares Wasser und unzählige Gräser und Kräuter auf der Weide.

Das Gras für den Winter wird einer jahrhundertealten Tradition folgend nicht siliert, sondern getrocknet und als Heu verfüttert. Heumilch ist damit die ursprünglichste und natürlichste Form von Milch und ein wirklich seltenes Gut. Denn europaweit werden nur mehr etwa drei Prozent des gesamten Milchaufkommens zu wertvoller Heumilch verarbeitet.

Die Bergbauern-Heumilch, die in der Schönegger Käse-Alm als Grundlage für die Molkereiprodukte verwendet wird, liefern etwa 500 landwirtschaft-

liche Betriebe im Einzugsgebiet zwischen dem Pfaffenwinkel und dem Allgäu und von Tirol bis zum Bregenzerwald. Viele der Höfe werden seit Jahrhunderten bewirtschaftet. Die Erzeugung bester Heumilch erfordert nicht nur Geschick und Ausdauer, sondern auch viel Fleiß. Um höchste Futterqualität zu erhalten, müssen die Bauern etwa besonders darauf achten, das Heu für den Winter rasch und ausreichend zu trocknen. Hier ist vor allem auch die Erfahrung der Bauern gefragt.

Heumilch und Heumilch-Produkte sind nicht nur geschmacklich ein besonderer Hochgenuss, sondern sie stecken auch voller wertvoller Inhaltsstoffe. So enthält Heumilch im Vergleich zu herkömmlicher Milch doppelt so viele Omega-3-Fettsäuren und konjugierte Linolsäuren.

Diese Säuren sind für das Herz-Kreislauf-System und den Zellaufbau sehr wichtig. Da der menschliche Körper diese aber nicht selber produzieren kann, müssen sie mit der Nahrung aufgenommen werden.

Und wenn ein Lebensmittel so lecker schmeckt wie der Bergler, der Emmentaler oder die Schnittkäsespezialitäten der Käse-Alm, wird gesunde Ernährung zum Vergnügen.

Wertvolle Rohstoffe und Handwerkskunst

Neben der hochwertigen Milch ist auch die traditionelle Produktion der Käsesorten wichtig, um ein wertvolles Nahrungsmittel herzustellen.

In der Schönegger Käse-Alm besinnen sich die Käsermeister auf die alten Gebräuche bei der Käseherstel-

lung. Unter den Händen der erfahrenen Fachleute und nach überlieferten Rezepturen entstehen kulinarische Produkte, die ohne chemische Zusätze zubereitet und schonend verarbeitet werden.

Regionale Herkunft und Fachkompetenz

Für die Menschen wird der regionale Bezug ihrer Lebensmittel immer wichtiger. Seit nunmehr über 30 Jahren schätzen die Käseliebhaber die fachliche Beratung in den Verkaufsläden, die sie in ihrer Nähe finden. Dort wird geschmeidiger Schnittkäse in den vielfältigsten Geschmacksrichtungen ebenso angeboten wie lange gereifter Hartkäse oder cremiger Weichkäse. Darüber hinaus enthält das Angebot der Schönegger Käse-Alm Spezialitäten aus Schafs- und Ziegenmilch sowie Bergbauern- und Buttermilch. Joghurt und Butter sowie regionale Spezialitäten runden das kulinarische Sortiment ab.

So finden sich in den Regalen der Verkaufsläden geräucherter Bauernspeck, Wildspezialitäten und Honigköstlichkeiten und nach alter Handwerkskunst gebackenes, aromatisches Bauernbrot.

VERKAUFSSTELLEN und -LÄDEN

SCHÖNEGG
Schönegg 6
82401 Rottenbuch
Tel.: 08867.489

GRÜNDL
Lechbrucker Straße 18
86984 Prem/Gründl
Tel.: 08862.7515

PEITING
Bahnhofstraße 1A
86971 Peiting
Tel.: 08861.2568376

STEINGADEN
Füssenerstraße 27
86989 Steingaden
Tel.: 08862.9114365

ISNY
Zur Ludwigshöhe 3
88316 Isny im Allgäu
Tel.: 07562.6189721

HOPFEN AM SEE
Uferstraße 19
87629 Hopfen a. See
Tel.: 08362.9396960

SCHWANGAU
Unterdorf 1
87645 Schwangau
Tel.: 08362.9395483

TANNHEIM
Vilsalpseestraße 42
A-6675 Tannheim
Tel.: 0043.5675.6039

OBERSTDORF
Hauptstraße 11
87561 Oberstdorf
Tel.: 08322.9408922

IMMENSTADT
Sonthofener Straße 46
87509 Immenstadt
Tel.: 08323.9896647

BUCHENBERG
Lindauer Straße 16
87474 Buchenberg
Tel.: 08378.1272

B. GRÖNENBACH
Marktstraße 8
87730 Grönenbach
Tel.: 08334.9875870

MAUERSTETTEN
Bahnhofstraße 1
87665 Mauerstetten
Tel.: 08341/96088-66

MARKTOBERDORF
Kaufbeurener Straße 70
87616 Marktoberdorf
Tel.: 08342.91997-33

ULM
Herdbruckerstraße 10
89073 Ulm/Donau
Tel.: 0731.14064634

OBERAMMERGAU
Schnitzlergasse 16
82487 Oberammergau
Tel.: 08822.94344

GRAINAU
Waxensteinstraße 12
82491 Grainau
Tel.: 08821.50322

GARMISCH-P.
Ludwigstraße 22
82467 Garmisch-P.
Tel.: 08821.1733

MITTENWALD
Dekan-Karl-Platz 17
82481 Mittenwald
Tel.: 08823.8499

KREUTH
Nördliche Hauptstraße 6
83708 Kreuth
Tel.: 08029.1353

MURNAU
Schlossberg Str. 12
82418 Murnau
Tel.: 08841.678837

WEILHEIM
Herzog-Christoph-Str. 5
82362 Weilheim
Tel.: 0881.4179945

UNTERBRUNN/G.
Hauptstraße 9
82131 Unterbrunn/Gauting
Tel.: 089.89557595

M.-SENDLING
Zielstattstraße 41
81379 M.-Sendling

UNTERJOCH
Steinebergweg 2
87541 Unterjoch
Mobil: 0171.4528000

WOCHENMÄRKTE
Raum München-Augsburg
und im Bayerischen Wald

So wird aus Heumilch Käse gemacht – ein Blick hinter die Kulissen

Wahre Genießer möchten in die Geheimnisse ihrer Lebensmittel eingeweiht werden. Auf der Schönegger Käse-Alm in Rottenbuch, dort wo der Blick in die oberbayerische Bergwelt gleitet, hat man von Mai bis Oktober jeden Donnerstag und im Juli und August jeweils am Dienstag und Donnerstag um 11 Uhr die Gelegenheit, viel Wissenswertes über die Käseherstellung zu erfahren. In einer einstündigen Vorführung stellt ein Käsermeister in einem Kupferkessel und mit historischer Gerätschaft Käse her. So erfahren die Besucher vieles über die Herkunft der Milch, die Herstellung des Käses und dessen Lagerung. Bei der anschließenden Probeverkostung genießen die Besucher die Köstlichkeiten.

Der Pfaffenwinkler Milchweg

Startpunkt ist die Schönegger Käse-Alm in Schönegg, direkt zwischen Wildsteig und der Echelsbacher Brücke. Auf der 4,2 Kilometer langen Wanderung erhalten die Wanderer an 10 Erlebnisstationen interessante Einblicke in die Käsekultur. Groß und Klein erfahren hier unterhaltsam jede Menge über die wertvolle Milch und welch köstlich schmeckende Produkte man daraus herstellen kann.

Schönegger Käse-Alm

Schönegg 6
D-82401 Rottenbuch/Schönegg
Tel. +49 (0)88 67-4 89
info@schoenegger.com
www.schoenegger.com

Schongau

Unterwegs sein im „schönen Land“ und die historische Stadt am Lech entdecken

Wunderschön gelegen vor der Kulisse der Alpen und umgeben von einer 800 Jahre alten begehbaren Stadtmauer mit Türmen und Toren erhebt sich die Altstadt von Schongau auf einem Bergrücken, vom Lech umflossen. Das mittelalterliche Stadtbild ist lebhafter Beweis für die reiche Geschichte. Als Nebenresidenz der bayerischen Herzöge und bedeutender Handelsplatz an der Via Claudia Augusta beherbergte die Stadt immer schon Händler, Pilger und Reisende.

Heute flanieren die Besucher der Altstadt durch die romantischen Gassen und genießen die heimelige Atmosphäre. In der kleinen Fußgängerzone am Marienplatz laden kulinarische Angebote zum Besuch und zum Verweilen ein. In den kleinen, feinen Geschäften findet man ein schönes Mitbringsel oder auch für sich selbst etwas Hübsches. Wer mit dem Auto anreist, der kann die erste Stunde kostenfrei parken.

Bei Schongaus Gastgebern, seien es die gemütlichen Hotels und Pensionen oder die liebevoll eingerichteten Ferienwohnungen, können sich die Urlauber wohlfühlen. Wohnmobilbesitzer sind auf dem geräumigen Wohnmobil-Stellplatz auf dem Fest-

Schongau
(Bilder Stadt Schongau)

Maxtor

platz in der Lechuferstraße bestens aufgehoben. Die Altstadt ist dann in wenigen Minuten erreichbar.

Schongau bietet hervorragende Ausflugsmöglichkeiten in den kunsthistorischen Pfaffenwinkel, zur Wieskirche, zu den Königsschlössern, den beliebten Ausflugszielen am Ammer- und Starnberger See oder in die Berge.

Kurzer Blick ins Geschichtsbuch

Der Ursprung von Schongau ist den Römern zu verdanken, die in Altenstadt eine Siedlung errichteten. Hier kreuzten sich zwei Versorgungswege der Römer, zum einen die Via Claudia Augusta, die Augsburg mit der Adria verband und die Salzstraße von Salzburg nach Kempten. Ein großer Teil der Bewohner zog im 13.

Stadtpfarrkirche von innen

Stadtmuseum

Jahrhundert in die auf dem Lechumlaufberg neu gegründete Siedlung. Im Mittelalter war Schongau ein bedeutender Handelsplatz und erlebte eine Blütezeit.

Sehenswürdigkeiten

Stadtmauer, Ballenhaus und Kirche

Die mittelalterliche Stadtmauer aus dem 14. Jh. ist mit ihren Türmen, Toren und Wehrgängen Wegbegleiter für den Besucher. Der weitgehend erhaltene Wehrgang ist begehbar und endet im idyllischen Klosterhof. Sehenswert sind der Polizeidienerturm und das markante Ballenhaus mit

Die Stadtführerinnen

dem Treppengiebel, das als Schranne für die Warenlagerung und Ratsgebäude das Handelszentrum bildete. Bei einem Besuch der Stadtpfarrkirche Mariae Himmelfahrt am Marienplatz lässt man die Ausstrahlung des Rokoko auf sich wirken, die mit Fresken von Matthäus Günther und den Stuckarbeiten aus der Wessobrunner Schule beeindruckende Beispiele für die Handwerkskunst der damaligen Zeit sind.

Museum

Den Kern des Stadtmuseums bildet die ehemalige Erasmuskirche aus dem Jahr 1445, die Rompilgern als Herberge diente. Zu besichtigen sind Sammlungen zur Stadtgeschichte, regionale Bodenfunde aus zwei Jahrtausenden und sakrale Gegenstände. Das kostbarste Ausstellungsstück ist der Häringer Altar, ein Rokoko-Hausaltar aus der Werkstatt von Ignaz Günther. Ständig wechselnde Ausstellungen runden das Angebot des Museums ab. Öffnungszeiten: jeden Mittwoch, Samstag, Sonntag und Feiertag von 14.00 Uhr bis 17.00 Uhr; Tel. 08861 254605.

Stadtführungen

Kundige Stadtführer begleiten Gäste gerne zu den Sehenswürdigkeiten der Stadt und imposanten Bauten des kunsthistorisch bedeutenden Pfaffenwinkels. Besonders beliebt sind die unterschiedlichen Erlebnisführungen, bei denen sich die Besucher auf eine interessante Entdeckungsreise in die historische Vergangenheit begeben, z.B. bei einer Führung durch die malerische Altstadt oder der Entdeckertour durch Schongau. Wissenswertes erfahren Gäste auch bei den Führungen „Die Henkerstochter und der Fluch der Pest", „Stadtführung im Advent", „Schongauer Biergeschichten" und „Henker-Heiler-Hexen – Geschichten aus dem Kräutergarten". Kinder können sich auf die Führungen „Mit dem Spießbürger auf die Stadtmauer" und „Entdecke Schongau mit dem Hexenkind Hagasusa" freuen.

Festlicher Sommer in der Wies

Wer mit dem Bestsellerautor Oliver Pötzsch „Auf den Spuren der Henkerstochter durch Schongau" spazieren möchte, kann sich den neuen Audioguide herunterladen, der unterhaltsam durch die Altstadt von Schongau führt. Man kommt zu 10 Stationen seiner Henkerstochtersaga und erhält einen spannenden Einblick in die Geschichte von Schongau.

In den Monaten Juli, August und September startet das Lechfloß am Schongauer Lechsee seine Fahrten

Marienplatz

entlang des fjordartigen Abschnitts im mittleren Lechtal. Geschichts- und naturkundige Stadtführer begleiten die beschauliche Fahrt und geben einen interessanten Einblick in das gefährliche Leben der Flößerfamilien. Darüber hinaus erfährt man Interessantes zum Lebensraum am Fluss und zur Vielfalt der voralpinen Landschaft am Lech.

Freizeit und Sport

Ob auf Schusters Rappen auf beschaulichen Wegen unterwegs sein oder mit dem Rad einfach zu einer kleinen Tour starten – für unternehmungslustige Freizeitsportler gibt es rund um Schongau ein umfangreiches Wander- und Radwegenetz.

Wandern

Der beliebte 13,7 km lange Rundwanderweg „Römer und Welfen am Lech“ bietet nicht nur herrliche Ausblicke auf das Alpenpanorama und den türkis leuchtenden Lech, sondern

Wandern am Lech

auch Erlebnisinfotafeln mit viel Wissenswertem über die Geschichte der beiden Orte Schongau und Peiting. Auf dem Schlossberg stand einst die Welfenburg. Von dort geht es über den Kalvarienberg zur Villa Rustica, einem römischen Badehaus mit Kräuterlehrgarten und weiter über aussichtsreiche Wege zum Schongauer Lechsee. Dort kann man sich erfrischen und im Bootshaus einkehren.

Der 13,9 km lange Wanderweg „Stadt- und Lechgeschichten" verbindet schöne Naturerlebnisse auf dem idyllischen Uferwanderweg mit einem Bummel durch die historische Altstadt.

Schongau ist Station auf dem „Lech-ErlebnisWeg", der Westschleife des Pilgerwanderwegs Heilige Landschaft Pfaffenwinkel und dem Pilgerweg „Via Romea", der von Stade nach Rom führt.

Ballenhaus

Die Altstadt von oben

Radwege

Natur pur genießen Radler auf der 47,2 km langen „Romantischen Tour", die sowohl eine herrliche Landschaft im Alpenvorland bietet als auch zu einer Besichtigung der Wieskirche und der Stiftskirche in Rottenbuch einlädt.

Die Radtour „Sachsenrieder Bähnle" verbindet Schongau und Kaufbeuren auf der ehemaligen Bahntrasse und zeigt auf Infotafeln die Historie der Bahnverbindung zwischen den beiden Orten.

Wer größere Radtouren unternehmen möchte, der ist auf den Wasserradlwegen Oberbayern, der Via Claudia Augusta, der Romantischen Straße oder dem Lechradweg unterwegs.

Badespaß

Die schön gelegene Badestelle am „Lido", dem Schongauer Lechsee, ist bei Einheimischen wie Gästen gleichermaßen beliebt.

Einen fröhlichen Urlaubstag für die ganze Familie bietet das Erlebnisbad „Plantsch". Hier kann man am und im Wasser spielen, sich auf der Breitwellenrutsche austoben oder sich im Saunaland mit Natur-Schwimmteich erholen.

Kneipp-Freunde erfrischen sich im Kneipp-Wassertretbecken an der Lechuferstraße.

Märchenwald

Märchenerzählungen, bewegliche Märchenfiguren in zauberhaften kleinen Häusern, ein verwunschener Wald und viele Tiere erleben Kinder im Märchenwald von Schongau. Erzählt werden die Märchen der Brüder Grimm. Weitere Attraktionen sind das Wildgehege, Spielplätze für jedes Kindesalter und die Oldtimer-Eisenbahn.

Bikepark

Die öffentlich zugängliche Anlage des Schongauer Bikeparks mit fünf verschiedenen Parcours in unterschiedlichen Schwierigkeitsgraden ist vor allem bei Jugendlichen sehr beliebt.

Veranstaltungen

Kulturelle Highlights sind die Konzertreihen „Festlicher Sommer in der Wies“, „Musik im Pfaffenwinkel“ und die Orgelkonzerte zum Tagesausklang, die mit musikalischem Hochgenuss in den schönsten Kirchen des Pfaffenwinkels begeistern. Über die

Schlossplatz

Stadtgrenzen hinaus bekannt und beliebt sind die Festspiele und der Schongauer Sommer mit dem mittelalterlichen Markt. Eine heimelige Atmosphäre erlebt der Besucher des Weihnachtsmarktes und weiterer Veranstaltungen im gotischen Ballenhaus und an der Stadtmauer.

Wichtige Adressen und Telefonnummern

Tourist Information
Münzstraße 1-3
D-86956 Schongau
Tel. +49 (0)8861 214 181
touristinfo@schongau.de
www.schongau.de

Weihnachtsmarkt

Der Spaßfaktor Nr. 1 im Oberland

Plantsch Badespaß und Saunaland in Schongau

Eine erfrischende Freizeitwelt für Jung und Alt bietet das Erlebnisbad in Schongau. Auf 20.000 qm erwarten den Besucher Erlebnisse, Erholung, Sportaktivitäten und eine liebevolle Wellnesslandschaft.

Die Badewelt im Plantsch

In den wohlig warmen Räumen mit stimmungsvoller Beleuchtung erwartet die Gäste ein barrierefrei zugängliches Sportbecken (30°C), Sprunganlagen (3m und 1m), ein Gymnastik- & Lehrschwimmbecken (31°C/80-130cm), ein Familienbecken für Kleinkinder und Eltern mit einer schier überbordenden Anzahl an Spritz- und Spielgeräten im Dschungeldesign. Das ganzjährig nutzbare Warmwasser-Aussenbecken ist von der Schwimmhalle aus erreichbar und bietet bei 34°C Temperatur Wellness und Badespaß mit vielen Attraktionen (z.B. Wildwasserkanal, Massagedüsen, zahlreiche Whirleinrichtungen, Bodensprudler oder Wasserspeier).

Der Superstar ist aber zweifellos die Riesenrutsche „Fantasy-Loop", die eigentlich mindestens vier Rutschen in einer sind. Die Auswahl aus vier Szenarien am Start verändert nicht nur Farben und Attraktionen in der Röhre, sondern auch das gesamte Rutschenhaus.

Eine Zeitmessanlage kombiniert Geschwindigkeit und Geschicklichkeit beim Treffen von Touchpoints in einer Rangliste, die sogar im Internet einsehbar ist. Fake-Elemente und Infinity-Slides versetzen den Gast wahlweise in die Tiefsee, den Dschungel oder ins Weltall, was durch riesige LED-Screens, Soundeffekte in und vor der Rutsche sowie zahlreiche weitere Effekte bis hin zum gewollten „Orientierungsverlust" unterstützt wird.

Die liebevolle Saunalandschaft im Plantsch

Zu den Wellnessangeboten im Freizeitbad trägt auch die Saunalandschaft

bei, die Kneipp- & Fußerlebnisbecken, Erlebnisduschen, heiße Steinliegen, Crusheisbrunnen und vieles mehr anbietet. In den sechs hochwertig ausgestatteten Saunen darf mit Stil geschwitzt werden. Das „Cubiculum" mit Lichttherapie bietet mildes Schwitzen und zwei automatische Aufgüsse pro Stunde, die „Himalaya-Sole-Salzgrotte" bei geringer Temperatur ein unvergleichliches Lichterlebnis sowie gesunde Atemwegs-Inhalation, der Kristall-Fels-Dampfstollen lässt bei hoher Luftfeuchtigkeit mit kostenfreien Peelingsalzen besondere Hautpflege zu. Im Blockhaus ist bei echtem Kaminfeuer das ursprüngliche, finnische Saunaerlebnis am besten erlebbar. Und der Star im Saunaland ist die Panorama-Eventsauna. Hier werden mit einer High-End-Soundanlage und einer ausgefeilten Lichtanlage Showaufgüsse zelebriert, die im weiten Umkreis einmalig sind. Und jede Stunde gibt´s natürlich hier oder im Blockhaus professionelle Aufgüsse unseres geschulten Teams.
Eine eigene Massageabteilung bietet professionelle Massagen auch für Besucher des Badbereiches. Im Saunagarten wird auch ein heißer Sommer zum tollen Saunatag – dank des urigen Naturteiches, dem Fußerlebnispfad und der ruhigen Liegewiese.

Die Sommersaison im Plantsch

Neben einem großen Freiluftschwimmerbecken steht den Badegästen ein Nichtschwimmerbecken und eine der größten Outdoor-Breitwellenrutschen Deutschlands zur Verfügung. Eine Vielzahl von Sporteinrichtungen wie Slackline, Tischtennisplatten, Beachvolleyball, Speedsoccercourt, Shuffleboard und vieles andere mehr, sorgt für einen abwechslungsreichen Badeaufenthalt, während sich die kleinen Besucher auf dem Kinderspiel- oder Matschplatz im Sand oder auf Spiel- und Klettergeräten vergnügen.

Leckereien überall…!

Die „Bistronomie" hält für die Gäste eine Vielzahl von leckeren und leichten Speisen und Getränken bereit, die für jeden Geschmack etwas zu bieten hat. Außerdem sorgen die Gastgeber für das passende Ambiente, um einen unvergesslichen Kindergeburtstag zu erleben,

Plantsch Badespaß & Saunaland

Lechuferstr. 56, D-86956 Schongau
Tel. +49 (0)88 61-21 44 44
Fax +49 (0)88 61-21 44 45
info@plantsch.de, www.plantsch.de

Boarisch, gmiatlich, guad

Wirtshaus Fischerstubn

Der Blick in die Speisekarte präsentiert eine kleine aber feine Auswahl von Speisen. Hier wird noch mit Liebe und Hingabe gekocht, vor allem heimische Schmankerl finden sich, bei deren Zubereitung auf hochwertige Rohware und Zutaten geachtet wird.

Weder Geschmacksverstärker noch Fertigprodukte kommen zum Einsatz und die verarbeiteten Eier erhalten die Wirtsleute ausschließlich von "glücklichen Hühnern", frisch vom befreundeten Demeter-Bauern.

Besonders die ständig wechselnden Tagesgerichte von Fisch oder Wild sind zu empfehlen, die kreativ in Szene gesetzt, von einem aufmerksamen Service dem Gast serviert werden.

Essen und Trinken, sowie gemütlich zusammen sitzen, kann man in der rustikal eingerichteten Gaststube oder im zünftigen Biergarten, der zum Teil überdacht ist.

Diese Räumlichkeiten bieten sich auch für Familienfeiern und Feierlichkeiten aller Art an.

Wirtshaus Fischerstubn

Blumenstraße 33
D-86956 Schongau
Tel +49 (0)88 61-9 09 97 12
franks.kantine@outlook.de
www.wirtshaus-fischerstubn.de

Treffpunkt. Wohnzimmer. Lieblingsbar.

Löwenhof

Café, Restaurant und Bar mit Tradition. So könnte man den Löwenhof beschreiben. Aber er ist so viel mehr: Treffpunkt – irgendwer ist schließlich immer hier, Wohnzimmer – zum Lesen oder eine Runde Backgammon spielen oder einfach als Platz zum Entspannen. Legendär seit jeher sind auch seine Parties.

Das herzliche Personal, der schnelle Service und die lockere Atmosphäre lassen schon beim Betreten eine Wohlfühlatmosphäre aufkommen. Der über und über mit Wein bewachsene Innenhof sorgt für ein besonderes Ambiente; der Brunnen erinnert an die Ursprünge des Gebäudes im 15. Jahrhundert als Brauerei: Eine kleine Oase mitten in der Stadt. Hier sitzt man windgeschützt und gemütlich. Im Innenbereich dominiert der zum Barstock umgebaute Apothekerschrank; ein Überbleibsel der fr+her über 180 Jahre dort beheimateten ersten Stadtapotheke.

Leckere Burger vom heimischen Metzger, ausgefallene Salate oder Kuchen

von Muttern – die stets frisch zubereiteten Speisen warten darauf, probiert zu werden.

Kaltes Tegernseer Bier vom Fass, klassische Cocktails und eine kleine aber feine Weinauswahl runden das Angebot ab. Der Löwenhof ist die richtige Adresse, wenn es mal "etwas anderes" sein soll – bei schöner Qualität, überzeugendem Service und gemütlich-lebendigem Trubel.

Löwenhof
Cafe | Restaurant | Bar
Löwenstraße 3
D-86956 Schongau
Tel. +49 (0)88 61-6 90 43 30
info@loewenhof.bar
www. loewenhof.bar

Sindelsdorf

Ein Künstlerdorf im Oberland

Die Gemeinde Sindelsdorf (rund 1.200 Einwohner) im oberbayerischen Landkreis Weilheim-Schongau ist Mitglied der Verwaltungsgemeinschaft Habach. Die Gemeinde liegt verkehrsgünstig an der Kreuzung der A 95 von München nach Garmisch und der B 472 von Peißenberg nach Bad Tölz.

Die malerische Landschaft mit dem Naturschutzgebiet Fichtsee im Sindelbachfilz vor der Kulisse des Alpenpanoramas hat Ende des 19. Jahrhunderts und Anfang des 20. Jahrhunderts große Maler angezogen. Hier lebten und arbeiteten unter anderem der Landschaftsmaler Bernhard Stange (1807-1880) und Franz Marc (1880-1916), der durch die Tiere der Umgebung zu seinen berühmten Tiergemälden wie „Das blaue Pferd“ inspiriert wurde.

1909 gründete er in einer Gartenlaube zusammen mit Wassily Kandinsky die Redaktion des Almanachs „Der blaue Reiter“, der zum Treffpunkt gleich gesinnter Künstler wurde.

Für kultur- und naturbegeisterte Gäste bietet das ruhig gelegene Dorf in Ferienwohnungen, Gasthöfen und bei Privatvermietern Übernachtungsmöglichkeiten.

Sehenswürdigkeiten

Ortszentrum mit der Kirche St. Georg

Die denkmalgeschützte katholische Pfarrkirche St. Georg wurde Ende des

Der Ort Sindelsdorf mit der Bergkette Rabenkopf und Jochberg in Blickrichtung Süden

(Bilder Gemeinde Sindelsdorf)

Rad- und Wanderweg durch das Moos, entlang am Sindelsbach

17. Jahrhunderts errichtet. Der sehenswerte Innenraum der schlichten, barocken Saalkirche beherbergt einen eindrucksvollen Hauptaltar und ein spätgotisches Marienbild aus dem 15. Jahrhundert.

Freizeit und Sport

Die herrliche Landschaft von Sindelsdorf bietet schöne, aussichtsreiche Wanderwege wie die 10 km lange, leichte Komfortrunde mit Panorama durch das Sindelsdorfer Moos.

Kulturbegeisterte folgen dem Sindelsdorfer Malerweg, ein Rundweg mit 15 Stationen zur Erinnerung an Franz Marc.

Veranstaltungen

Höhepunkt im Sindelsdorfer Veranstaltungskalender ist der Georgimarkt am dritten Sonntag nach Ostern, der seit 1493 mit Unterbrechungen von zahlreichen Besuchern gefeiert wird.

Wichtige Adressen und Telefonnummern

Gemeinde Sindelsdorf
Schulgasse 2, D-82404 Sindelsdorf
Tel. +49 (0)8856 2661
gemeinde@sindelsdorf.bayern.de
www.sindelsdorf.de

Heuhocken dienten immer wieder als Vorlage für Gemälde von Franz Marc

Steingaden

Herz des Pfaffenwinkels an der Romantischen Straße

Die Gemeinde Steingaden (rund 2.900 Einwohner) mit ihren 53 Ortsteilen im oberbayerischen Landkreis Weilheim-Schongau ist ein staatlich anerkannter Erholungsort.

Steingaden ist weithin bekannt durch zwei eindrucksvolle historische Bauten, die weltberühmte Wieskirche und das bedeutende Welfenmünster. Die Gemeinde liegt im Alpenvorland rund 20 km nordöstlich von Füssen. Teilweise bildet der Alpenfluss Lech die Grenze zwischen Oberbayern und dem Allgäu. Steingaden ist über die Bundesstraße 17 von Peiting nach Füssen gut zu erreichen.

Das schöne ehemalige Klosterdorf mit seinem historischen Marktplatz lädt mit vielfältigen Freizeitmöglichkeiten zu einem erholsamen Urlaub im idyllischen Alpenvorland ein. Rund 600 Gästebetten stehen für Besucher zur Verfügung. Für Tagesgäste, die die attraktiven Sehenswürdigkeiten Steingadens besuchen, bieten verschiedene Gaststätten und Restaurants ein umfangreiches kulinarisches Angebot.

Sehenswürdigkeiten

Die Wieskirche, im Rokokostil erbaute weltberühmte Wallfahrtskirche „Zum gegeißelten Heiland auf der Wies" ist als UNESCO-Weltkulturgut anerkannt. (siehe Seite 176)

Das Welfenmünster in der Ortsmitte, eine 1147 im romanischen Stil erbaute Basilika des Prämonstratenserklosters, ist ebenfalls eine Sehenswürdig-

Steingaden aus der Luft
(Bilder W. Böglmüller)

Welfenmünster

keit von Rang. Der Name stammt von Markgraf Welf VI., der das Kloster gründete.

Die ehemalige Stiftskirche St. Johannes Baptist dient seit der Säkularisation des Klosters Steingaden Anfang des 19. Jahrhunderts als katholische Pfarrkirche. Sie wurde im Lauf der Jahrhunderte mehrfach umgestaltet und im 17. und 18. Jahrhundert aufwändig barockisiert. Historiker nennen die Kirche ein „aufgeschlagenes Buch der Kunstgeschichte“.

Der reich geschmückte Innenraum beherbergt zahlreiche wertvolle Gemälde und Skulpturen, Fresken von Johann Georg Bergmüller und prächtige Rokokostuckaturen von Franz Xaver Schmuzer.

Besonders sehenswert sind der viersäulige Hochaltar sowie die prachtvolle Rokokokanzel.

Die Kirche wurde von 2017 bis 2019 umfangreich renoviert. Sie kann bei freiem Eintritt in der Sommerzeit täglich von 08:00 bis 19:00 Uhr und in der Winterzeit täglich von 08:00 bis 16:00 Uhr besichtigt werden. Über Gruppenführungen informieren die Tourist Information und das Pfarrbüro.

Auf dem ehemaligen Klostergelände, unmittelbar an das Welfenmünster anschließend, lohnt der Besuch des Klostermuseums im Pfarrhof, ein kirchen- und heimatgeschichtliches Museum. Es ist im ehemaligen Apothekentrakt des Chorherrenstifts untergebracht. Zu sehen sind Exponate aus allen Epochen der 650-jährigen Klostergeschichte. Themen der Ausstellung sind unter anderem die Geschichte der Welfen, die Kreuzzü-

Welfenmünster Innenraum

Klostermuseum

ge, die Baugeschichte des Klosters, die Auswirkungen der Säkularistion sowie Gemälde und Skulpturen aus dem ehemaligen Klosterbesitz. Das Museum ist von April bis September jeden Donnerstag von 16:00 bis 18:00 Uhr geöffnet.

Wenige Schritte vom Klostermuseum entfernt lädt der Klostergarten St. Johannes zu einem Besuch ein. Beim Rundgang kann man zahlreiche Heilpflanzen, duftende Kräuter, Nutz- und Symbolpflanzen, Pflanzen der Bibel sowie bunte Garten- und Wildblumen entdecken. Die Themen traditioneller, klösterlicher Gartenkultur: Heilung, Ernährung, Spiritualität und Muße werden erlebbar. Das gotische Steinlabyrinth in fünf Umgängen lädt zu einem meditativen Gang ein. Von Mitte Mai bis September finden Führungen statt, Infos bei der Tourist Information.

Im Gemeindegebiet kann man weitere sehenswerte Kirchen besuchen. Die Wallfahrtskirche Mariä Heimsuchung im Ortsteil Ilgen, erbaut 1564, wurde 1670 bis 1676 vom Wessobrunner Baumeister Johann Schmuzer erweitert, der auch die Stuckaturen geschaffen hat.

Die reich ausgestattete Kirche beherbergt mehrere bedeutende Gemälde. Die Heilig-Kreuz-Kirche auf dem aussichtsreichen Kreuzberg südlich Steingadens ist am Sonntag nach

Klostergarten

Ulrichsritt

dem 4. Juli (St. Ulrichstag) Ziel des traditionellen Ulrichritts mit über 100 Reitern in heimischer Tracht auf geschmückten Kaltblutpferden und anschließendem Festgottesdienst.

Die stattliche Filialkirche St. Maria Magdalena im Ortsteil Urspring ist in Teilen romanischen Ursprungs und wurde mehrfach umgestaltet. Im stimmungsvollen Innenraum sind vor allem die acht gemalten Kreuzwegstationen und das frühbarocke Kruzifix beachtenswert.

Freizeit und Sport

Die Gemeinde Steingaden bietet vielfältige Freizeitmöglichkeiten. Hierzu gehören Ballonfahrten, Kutsch- und

Pferdeschlittenfahrten ganzjährig, Surfen am Oberen Lechsee, Reiten, Baden im Bismarckweiher und im Deutensee, Angeln, Tennis und Volleyball. Im Winter bieten bei ausreichender Schneelage zwei schöne Loipen Skilangläufern Gelegenheit für sportliche Aktivitäten. Der Ilgen-Schlepplift und der kleine Schlepplift am Hausberg Gagras sorgen für Skivergnügen für die ganze Familie.

Radfahren

Infos über den Verleih von Fahrrädern, E-Bikes und Mountainbikes gibt es bei der Tourist Information, die auch Radwanderkarten bereithält. Die sanft hügelige Voralpenlandschaft lädt zu abwechslungsreichen Radtouren ein. Radler haben die Auswahl zwischen kinderfreundlichen Touren, Genusstouren und ausgedehnten Tagestouren. Auch Mountainbiker finden anspruchsvolle Strecken in der Umgebung von Steingaden.

Zu den schönsten Touren gehört die Familien Radwandertour zur Wallfahrtskirche Wies, die ideale Verbindung von Sport, Naturerlebnis und Kultur.

Wandern

Zahlreiche Wanderwege in herrlicher Landschaft machen Steingaden zu einem Wanderparadies. Durch Steingaden führen unter anderem die Fernwanderwege „König-Ludwig-Weg" von Starnberg nach Füssen, der „LechErlebnisWeg" von Landsberg nach Füssen, der „Meditationsweg" von der Wieskirche zum Schloss Linderhof sowie der Münchner Jakobsweg.

In der Tourist Information erhält man eine Wanderkarte mit Beschreibung der Rundwanderwege, die bei der Tourist Information oder am Wanderparkplatz an der Kissingerstraße beginnen und enden.

Zu den schönsten Rundwanderwegen gehört der 10 km lange Brettleweg, der über die Schlögelmühle, durch Wald und Felder, teilweise auf Brettern durch ein Hochmoorgebiet zur Wieskirche führt. Auf dem Rückweg geht es über eine Allee und über Litzau zurück nach Steingaden. Festes Schuhwerk wird empfohlen!

Der abwechslungsreiche, sehr sonnige 7 km lange Panoramarundweg führt aussichtsreich über die Egg nach Urspring zum Oberen Lechsee und über den Storchenmoosweiher zurück.

Weitere Wanderungen mit herrlichen Ausblicken sind die Wanderung rund um den Kreuzberg, das Königssträßle mit Start an der Wieskirche, die Aussichtsrunde Osterbichl sowie der Lauterbach-Rundweg.

Veranstaltungen

In Steingaden kommen Freunde hochkarätiger klassischer Konzerte voll auf ihre Kosten.

Die Konzertreihen „Festlicher Sommer in der Wies" (siehe Seite 176) und Musik im Pfaffenwinkel ziehen

Blick auf die Wieskirche

Marktplatz

zahlreiche Musikbegeisterte an. Im Welfenmünster kann man Kirchenmusikkonzerte genießen.

In Steingaden werden wie in vielen Orten in Oberbayern eine Reihe von Brauchtumsfesten und kirchlichen Festen gefeiert. Hierzu gehören die Sternsinger am Dreikönigstag, die Funkenfeuer am Funkensonntag nach Aschermittwoch, das Aufstellen des Maibaums, die Gauwallfahrt am Pfingstmontag zur Wieskirche, die traditionelle Fronleichnamsprozession mit Festgottesdienst im Welfenmünster, der St. Ulrichsritt, die Martinsfeier mit Laternenumzug am 11. November sowie die Kindermette am Heiligabend mit Krippenspiel.

Die beliebten Märkte auf dem Marktplatz im Frühjahr, zu Johanni, im Herbst und im Advent ziehen zahlreiche Besucher an.

Wichtige Adressen und Telefonnummern

Tourist Information
Krankenhausstraße 1
D-86989 Steingaden
Tel. +49 (0)8862 200
tourist-info@steingaden.bayern.de
www.steingaden.de

Wieskirche

Tor zum Himmel, Tor zum Glauben

Zu sich finden im Gebet – bereits in der Antike haben sich Menschen auf den Weg gemacht, um eine Pilgerreise zu unternehmen, um ein religiöses Gebot zu erfüllen oder ein Gelübde abzulegen. Diese Reise, in früherer Zeit meist ins Heilige Land, nach Rom oder Santiago de Compostela, war getragen von der Hoffnung, dass die Gebete erhört werden. Die Pilger fühlten sich gestärkt im Glauben an die Göttliche Allmacht. Ziel einer Wallfahrt ist von alters her ein als heilig betrachteter Ort. Und so nimmt es nicht Wunder, dass die „Kirche auf der Wies" bereits im 18. Jahrhundert ein herausragendes Wallfahrtsziel war. Die Wallfahrt als Weg zu Gott, als Weg zu sich selbst, sich zu finden im Gebet, Kraft zu schöpfen in einem spirituellen Umfeld – heute, in einer stressgeplagten Zeit, ist dies wichtiger denn je.

Wallfahrtskirche „Zum Gegeißelten Heiland auf der Wies"

Entstehung der Wallfahrt

Diese Wallfahrt entwickelte sich aus der Verehrung einer Statue des Gegeißelten Heilands, die 1730 von Pater Magnus Straub und Bruder Lukas Schweiger im Kloster Steingaden gefertigt und in den Jahren 1732 bis 1734 bei der

Karfreitags-Prozession des Klosters mitgetragen wurde. Dann hat es der Abt, weil er es gar so erbärmlich fand, in eine Abstellkammer des Klosters verbannt. Einige Jahre später, 1737, hat sie der Tafernwirt in Steingaden für sich erbeten und von dort kam sie am 4. Mai 1738 in das Haus der Familie Lori in die Wies – in eine unwegsame, unbekannte Einöde. Knapp sechs Wochen später, in der Nacht zum 14. Juni 1738, der ein Sonntag war, entdeckte Frau Maria Lori Tränen im Gesicht des Gegeißelten. Man solle, so das Kloster auf die Mitteilung der Frau Lori hin, alles der „Göttlichen Anordnung" anheimgeben. Dieses Tränenwunder verbreitete sich dann wie ein Lauffeuer über die westliche Welt, Christen aller Herren Länder kamen, um zum Gegeißelten Heiland zu beten. Mehr und mehr Pilger und Wallfahrer kamen, um in tiefer Gläubigkeit das Bildnis des Heilands zu verehren. Dies machte den Bau einer kleinen Feldkapelle notwendig. 1744 wurde die Erlaubnis eingeholt, in dieser Kapelle die Messe zu feiern, womit die Wallfahrten den offiziellen Segen der Kirche erhielten.

Wallfahrt heute

Nun so will ich alles lassen,
auf die Wies zu Jesus geh'n,
mich begeben auf die Straßen
und mit Freuden ihn anseh'n.
Schönster Jesus auf der Wies,
der so voller Gnaden ist.

(Auszug aus einem alten Wallfahrtslied aus Franken)

Richtig erleben kann man die Wieskirche am besten zu Fuß – man muss sie sich erwandern, eben wallfahren. 20 Minuten oder 2 ½ Stunden – ganz individuell lässt sich der Weg nach eigener Konstitution planen (im Winter sind die Wege z. T. nicht begehbar). Nach vorheriger telefonischer oder schriftlicher Anmeldung ist es möglich, mit einem Priester die Heilige Messe zu feiern. Vorschläge für die

Gestaltung eines Wallfahrtsgottesdienstes werden gerne unterbreitet. Auch eine eigene Wallfahrtsandacht kann – nach vorheriger Anmeldung – gehalten werden. Diesbezügliche Fragen werden unter der Tel.-Nr. 08862-93293-0 gerne beantwortet.

Jeden Dienstag, Mittwoch und Samstag wird um 10 Uhr eine Wallfahrtsmesse gefeiert. Am Sonntag sind die Gottesdienste um 8.30 und 11 Uhr.

Das „Fest der Tränen Christi" wird jedes Jahr am Sonntag nach dem 14. Juni im Andenken an das „Tränenwunder" mit einem Festgottesdienst gefeiert. Es stellt neben dem „Schutzengelfest", welches an jedem ersten Sonntag im September und dem „Bruderschaftsfest", welches an jedem zweiten Sonntag im Oktober gefeiert wird, eines der großen Wiesfeste dar. An diesen Sonntagen wird nur eine Heilige Messe gefeiert, nämlich um 10.00 Uhr.

Kirche „In der Wies"

„Hoc loco habitat fortuna, hic quiescit cor" An diesem Ort wohnt das Glück, hier kommt das Herz zur Ruhe – so steht es in einem Fenster des Prälatensaales der Wies.

Ruhe suchen, Ruhe finden, Ruhe zulassen. Ruhe als Ausdruck des Berührtseins, ehrfürchtige Ruhe für dieses besondere Gotteshaus, für die besondere Ausstrahlung dieses Heiligtums, Ruhe, die alle Saiten der Seele zum Schwingen bringt, Ruhe im Ankommen an einem Ort, wie er kaum schöner sein kann auf dieser irdischen Welt. Der Besucher steht und staunt über die Herrlichkeit und lauscht hinein in diese reiche Bilderwelt, welche ein Programm der Barmherzigkeit Gottes entwirft.

Die Wieskirche – ein Gotteshaus

Die Barmherzigkeit (Lateinisch: misericordia) öffnet ihr Herz fremder Not und nimmt sich ihrer mildtätig an. Wem es gelingt, hinein zu lauschen in das jubelnde Lied, das der große Baumeister Dominikus Zimmermann mit diesem harmonischen Kunstwerk angestimmt hat, der sieht die Wieskirche in strahlender Verehrung des Allmächtigen.

Vater unser im Himmel..., Pater imôn o en tîs uranîs..., Abu-n d-ba-schm-ayo ...,aba:-na: allazi: fi: al-sama:wa:t-i..., Vor Fader du som er i himlene ..., Our Father which art in heaven ..., Padre nuestro que estás en los cielos ...
Vielfältig sind die Sprachen, die man in der Wieskirche vernehmen kann – Gott versteht sie alle. Vielfältig sind die Gebete, die vor den Herrn getragen werden: Lieber Gott, mache meine Mutter wieder gesund; lieber Gott, hilf mir bitte, zeige mir den richtigen Weg, den ich verloren habe; danke, Gott, dass ich in einem so schönen Land leben darf ... So ist es zu lesen in den Chorumgängen der Wieskirche. Zettel liegen bereit, auf denen jeder sein Anliegen ausbreiten darf, denn Gott ist ein gütiger, ein barmherziger Gott, ER ist die Achse, um die sich die Welt dreht. Er hält alle Fäden in seiner führenden Hand, die er in der Figur des Gegeißelten in der Wies allen Menschen hinhält, so als ob er sagen möchte: „Du Mensch, vertrau mir doch, nimm meine Hand, ich führe dich sicher auf deinem Weg durchs Leben."

Die Wieskirche – ein Ort der Begegnung

Frieden beginnt da, wo man sich begegnet, wo Zuneigung und Verständnis füreinander wachsen können. Unter diesem Leitgedanken ist die Wieskirche ein Ort der Begegnung für alle, die nicht nur an Kunst und Musik Freude haben, sondern auch – und noch viel wichtiger – eine zu Herzen gehende Liturgie mitfeiern möchten. Zu oftmals außergewöhnlichen Begegnungen kommt es auch auf dem Jakobsweg, der als historischer Pilgerweg direkt an der Wieskirche vorbei führt (ein Jakobsstempel ist an der Südseite der Wieskirche vorhanden).

Die Wieskirche – eine der schönsten Rokoko-Kirchen der Welt

Aus aller Welt kamen die Pilger, um das Gnadenbild des Gegeißelten Heilands auf der Wies zu schauen. Die kleine Kapelle, die noch heute am Parkplatz steht, und auch der später an diese Kapelle hinzugefügte hölzerne Anbau konnten die vielen Wallfahrer längst nicht mehr fassen, so dass Abt Hyazinth

Gassner sich auf Drängen des gläubigen Volkes hin entschloss, eine große Wallfahrtskirche bauen zu lassen.
Bereits 1745 erteilte er Dominikus Zimmermann den Auftrag zum Bau der Wallfahrtskirche. Für das Gnadenbild des „Gegeißelten Heilandes" wurde die Wieskirche konzipiert und gebaut. Es bleibt anzunehmen, dass dieser, von tiefer persönlicher Frömmigkeit und pastoraler Sorge geprägte Abt und Theologe, das tiefsinnige theologische Bildprogramm der Barmherzigkeit Gottes entworfen hat. Er verstarb am 28. März 1745.
Am 16. Mai 1745 wurde Nachfolger Marianus II. zum Abt gewählt. Die offizielle Grundsteinlegung der Kirche – ein Teil des Prälatenhauses war zu diesem Zeitpunkt bereits gebaut – erfolgte am 10. Juli 1746. Abt Marianus Mayr realisierte schließlich den begonnenen kostspieligen Bau der „Wallfahrtskirche zum Gegeißelten Heiland auf der Wiß". Den Wessobrunner Brüdern Dominikus und Johann Baptist Zimmermann ist es gelungen, mit der Wieskirche ein Meisterwerk des Rokoko zu schaffen (1745 – 1754). Jeder Wieswallfahrer und jeder Wiesbesucher ist von diesem grandiosen Bauwerk in den Bann gezogen, nicht zuletzt auch vom harmonischen Licht, das die Baumeister eingefangen haben. Die Wieskirche ist eine der berühmtesten Rokokokirchen der Welt und wurde 1983 in die Liste der UNESCO-Welterbestätten aufgenommen.

Die Orgel der Wieskirche

Dominikus Zimmermann hat den Klangkörper der Orgel in der Wies mit seinem Einfühlungsvermögen ohnegleichen in die Gesamtarchitektur eingefügt, indem der Rokokoprospekt das Oval des Raumes im Westen schließt. Die Orgel wurde 1757 von dem Orgelbauer Joh. Georg Hörterich aus Dirlewang bei Mindelheim erbaut.
Nach mehreren Umbauten, zuletzt durch die Firma Claudius Winterhalter, Oberharmersbach, konnte sie im Jahr 2010 von Grund auf erneuert wieder geweiht werden. Sie verfügt über 42 Register auf drei Manualen.
Von der Hörterichorgel sind das Gehäuse, die Prospektpfeifen und noch ca. 400 weitere Innenpfeifen erhalten bzw. wiederverwendet. Sie ist als „Stilorgel" im Sinne des süddeutschen Rokoko konzipiert. Die „Königin der Instrumente" erklingt auch außerhalb der Gottesdienste im Rahmen der Reihe „Musik und Wort in der Wieskirche". Zu dieser meditativen Kirchenmusik ist jeder herzlich eingeladen.
Die Konzertreihen „Festlicher Sommer in der Wies", „Musik im Pfaffenwinkel" und weitere hochkarätige Kirchenkonzerte begleiten festlich durch das Kirchenjahr, stehen aber nicht in der Verantwortung der Wallfahrtskuratiestiftung. Das aktuelle Programm mit den Terminen ist der Homepage zu entnehmen: www.wieskirche.de

Katholische Wallfahrtskuratiestiftung

St. Josef – Wies

Wies 12, 86989 Steingaden
Tel. 08862/93 2 93-0
Fax 08862/ 93 2 93-10
www.wieskirche.de

Berge, Wälder, Seen und Wiesen – das ist Riesen

Bauernhof Krötz

Für erholsame Ferien auf dem Bauernhof bietet das Anwesen in dem ruhigen Weiler Riesen komfortabel und gemütlich eingerichtete Ferienwohnungen. Die großzügigen Räumlichkeiten sind mit allem ausgestattet, was es für den Urlaub braucht. Unvergessliche Erinnerungen werden wach, wenn man sich an die entspannten Urlaubstage zurück entsinnt: Für das Frühstück am Morgen standen frische Produkte direkt vom Bauernhof bereit und die Frühstückseier kamen von den glücklichen Hühnern, die am Morgen rund um den Hof nach Körnern pickten und die Marmelade hatte die Bäuerin liebevoll selbst eingekocht.

Auf die Feriengäste im Bauernhof Krötz warten aber darüber hinaus viele weitere Annehmlichkeiten.So steht neben dem Getränkeservice den Gästen mit kleinen Kindern eine Babyausstattung zur Verfügung. Ein Waschraum mit Maschine und Trockner rundet den Komfort rund um die Ferienwohnungen ab und wer mit dem Auto anreist, findet vor dem Haus große Parkplätze vor.

Gelebte bayerische Gastfreundschaft heißt die Feriengäste im Bauernhof willkommen, wo sich Groß und Klein Zuhause fühlen. Auf dem Grünlandbetrieb mit Rindermast darf man gerne mit anpacken, wenn die Tiere auf den

Weiden rund um den Hof gefüttert oder getränkt werden. Landleben zum Anfassen, sozusagen. Der Streichelzoo mit zahlreichen Tieren schlägt die kleinen Gäste in ihren Bann und wenn das Wetter mal nicht so recht mitspielen sollte, sorgt der Aufenthaltsraum oder das Spielzimmer mit Tischtennisplatte und Tischkicker für Spaß und Abwechslung.

Bei einem perfekten Blick auf die Bergkette genießt man hier die Stille des Pfaffenwinkels, während man auf der Terrasse eine kleine Erfrischung genießt oder am Abend mit einem leckeren Essen vom Grill verwöhnt wird.

Bauernhof Krötz

Familie Krötz, Riesen 7
D-86989 Steingaden
Tel. +49 (0)8862-93 23 82
Fax +49 (0)8862-9 30 26
info@bauernhof-kroetz.de
www.bauernhof-kroetz.de

Tafeln vor historischer Kulisse

Gasthof Schweiger Wies

Gleich neben der weltberühmten Wieskirche liegt der Gasthof Schweiger, dessen Gründung auf das Jahr 1751 zurück geht. In dem Anwesen wird nun schon seit Jahrhunderten Gastfreundschaft gelebt. Heute werden die Gäste mit kulinarischen Genüssen verwöhnt, wobei sich vor allem bayerische Schmankerl auf der Speisekarte finden. In der Küche des Hause werden die Gerichte saisonal frisch und kunstvoll in Szene gesetzt und von einem gastfreundlichen Service serviert.

Den Gästen stehen drei gemütlich eingerichtete Gasträume zur Verfügung. Neben der Historischen Wirtsstube finden sich das Hubertusstüberl und ein großer Gastraum, der bis zu 60 Personen Platz bietet. Somit ist das Haus in seiner ruhigen und beschaulichen Lage auch für feierliche Anlässe jeder Art zu empfehlen.

Während der warmen Jahreszeit ist zum Besuch des Biergartens geraten. Unter freiem Himmel schmecken die Köstlichkeiten aus der Küche, gepaart mit einem erfrischenden Bier ebenso gut wie die hausgemachten Kuchen und Torten mit einem Kaffee am Nachmittag. Im Gasthof Schweiger gibt es eine besondere Spezialität zu genießen: Frisch gebackene Kücherl (Auszogene) die mit Zimt-Zucker serviert werden.

Gasthof Schweiger Wies

Inh. Benedikt Utschneider
Wies 9, D-86989 Steingaden
Tel. +49 (0)88 62-500
gasthof-schweiger@web.de
www.gasthof-schweiger-wieskirche.de

Klostergarten aus der Luft
(Bild W. Böglmüller)

Weilheim

Liebenswerte Stadt im oberbayerischen Pfaffenwinkel

Marienplatz
(Bild Stadt Weilheim)

Die Kreisstadt Weilheim (23.000 Einwohner) des oberbayerischen Landkreises Weilheim-Schongau ist das geografische Zentrum und damit eine der wichtigsten Städte des Pfaffenwinkels. Durch die Stadt, die sich durch hohe Wohn- und Lebensqualität auszeichnet, fließt die Ammer, ein Nebenfluss der Isar. Weilheim liegt eingebettet in der Landschaft des Voralpenlandes zwischen München im Norden und Garmisch-Partenkirchen im Süden.

Die Stadt ist mit dem Auto über die Bundesstraße 2 von München nach Garmisch-Partenkirchen gut zu erreichen. Der Bahnhof Weilheim ist der Knotenpunkt auf der Bahnstrecke von München nach Innsbruck und von Schongau entlang des Ammersees nach Augsburg.

Die gastfreundliche Einkaufs- und Erlebnisstadt bietet eine Reihe von Unterkünften aller Kategorien, einen Wohnmobilstellplatz und ein breites Kultur- und Freizeitangebot. Eine attraktive Fußgängerzone mit einer großen Auswahl an Einzelhandelsgeschäften sowie lauschigen Cafés und Restaurants macht den Weilheimbesuch zu einem echten Erlebnis.

Sehenswürdigkeiten

Ein Bummel durch die verwinkelten Gassen der Altstadt mit den farbenfrohen Fassaden der prächtigen historischen Patrizierhäuser lohnt ebenso wie der Spaziergang durch die Obere Stadt mit zahlreichen Geschäften und dem begrünten Stadtbach, der ein altes Wasserrad antreibt. Teile der mittelalterlichen Stadtmauer und des Stadtgrabens, der heute als Park zugänglich ist, sind erhalten geblieben.

Der Marienplatz als zentraler Fest- und Marktplatz ist seit dem Mittelalter in Form und Größe unverändert geblieben. Hier steht die Mariensäule des Weilheimer Bildhauers Ignaz Degler, die 1698 zu Ehren der Schutzpatronin der Stadt errichtet wurde. Der Stadtbrunnen auf dem Platz ist der ehemalige Brunnen des Klosters Steingaden, der 1829 in verkleinerter Form hier aufgestellt wurde. Die vier Putti des Brunnens stammen von Roman Anton Boos und symbolisieren die vier Jahreszeiten.

Die Stadtpfarrkirche Mariä Himmelfahrt auf dem Kirchplatz ist ein Schmuckstück im Stil des Manierismus im Übergang von der Renaissance zum Barock. Sie wurde 1624 bis 1628 von Hans Krumpper und Bartolomäus Steinle erbaut. Im reich ausgestatteten Inneren beeindrucken die Altäre aus unterschiedlichen Stilepochen, der Stuck der Wessobrunner Schule und die prachtvollen Fresken von Elias Greither dem Älteren als Beispiele früher barocker Deckenmalerei in Süddeutschland. Die Kirche beherbergt auch Deutschlands größte Barockmonstranz, die Wurzel-Jesse-Monstranz von Joseph Anton Kipfinger.

Weitere Sehenswürdigkeiten in Weilheim sind das wunderschöne Gebäude des Stadttheaters am Theaterplatz und der Rosengarten mit mehr als 150 verschiedenen Rosenarten beim ehemaligen Pflegschloss.

Straßencafe am Marienbrunnen (Bild Ralf Ruder)

Stadtmuseum
(Bild Stadt Weilheim)

Einen Besuch wert ist das Stadtmuseum im ehemaligen Rathausgebäude am Marienplatz, das auf drei Stockwerken Objekte zur Kunst- und Stadtgeschichte zeigt. Neben Gemälden, Zunftgegenständen und einer Jahreskrippe aus dem Jahr 1724 sind vor allem die Werke der „Weilheimer Schule" Künstler Petel, Krumper, Degler, Steinle und Angermaier ausgestellt. Wechselnde Sonderausstellungen zeitgenössischer regionaler Künstler sind im Foyer des Museums zu sehen. Es ist von Dienstag bis Samstag von 10 – 17 Uhr sowie am Sonntag von 14 – 17 Uhr geöffnet.

Freizeit und Sport

Weilheim bietet einen hohen Freizeitwert mit einer vielfältigen Auswahl an Natur- und Kulturerlebnissen.

So gibt es in der Stadt eine Reihe von Sportanlagen für Fußball, Leichtathletik, Tennis, Badminton, Squash, BMX und Petanque.

Die Kletterhalle ist mit 1.050 m² Kletterfläche und großem Boulderbereich eine der größten Kletterhallen des bayerischen Oberlandes.

Neben dem Hallenbad lädt das Naturfreibad am Dietlhofer See zum Baden ein.

Dietlhofer See
(Bild Siegfried Kerscher)

Die Ammer
(Bild Ralf Ruder)

Rund um Weilheim gibt es zahlreiche lohnende Rad- und Wanderwege.

Entlang dem noch ursprünglichen Wildfluss Ammer sowie durch das Stadtgebiet verläuft der mit 4 Sternen ausgezeichnete Ammer-Amper-Fernradweg, der an den Ammerquellen bei Oberammergau beginnt und in Moosburg an der Isar endet.

Die 30 km lange „Storchenrunde" führt mit dem Rad von Weilheim entlang der Ammer zur „Erdfunkstelle Raisting", wo Störche ganzjährig eine Heimat gefunden haben.

Eine sehr schöne, 23 km lange Radtour ist die „Eibenwaldrunde" durch den märchenhaften Eibenwald, das Weilheimer Moos und zum Zellsee, einem Paradies für Wasservögel.

Die 26 km lange „Kapellenrunde" ist ein Radweg für Freunde sehenswerter Kirchen und Kapellen. Der ADFC Weilheim-Schongau bietet von März bis Oktober geführte Touren für Radfreunde an.

Zu den schönsten Wanderwegen gehört die 5 km lange „Gögerlrunde" durch die prächtige Natur südöstlich von Weilheim. Weilheims Hausberg Gögerl ist von mittelalterlichen Wallanlagen umgeben und bietet eine herrliche Sicht auf die Bergwelt südlich der Stadt.

Weitere lohnende Wanderwege findet man rund um den Dietlhofer See und das Naherholungsgebiet „Hardt".

Lichtkunstfestival
(Bild Stadt Weilheim)

Veranstaltungen

Der prall gefüllte Weilheimer Veranstaltungskalender bietet eine außerordentliche Vielfalt an Festen, Märkten und kulturellen Events.

Das Weilheimer Kulturprogramm umfasst neben den Aufführungen des Stadttheaters und den Weilheimer Theater-Festspielen von Mitte Oktober bis Ende Dezember auch Konzerte wie die Frühjahrs- und Herbstkonzerte des Kammerorchesters Weilheim und die Weilheimer Jazztage „Ammertöne" im November.

Zahlreiche Besucher kommen zu den kulinarischen und kulturellen Attraktionen des Weilheimer Volksfestes mit großem Vergnügungspark von Christi Himmelfahrt bis Pfingsten, der „Französischen Woche" am ersten Juliwochenende, dem Oberstadtlerfest in der Oberen Stadt im Juli, dem StraßenZauberFestival im September, das mit der langen Einkaufsnacht verbunden ist sowie dem im Zweijahresrhythmus stattfindenen Lichtkunst-Festival.

Ebenfalls im Zweijahresrhythmus findet in den ungeraden Jahren an fünf Tagen im Oktober auf dem Festplatz die Oberlandausstellung, die größte Regionalmesse im gesamten Oberland, statt. Mehr als 300 Aussteller präsentieren den rund 40.000 Besuchern mit einem breiten Angebot an Produkten, Dienstleistungen und Informationen Nützliches und Schönes, begleitet von einem bunten Rahmenprogramm.

In Weilheim bieten im Jahreslauf vier große, beliebte Märkte vielfältige Angebote.

Beim Palmmarkt am Sonntag vor Palmsonntag, beim Gallimarkt am zweiten Sonntag im Oktober, beim Johannimarkt am letzten Sonntag im Juni und beim Andreasmarkt am letzten Sonntag im November können Geschäfte in der Innenstadt am Nachmittag öffnen, es gibt einen Bauernmarkt auf dem Marienplatz und zahlreiche Verkaufsstände in der Oberen Stadt entlang des Stadtbachs.

In der zweiten Adventswoche lädt der stimmungsvolle Christkindlmarkt zwischen dem Marienplatz und dem Kirchplatz mit echtem Kunsthandwerk, heißen Maroni und Glühwein und einem abwechslungsreichen Musikprogramm zum gemütlichen Bummel ein.

Palmmarkt
(Bild Ralf Ruder)

Wichtige Adressen und Telefonnummern

Tourist-Info Stadt Weilheim
Admiral-Hipper-Strasse 20
D-82362 Weilheim i.OB
Tel. +49 (0)881 682 733
weilheiminfo@weilheim.de
www.weilheim.de

Rosengarten und Pflegschloss
(Bild Ralf Ruder)

Auf Entdeckungsreise durch die Gärten im Pfaffenwinkel

Gartenwinkel-Pfaffenwinkel

Der Pfaffenwinkel ist ein Naturparadies. Wälder, Weiden und Moore, Flüsse und Seen, voralpenländische Hügel und die naheliegende Kette der bayerischen Alpen – selten präsentiert sich eine Kulturlandschaft so abwechslungsreich zu jeder Jahreszeit.

Gartenwinkel im Pfaffenwinkel

Inmitten der Kulturlandschaft liegen vielfältige Gärten, die sich in einem Netzwerk zusammengeschlossen haben und besucht werden können und schon seit Jahrhunderten Lieferanten für Nahrungs-, Genuss- und Heilmittel sind. Man trifft dabei auf Menschen, die sich für eine liebenswerte Heimat engagieren und denen der Garten als Ort der Erholung, Bildung, Ökologie und Kultur besonders am Herzen liegt. In unserer schnelllebigen Zeit sind sie auch ein Ort der Ruhe und Entspannung. In den Gärten und Parkanlagen des Pfaffenwinkels genießt der Besucher die Schönheiten der Natur, denn die Tore zu den Kleinoden privater Gärten, zu Lehrgärten und Parkanlagen sind weit geöffnet.

Private Gärten im Pfaffenwinkel

Hier findet sich die ländliche Gartenanlage mit altem Baumbestand ebenso wie ein Garten, in dem Nutzpflanzen in Kübeln wachsen und köstliche Früchte tragen. Daneben zeigt sich die Gastfreundschaft der Gartenbesitzer, die nicht nur Führungen durch die Gärten veranstalten, sondern auch Kochkurse anbieten, in denen die Teilnehmer viele praktische Tipps für die Zubereitung erfahren.

Heimische Gehölze, die inmitten verwinkelter Gartenräume ranken und mit lauschigen Sitzplätzen ausstaffiert sind, gehören ebenso zu der Gartenkultur im Pfaffenwinkel wie Streuobstwiesen, deren Bäume längst vergessene Apfelsorten tragen.

www.gartenwinkel-pfaffenwinkel.de

Lehrgärten für neue Erkenntnisse

Gärten können bilden. So sind die Lehrgärten im Pfaffenwinkel wahre Oasen für die Wiederentdeckung alter Weisheiten. Vom Energiegarten, in dem die feinstofflichen Schwingungen der Pflanzen erlebbar werden bis hin zum Klostergarten, in dem alte Kräuter und Heilpflanzen beheimatet sind, finden sich in den Gartenwinkeln. Hier erfährt der Interessierte auch, welche Gewürz-, Heil- und Nutzpflanzen die Römer bereits gezüchtet haben und wie sich die Ess- und Trinkkultur im alten Rom darstellte. Gartenerlebnis-

wege und Wissenswertes über die Bewirtschaftung runden das Angebot der Gartenwinkel ab.
So zeigen die Lehrgärten was bei der Artenvielfalt alles möglich ist und auch leicht in privaten Hausgärten umgesetzt werden kann.

Wandeln und flanieren in den Parkanlagen

Die Menschen legen schon seit jeher Gärten an. Waren sie zunächst für die Versorgung mit Nahrung gedacht, entwickelten sie sich im Lauf der Zeit immer mehr zu einem Ausdruck von Macht oder Kunst. So spiegelte ein Garten, der ein Schloss oder eine Villa umrahmte, den Zeitgeist der Epoche wieder. Der im englischen Stil angelegte Landschaftspark sollte als idealisierte Abbildung der Natur dienen.
Im Pfaffenwinkel liegen liegen historische Gärten und Parkanlagen, die es zu entdecken gilt. So führt der Schacky-Park in Dießen den Besucher auf verschlungenen Wegen durch das Gartenreich des Barons Ludwig von Schacky. Vorbei an barocken Skulpturen, verwunschenen Brunnen und Teichen mit einem grandiosen Ausblick in das bayerische Voralpenland. Die Parkanlage Höhenried umrahmt ein Schloss. Teichanlagen, uralte und exotische Baumbestände finden sich hier ebenso wie abgelegene romantische

Blickwinkel auf den Starnberger See

Einem Landschaftsgarten im englischen Stil nachempfunden ist der Bernrieder Park. Die großflächige Parkanlage mit uralten Eichen am Starnberger See wurde bereits im Mittelalter von Mönchen als „Hutewald" genutzt. Heute ist der Park ein Gartendenkmal und Naturparadies, das es zu entdecken gilt.

Nicht zu vergessen, die Gärtnereien im Pfaffenwinkel. Dort finden sich Raritäten für Heil-, Duft- und Gewürzpflanzen aus aller Welt ebenso wie Permakultur Biogärtnereien und Gartenbaubetriebe, die sich auf Stauden und Bioland-Gemüsepflanzen spezialisiert haben.

www.gartenwinkel-pfaffenwinkel.de

Welche Rolle spielt die Zeit an diesem Ort?

Hotel Pöltner Hof

Einmalige historische Räumlichkeiten im ehemaligen Dietmayr-Anger bilden den Rahmen für das 2019 eröffnete Tagungs- und Veranstaltungshotel auf gehobenem Vier-Sterne-Niveau im Herzen des Pfaffenwinkel. Hier trifft eine Kombination aus jahrhundertealter Tradition auf stilvolle Moderne und schafft eine kleine Wohlfühloase, in der die Gäste mit kulinarischen Freuden verwöhnt werden.

Die Zimmer des Pöltner Hofs sind im modernen Stil eingerichtet. Komfortable und hochwertige Ausstattung sowie der barrierefreie Zugang in alle Räumlichkeiten runden das äußere Erscheinungsbild der 41 Gästezimmer ab.

Kulinarische Köstlichkeiten für Genießer

Die Küche verwöhnt die Gäste mit bayerischer und internationaler Küche. Saisonale und regionale Schmankerl zaubert das Küchenteam kreativ auf die Teller seiner Gäste, die hier den Zwiebelrostbraten und Spanferkel ebenso auf der Karte finden wie feinste Meeresfrüchte auf Belugalinsen.

Verwöhnt werden die Gäste in den stilvoll eingerichteten Gasträumen. Dekorative Elemente wie Holzbalken an den Wänden und liebevoll arrangierte Details spiegeln das historische Bauernhaus wider und vermitteln eine gemütlich, angenehme Atmosphäre. Charmant präsentiert sich die Einrichtung, in der sich manch schöne Stunde

mit Freunden genießen lässt. Auch der Biergarten bildet während der warmen Jahreszeit einen Ort der Entspannung und des gemütlichen Beisammenseins. Die Hotelbar unterdessen hält originelle, kreative und individuelle Geschmackserlebnisse für die Gäste bereit.

Feiern und Tagen

Für private Feierlichkeiten und betriebliche Tagungen verleihen die tageslichtdurchfluteten Räumlichkeiten den passenden Rahmen. Ergänzt durch einen aufmerksamen und professionellen Service werden Feste, Tagungen und Seminare zu einem unvergesslichen Erlebnis.

Pöltner Hof Weilheim Hotel

Pollinger Str. 4 & 6
D-82362 Weilheim
Tel. Hotel +49 (0)881-3946470
Tel. Restaurant +49 (0)881-39464710
info@phwm.de
www.hotel-weilheim.de

Weilheimer Biergenuss seit 1879

Dachsbräu

Die kleine, aber feine Dachsbräu-Brauerei in Weilheim wurde 1879 vom Münchner Bierbrauer Georg Dachs gegründet. Er kaufte damals ein zur Versteigerung stehendes landwirtschaftliches Anwesen in Weilheim und braute dort fortan Weiß- und Braunbier. Durch die Investition in bessere maschinelle Ausrüstung konnte die Brauerei in den 1920ern und 1930ern schnell aufsteigen. Im Zweiten Weltkrieg folgte die Ernüchterung: Die beiden Enkel des Gründers fielen im Krieg, wodurch die Produktion fast zum Erliegen kam.
Neuen Schwung brachte die Übernahme der Brauerei durch eine Dachs-Witwe. Dadurch konnte der Betrieb langfristig wieder aufgebaut werden.

Im Laufe der Zeit brachten sich verschiedene Familienmitglieder mit ihrem Fachwissen in den Geschäftsbetrieb ein, um die Fortführung der Brauerei zu sichern. Der starke Zusammenhalt ist bis heute in der Brauereifamilie bestehen geblieben. Diese Kontinuität ist eine der großen Stärken der Brauerei. Im Fokus steht die Erhaltung der Brauerei in Verbindung mit bewährter, herausragender Qualität. Nicht umsonst ist Dachsbräu heute die letzte Brauerei Weilheims. Und die Weilheimer sind wahrlich stolz auf "ihren" Dachsbräu. Von vielen Einheimischen wird sie sogar als beste Brauerei in der Gegend angesehen.
Die Brauerei profitiert vom Trend zu regionalen Produkten: Das Dachs-Bier hat sich seinen Stammplatz in der regionalen Gastrobranche und bei lokalen und regionalen Veranstaltungen erobert. Doch der Dachsbräu kann nicht nur auf eine lange Tradition zurückblicken, sondern ist gleichzeitig auch Vorreiter

bei einer ganz speziellen Biersorte, die den deutschen Markt in den letzten Jahren erobert hat: So lässt das beliebte Craftbier schon seit langer Zeit die Herzen von Bierkennern höherschlagen.

Das weitbekannte Dachs Weizen, das mit der Goldmedaille des European Beer Star Awards prämierte "Weilheimer Festbier" und die beiden Bockbiere „Ulimator“ und der Dachs Weizenbock sind echte Aushängeschilder. Darüber hinaus warten noch weitere Brauspezialitäten darauf, von Biergenießern probiert zu werden – vom leichten Hefeweizen bis hin zum unfiltrierten, würzigen Kellerbier. Für die schmackhaften Biere liegt der Familienbetrieb großen Wert auf Qualität: Es werden ausschließlich Braumalz aus Bayern sowie Hopfen aus den bekannten Anbaugebieten Hallertau und Tettnang verwendet.

Kunden können den Getränkeverkauf direkt ab Brauereihof oder über den Online-Shop nutzen.

Wärmstens empfohlen sei zudem der Besuch im direkt neben der Brauerei gelegene Dachsbräu-Bräustüberl: Neben dem Weilheimer Bier lassen sich hier vorzüglich gutbürgerliche Schmankerl im rustikalen Stüberl oder im schattigen Biergarten unter großen Kastanienbäumen genießen. Und auch die regelmäßig stattfindenden Veranstaltungen vor Ort, wie der Starkbieranstich oder die Konzerte der Stadtkapelle, sind fast schon ein Geheimtipp.

Dachsbräu GmbH & Co. KG

Murnauer Str. 5
D-82362 Weilheim
Tel. +49 (0)881-2261
info@dachsbier.de
www.dachsbier.de

Kulinarischer Genuss aus der Region

Biomichl

Die Wertschätzung des Lebewesens und damit eine artgerechte Haltung – das ist für den Biolandhof des Biomichl in Weilheim das A und O für höchsten Fleischgenuss.

Während der warmen Jahreszeit weiden die Rinder auf den Grünlandflächen bei Peißenberg und ernähren sich von den saftigen Gräsern der Weiden. Im Winterhalbjahr sorgt ein Offenfront-Freilaufstall für Schutz vor Wind und Wetter. So bleiben die Tiere gesund. Und weil sich die Rinder während ihres Lebens frei bewegen konnten und natürliches Futter erhielten, liefern sie mit ihrem zarten Fleisch ein hochwertiges Lebensmittel, das die Verbraucher mit gutem Gewissen genießen können.

Mit der Umstellung ihres Hofes auf ökologische Landwirtschaft, gehörte die Familie Sendl 1979 zu den Biopionieren in der Region. 1987 schließlich eröffneten sie den ersten Bioladen in Peißenberg, bevor sie 2001 nach Weilheim zogen.

In der Püttrichstraße 9 steht den Kunden nun ein Ladengeschäft mit einer Verkaufsfläche von 900 m2 zur Verfügung. Neben einer großen Thekenlandschaft für Fleisch, Wurst, Käse und Fisch, finden die Kunden ein umfassendes Sortiment an ökologisch hergestellten Lebensmitteln. In dem freundlich und naturnah eingerichteten Ladenlokal fühlt man sich als Kunde wohl. Alles ist übersichtlich angeordnet und wird appetitlich präsentiert.

Das Bio-Bistro mit zwei Gasträumen und einigen Terrassenplätzen öffnet bereit um 7 Uhr zum Frühstück. Dort

werden kulinarische Genießer täglich auch von 11.30 bis 14 Uhr mit frischen Speisen in bester Bioqualität verwöhnt. Dabei präsentiert sich der wöchentlich wechselnde Speiseplan abwechslungsreich und vielfältig.

Aus der Region für die Region haben sich die Sendls auf die Fahnen geschrieben und versuchen, möglichst viele Lebensmittel in das Sortiment zu integrieren, die in der Region hergestellt wurden. Dabei kümmern sich mehr als 80 qualifizierte Mitarbeiter um die Breite des Sortiments und das Wohl der Kunden.

Nicht umsonst zählt der Biomichl zu den umsatzstärksten, inhabergeführten Bioläden in ganz Deutschland.

Öffnungszeiten

Geöffnet ist das Geschäft von Montag bis Freitag von 8 bis 20 Uhr und am Samstag von 8 bis 18 Uhr.

Biomichl

Püttrichstr. 9
D-82362 Weilheim
Tel. +49 (0)881-92 79 08-50
Fax +49 (0)881-92 79 08-550
biomarkt@biomichl.de
www.biomichl.de

Nachhaltig einkaufen, vegan schlemmen

ALGE unverpackt

Herzlich Willkommen im ersten Unverpackt-Laden im Weilheimer Zentrum mit integriertem ALGE-Bistro. Das Inhaber-Team Daniela Arlt und Andrea Lechner hat sich einen Herzenswunsch erfüllt und einen Ort erschaffen, wo man nachhaltig einkaufen und eine rein pflanzliche Küche genießen kann.

Der verpackungsfreie Bio-Markt ermöglicht einen müllfreien Einkauf und bietet nachhaltige, wiederverwendbare Verpackungslösungen an. Man kann Lebensmittel, Reinigungsmittel und Naturkosmetik in loser Form einkaufen. Die Produkte befinden sich in Glasbehältern oder in speziellen Abfüllbehältern, aus denen die mitgebrachten Behältnisse der Kunden ganz leicht befüllt werden können. Für Spontaneinkäufe stehen eine Auswahl an Gläsern, Flaschen und Stoffbeuteln sowie gereinigte Gratis-Gläser zur Verfügung.
Der Ansatz von ALGE unverpackt bietet die Möglichkeit, ein plastikfreieres Leben zu führen und die Umwelt nachhaltig zu schonen.
An oberster Stelle steht die Müllvermeidung, biologischer Anbau, regionale Herkunft, Tierwohl und soziale Aspekte. Jedoch landen auch viel zu viele Lebensmittel jährlich in den Müllcontainern. Dem kann man entgegenwirken, in dem nur die wirklich benötigte Menge eingekauft wird.
Das große Lebensmittel-Sortiment bietet z. B. Getreide, Hülsenfrüchte, Reis, Nudeln (auch glutenfrei), Nüsse (auch in Rohkostqualität), Samen, Saaten, Trockenfrüchte, Gewürze und

Müsli an. Im Laden besteht die Möglichkeit, Getreide frisch zu vermahlen oder zu flocken.
Auch Körperpflegeprodukte und Hygieneartikel sind in reicher Auswahl vorhanden.
Verschiedene Verpackungslösungen wie Getränkeflaschen und Brotzeitdosen runden das Angebot ab.
Über das gesamte Sortiment kann man sich auf der Webseite informieren, persönlich zum Einkaufen kommen oder sich beliefern lassen.

Das ALGE Bistro

ALGE steht für „Alle lieben gesundes Essen" und für vegane Speisen, frei von Zucker, Tofu, Zusatzstoffen Geschmacksverstärkern und vorzugsweise aus glutenfreien Zutaten.
Im Bistro erwartet die Kunden ein hausgemachtes, abwechslungsreiches, überwiegend regionales und saisonales veganes Speisenangebot. Alle Gerichte werden täglich frisch mit Zutaten in Bio-Qualität zubereitet! Hier können sich Kunden mit kreativen, und mit Liebe zubereiteten Köstlichkeiten verwöhnen lassen. Zum Angebot gehören ein täglich wechselndes Mittagsgericht, eine Tagessuppe, hausgemachte gefüllte Wraps aus Buchweizen-Linsenmehl sowie Kuchen gebacken oder rohköstlich, auch zum Mitnehmen.

ALGE unverpackt

Daniela Arlt & Andrea Lechner GbR
Admiral-Hipper-Straße 7
D-82362 Weilheim
Tel: +49 (0)8 81 39 90 89 55
unverpackt-weilheim@alge.de
www.alge.de/unverpackt-weilheim/

Wessobrunn

Ein Dorf schreibt Geschichte

Wessobrunn (rund 2.300 Einwohner) mit den 4 Ortsteilen Wessobrunn, Paterzell, Forst und Haid hat seinen Bekanntheitsgrad wohl dem Kloster und der kunsthistorischen Bedeutung zu verdanken. Die waldreiche Umgebung mit mehreren Naturschutzgebieten beeindruckt durch ihre wilde Schönheit und Artenvielfalt mit markanten Einzelbäumen und Feldgehölzen.

Kurzer Blick ins Geschichtsbuch

Die ehemalige Benediktinerabtei stammt in ihrem Ursprung aus dem Jahre 753.

Wessobrunner Gebet

Bei dem berühmten Wessobrunner Gebet handelt es sich um einen in einer lateinischen Sammel-Handschrift gefundenen Text, entstanden um 814. Das Original ist mit kunsthistorisch interessanten Federzeichnungen verziert. Es ist das erste christliche Gedicht in althochdeutscher Sprache, das erhalten geblieben ist: „Als da nichts war von Enden und Wenden, da war doch der eine allmächtige Gott …"

Im Ortszentrum auf dem „Lindenplatz" ist der Text auf einem Findling eingemeißelt.

Kloster Wessobrunn
(Bilder Gemeinde Wessobrunn)

Blick auf Kloster Wessobrunn

Sehenswürdigkeiten

Klostergebäude

Die Pläne für die Neugestaltung der Klosteranlage stammen von Johann Schmuzer (1642 – 1701). Deckengemälde und Stuckornamente zieren die oberen Räume. Künstler wie Johann Schmuzer, Joseph Schmuzer (1683 – 1752), Franz Schmuzer (1676 – 1741) und andere Stuckatoren haben bei der Gestaltung des Ganges mitgewirkt. Nach wechselvoller Baugeschichte blieben nur der Fürsten-, der Prälaten-, und der ehem. Theatertrakt übrig.

Klosterführungen finden regelmäßig werktags, an Feiertagen oder nach Vereinbarung, Tel. 08809 222, statt.

Grauer Herzog oder Römerturm

Der quadratische Turm (9,50 m Seitenlänge, 17 m Höhe) stammt aus der Zeit um 1250 und gehörte zur Klosterkirche.

Bibliothek

Trotz wechselvoller Geschiche, die oft mit Zerstörung einher ging, konnte der Bücherbestand durch begabte Schreiber wie die selige Diemut oder den Mönch Ludwig (gest. 1220) immer wieder vermehrt wurde. Große Bücherbestände aus Wessobrunn befinden sich heute in der Bayerischen Staatsbibliothek und in der Münchener Universitätsbibliothek.

Pfarrkirche St. Johann Baptist

Bereits im Jahre 1128 wurde für die umliegende Bevölkerung neben der

Forst

Klosterkirche eine Pfarr- und Taufkirche errichtet. Mit dem Bau der jetzigen Pfarrkirche wurde 1757 begonnen. Der Entwurf der Kirche stammt vermutlich aus der Hand von Joseph Schmuzer.

Pfarrkirche St. Leonhard in Forst

Die ursprüngliche Filialkirche und spätere Wallfahrtskirche gehörte ab 1120 zur Pfarrei Wessobrunn. Der Bau, errichtet ab 1757, stammt von Joseph Schmuzer (1683–1752). 1761/69 malte Matthäus Günther (1705 – 1788) das Deckenfresko im Langhaus mit Szenen aus dem Leben des Hl. Leonhard.

Kreuzbergkapelle

Die Kreuzbergkapelle auf einer kleinen Anhöhe an der Straße von Wessobrunn nach Landsberg erinnert daran, dass hier im Jahre 955 sechs Mönche und Abt Thiento von den Ungarn erschlagen wurden. In der Kapelle befindet sich der Findling, auf dem die Mönche enthauptet wurden.

Historisches Brunnenhaus

Die dreibögige, offene Brunnenhalle wurde 1735 von Abt Thassilo Bölzl (1706 – 1743) nach Plänen von Joseph Schmuzer erbaut.

Grotte

Die Madonnenstatue ist eine Kopie der um 1235/50 entstandenen „Mutter der Heiligen Hoffnung", deren Original heute im Nationalmuseum in München steht.

Naturdenkmale

Die Tassilo-Linde ist Teil der Gründungslegende von Wessobrunn und demnach über 1250 Jahre alt.

Historisches Brunnenhaus

Der Paterzeller Eibenwald mit über 2000 Eiben ist größter Eibenwald Deutschlands. Des Weiteren sind im gesamten Gemeindegebiet weitere ehrwürdige Linden verteilt.

Tassilolinde

Berühmte Personen

Schmuzer Johann (1642–1701), Franz (Franz * 1676, † 1741), Joseph (* 1683, † 1752) und Franz Xaver (* 1713; † 24. April 1775) sind als Baumeister und Stuckatore in die Geschichte eingegangen und untrennbar mit Wessobrunn verbunden. Der bedeutende Freskenmaler Matthäus Günther (1705 – 1788) ließ sich 1763 in Haid nieder. Neben den Stuckatoren Johann Baptist Zimmermann (1680–1758) und Dominikus Zimmermann (1685–1766) waren über 600 weitere Stuckatore in Wessobrunn tätig.

Luise Rinser, deutsche Schriftstellerin 1911 bis 2002, hat in Wessobrunn einen Teil ihrer Kindheit verbracht und ist in Wessobrunn begraben.

Feste und Feiern – Ein Blick in den Jahreslauf

Die beiden Blaskapellen Wessobrunn und Forst spielen auf einem hohen Niveau und begeistern ihr Publikum bei zahlreichen Anlässen.

Volkstümliche Bräuche

Das Maibaum-Aufstellen am 1. Mai, jedes Jahr in einem anderen Ortsteil, spielt eine wichtige Rolle. Auch der Brauch des Maifeuers wird in Wessobrunn lebendig gehalten.

Religiöse Bräuche

Die alljährichen Fronleichnamsprozessionen, in Forst und Wessobrunn, sind ein Beispiel tiefer Volksfrömmigkeit. Das Wessobrunner Fest wird am

Fronleichnamsprozession

1.Sonntag im August gefeiert (Fest der „Bruderschaft zur Mutter der Schönen Liebe"). Das Erntedank-Fest, das mit Pfarrfest und Künstlermarkt im Prälatentrakt des Klosters gefeiert wird, und die Wessobrunner Dorfweihnacht alle zwei Jahre sind herausragende Feste im Jahreslauf. Der jährliche Leonhardiritt am 6. November in Forst zählt zu den ältesten der Gegend und wurde bereits im 17. Jahrhundert abgehalten.

Freizeit und Sport

Badespaß

Mit dem Fahrrad nur 3,5 km entfernt ist der Engelsrieder See, der zum Schwimmen einlädt.

Wandern

Pilger auf dem Jakobsweg

Die an Aussichtspunkten und Wald reiche Landschaft mit mehreren großen Moorgebieten wie Rohrmoos und Schwaigwaldmoos und zahlreichen Feuchtwiesen lädt mit ihrer Vielfalt von Fauna und Flora nicht

Blick aufs Ammertal

nur Naturliebhaber zu genussvollen Wanderungen ein.

Der Weg zum Friedhof gibt immer wieder den Blick frei übers Ammertal oder über Forst zum Hohenpeißenberg.

Wessobrunn liegt sowohl am Jakobsweg, der in diesem Abschnitt von München zum Bodensee führt, als auch am König-Ludwig-Weg vom Starnberger See nach Füssen.

1995 wurde im Paterzeller Eibenwald ein Lehrpfad angelegt.

Radfahren

Ein gut ausgebautes Radwandernetz lädt ein, die Region zu erkunden. Durch den Dießener Forst führt eine wunderschöne Strecke zum Ammersee.

Segelfliegen

Am Segelflugplatz Paterzell werden Alpenrundflüge angeboten.

Im Winter

Bei entsprechender Schneelage wird eine 4 km Langlaufloipe gespurt.

Wenn der Engelsrieder See zugefroren ist, trifft man sich hier gerne zum Schlittschuhfahren.

Orts- und Infrastuktur

Schule und Bildung

Die Kleinen sind im Kindergarten „Bärenhöhle" in Wessobrunn und im Kindergarten „St. Leonhard" in Forst gut aufgehoben. Außerdem gibt es in Wessobrunn eine Grundschule in Forst. Weiterführende Schulen sind in Weilheim und Peißenberg.

Wichtige Adressen und Telefonnummern

Touristeninformation
Gemeinde Wessobrunn
Zöpfstraße 1, D-82405 Wessobrunn
Tel. +49 (0)8809 31300
Fax +49 (0)8809 31302
gemeinde@wessobrunn.bayern.de
www.wessobrunn.de

Historie, Seminare und Naturkosmetik

Kloster Wessobrunn

Die Legende besagt, dass die Gründung des Klosters auf einen Baum und drei Wasserquellen zurückzuführen ist. Diese "Tassilolinde" ist über 1.000 Jahre alt und befindet sich heute noch vor den Klostermauern. Der bairische Herzog Tassilo III soll unter diesem Baum, völlig erschöpft von der Jagd, im Jahr 753 eine Nacht verbracht haben. Er träumte von drei artesischen Wasserquellen, die kreuzförmig zusammenflossen und von einer Leiter, über die Engel aus diesen Quellen Wasser schöpften. Am nächsten Morgen beauftragte er seine Jagdgefährten mit der Suche nach den Quellen. Unweit der Linde wurde einer davon fündig, sein Name war Wezzo. Daraufhin stiftete Tassilo dort ein Kloster und benannte es nach dem Jagdkumpan. Die drei artesischen Quellen sprudeln noch immer – und das berühmte Quellwasser findet Verwendung in den hochwertigen, bio-zertifizierten Naturkosmetik-Produkten, die seit 2014 im ehemaligen Kloster Wessobrunn beheimatet sind.

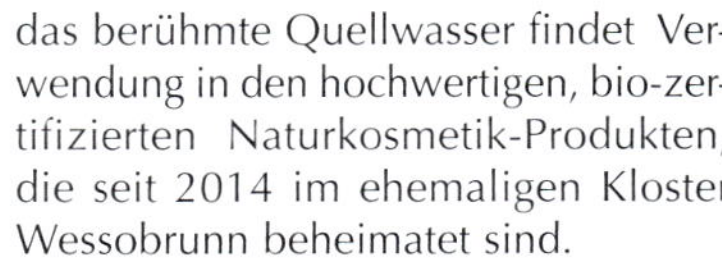

Damals erwarb Martina Gebhardt das Kloster von den Missions-Benediktinerinnen. Die Bio-Pionierin, die bereits seit 1986 Bio-Naturkosmetik produziert und vertreibt, ist überzeugt, dass die stille und meditative Einkehr der Nonnen und Mönche im Kloster über die Jahrhunderte ihre friedvolle Wirkung in den Mauern hinterlassen hat. Diese Ausgeglichenheit spürt man auch bei der Firmengründerin und dies macht ihre Produkte so authentisch. Im "Demeter"-zertifizierten Klostergarten gedeihen Heilpflanzen, die für die Produktentwicklung Pate stehen. In der hauseigenen Manufaktur werden die Produkte nachhaltig hergestellt und verpackt. Ihr Sortiment umfasst Cremes, Lotionen, Reinigungsmilch und Gesichtswasser für jeden Hauttyp.

Aber auch edle Samenöle, Peelings, Gesichtsmasken, Seren und Elixiere sowie eine vegane Zahnpflege gehören zum Programm. Für die Kosmetikstudios wurde die Premiumlinie SENSISANA Naturkosmetik ins Leben gerufen. Auf Tierversuche wird komplett verzichtet.

Das Kloster Wessobrunn ist nicht nur Firmensitz der Naturkosme-

tik-Marke, sondern dient gleichzeitig auch als ganzheitlicher Lebens- und Arbeits- sowie als inspirierenden Kunst- und Kulturraum für die Öffentlichkeit. So finden regelmäßig interessante Kurse, Vorträge und Seminare statt (weitere Informationen auf der Homepage).

Die ehemalige Klosterapotheke, jetzt Teil des Museums, wurde aufwendig restauriert. Dazu gesellt sich das historische Labor und ein Skriptorium, das der selig gesprochenen Nonne Diemut von Wessobrunn gewidmet ist, die vor fast 1000 Jahren im Kloster lebte. Bei einer Führung lässt sich dieses zusammen mit dem beeindruckenden Treppenhaus, dem historischen Fürstentrakt (dem längsten Stuckgang der Welt), dem farbenfrohen Benediktussaal sowie dem interessanten Apothekenmuseum besichtigen.

Im Erdgeschoss des Klosters befindet sich der kleine, gemütliche Klosterladen. Neben der biozertifizierten Naturkosmetik ist dort auch eine feine Auswahl handgemachter Marmeladen, Liköre, hausgemachter Tees mit Heilpflanzen aus dem Klostergarten, sowie Bücher und vieles mehr erhältlich.

MG Naturkosmetik GmbH

Klosterhof 4, D-82405 Wessobrunn
Tel. +49 (0)88 09-8 28 99-0
info@mg-naturkosmetik.de
www.mg-naturkosmetik.de

Wielenbach

Liebenswerte Gemeinde im Ammertal

Die Gemeinde Wielenbach (rund 3200 Einwohner) im oberbayerischen Landkreis Weilheim-Schongau besteht aus den Orten Wielenbach, Haunshofen, Wilzhofen, Bauerbach und Siedlung Hardt.

Wielenbach liegt nur wenige Kilometer nördlich von Weilheim verkehrsgünstig nahe der Bundesstraße 2 von Weilheim nach Starnberg.

Teile des Gemeindegebiets gehören zum Landschaftsschutzgebiet „Hardtlandschaft".

Durch die günstige, ruhige Lage in schöner Landschaft bietet die ländlich geprägte Gemeinde einen hohen Wohn- und Freizeitwert. Für Gäste stehen mehrere Ferienwohnungen zur Verfügung. In den Ortsteilen erwartet die Gäste gepflegte bayerische Wirtshauskultur.

Die Region war schon in vorchristlicher Zeit besiedelt. Eine wichtige Römerstraße führte durch das Gebiet. Erstmals urkundlich erwähnt wurde der Ort im Jahr 1244.

Sehenswürdigkeiten

Im Gemeindegebiet findet man in den Ortsteilen eine Reihe von Kirchen und Kapellen, die einen Besuch wert sind.

Die katholische Pfarrkirche St. Peter in Wielenbach mit spätromanischen Ursprüngen aus dem 13. Jahrhundert gehört zu den geschützten Baudenkmälern in Bayern. Im Innenraum sind ein geschnitztes Relief des Abendmahles aus der Zeit um 1500, Fresken aus dem 16. Jahrhundert an der nördlichen Chorwand, Gemälde aus der Barockzeit und zahlreiche Skulpturen sehenswert.

Wielenbach
(Bilder Jens Skowronek)

Die Kirchen St. Valentin in Wilzhofen, St. Gallus in Haunshofen und St. Leonhard in Bauerbach beeindrucken mit ihrer prächtigen Barockausstattung. Sehenswert ist auch die Hardtkapelle, an die ein Kreuzweg im Freien anschließt.

St. Valentin

Freizeit und Sport

In der Umgebung von Wielenbach findet man schöne Rad- und Wanderwege. Viele lohnende Ausflugsziele am Ammersee und Starnberger See liegen in der Nähe.

Die örtlichen Vereine sorgen mit ihren Angeboten und Veranstaltungen für ein abwechslungsreiches Freizeitangebot.

Wichtige Adressen und Telefonnummern

Gemeindeverwaltung Wielenbach
Peter-Kaufinger-Straße 10
D-82407 Wielenbach
Tel. +49 (0)881 93 44-0
info@wielenbach.bayern.de
www.wielenbach.de

Wildsteig

Feriendorf im romantischen Pfaffenwinkel

Die Gemeinde Wildsteig (rund 1.370 Einwohner) ist die höchstgelegene Gemeinde im oberbayerischen Landkreis Weilheim-Schongau auf der Wasserscheide zwischen Ammer und Lech. Das Gemeindegebiet erstreckt sich von 830 bis 1.589 Meter. Wildsteig liegt im größten Landschaftsschutzgebiets Bayerns und beheimatet eine Vielzahl von Naturschutzgebieten. Die östliche Gemeindegrenze bildet die wildromantische Ammerschlucht, die berühmten Schleierfälle, die Wasserfälle an der Soyer Mühle und die Scheibum liegen auf Wildsteiger Flur. Eine weitere sehr abwechslungsreiche, ursprüngliche Flusslandschaft bildet die Illach, die im Gemeindegebiet entspringt und von Süden nach Norden das Gemeindegebiet durchquert und im Lech mündet.

Das reizvoll gelegene Bergbauerndorf mit seinen 19 Ortsteilen, Weilern und Einöden vor der Kulisse der Ammergauer Alpen, des Trauchberges und der Tannheimer Alpen bietet ideale Voraussetzungen zur Erholung. In der vielfältigen Voralpenlandschaft mit Wiesen, Seen, Bergen, Wäldern, Streuwiesen und Hochmooren ist es ideal zum Wandern und Radeln. Für die Feriengäste stehen Übernachtungsmöglichkeiten in Gasthöfen, Ferienwohnungen oder Ferien auf dem Bauernhof sowie gehobene Gastronomie zur Verfügung.

Die Gemeinde Wildsteig ist über die A7 und A95 gut zu erreichen. Die zentrale Lage im Herzen des Pfaffenwinkels bietet hervorragende Ausflugsmöglichkeiten zu zahlreichen Zielen mit attraktiven Sehenswürdigkeiten wie das Weltkulturerbe Wieskirche, die Königsschlösser Ludwig II. und die vielen Klöster und Barockkirchen des Pfaffenwinkels. Garmisch und Füssen liegen nur 35 Autominuten von Wildsteig entfernt

Wildsteig
(Bilder Gemeinde Wildsteig)

Sehenswürdigkeiten

Das Ortsbild von Wildsteig ist geprägt vom Kirchberg mit der Pfarrkirche St. Jakob, vor der Kulisse der Tannheimer Alpen, seinen Hochmooren und Seen und Bergen. Eine weitere Besonderheit Wildsteigs – auf jedem der vielen Aussichtspunkte hat man eine komplett andere Perspektive. Mal die Blickrichtung ins Allgäu, dann in die Ammergauer Alpen, ins Loisachtal und Karwendel oder ins Blaue Land oder auch über das ganze Gemeindegebiet. Außerdem beheimatet Wildsteig die bedeutendste Lourdes-Grottenanlage Süddeutschlands. Sie liegt am Osthang unterhalb der Kirche.

Freizeit und Sport

20 aktive Vereine in Wildsteig sorgen mit ihren attraktiven Angeboten für eine abwechslungsreiche Freizeitgestaltung. Die großzügigen Versammlungsstätten und Übungsräume garantieren ein lebendiges Vereins- und Dorfleben. Mehrzweckhalle, Sportanlagen und Schießstätte runden das Angebot ab. Der Schwaigsee im Gemeindegebiet ist ein beliebter Badesee mit warmem, gesunden Moorwasser, Steg sowie einer großen Flachzone und bewirtschaftetem Kiosk.

Wandern und Radeln

Das beschauliche Bauerndorf liegt in einem idealen Wander- und Radwandergebiet abseits der Touristenströme. Naturverbundene Feriengäste und Familien schätzen die Möglichkeiten für Erholung in unberührter Natur. Oft werden Familien zu Stammgästen auf den Bauernhöfen.

Viele Radtouren auf verkehrsarmen Nebenstraßen in abwechslungsreicher Umgebung führen durch das Gemeindegebiet. Eine lohnende Tour ist die leichte, gemütliche, familienfreundliche Rundfahrt über 31 km durch den aussichtsreichen Pfaffenwinkel mit Besichtigung der Wieskirche und Einkehrmöglichkeiten.

Die Fernwanderwege „König-Ludwig-Weg“, „Jakobsweg“, „Prälatenweg“ und „Heilige Landschaft Pfaffenwinkel“, der Meditationsweg sowie der Fernradweg „Prälatenroute“, der „Bodensee-Königsee-Radweg“, der „Ammer-Amper-Radweg“ und die „Erlebnisrunde Pfaffenwinkel“ führen durch den Ort.

Das Nordic Walking Zentrum Wildsteig bietet mit abwechslungsreichen und landschaftlich reizvollen Strecken mit unterschiedlicher Länge und Höhenprofilen, ideale Voraussetzungen für Nordic Walking Freunde.

Eine beliebte Bergtour ist die Wanderung auf die Hohe Bleick (1628 Meter), die eine traumhafte Aussicht beschert. Sehr beliebt ist auch der schöne Wanderweg durch die Illachschlucht auf die Wildsteiger Mühlegg mit traumhaftem Alpenpanorama oder der Rundweg zur Wieskirche, dieser führt durch das Naturschutzgebiet Wildsteiger See.

Winterfreuden

Im Winter lädt ein 22 km langes Loipennetz zu traumhaften Skiwanderungen durch die märchenhafte Winterlandschaft ein. Auf dem zugefrorenen Schwaigsee tummeln sich Schlittschuhläufer, auch das Eisstockschießen auf dem See oder am Stockplatz ist sehr beliebt. Namhafte Skigebiete sind in wenigen Autominuten zu erreichen.

Veranstaltungen

In Wildsteig werden kirchliche und weltliche Traditionen aktiv gelebt und das Brauchtum gepflegt. Zu den Traditionen gehört auch der seit 1924 bestehende Leonhardiritt im Oktober. Die örtlichen Vereine sorgen mit ihren Festen für einen außerordentlich abwechslungsreichen Veranstaltungskalender.

Leonhardiritt

Orts- und Infrastruktur

Zu den Bildungseinrichtungen im Ort gehört der Kindergarten, die Grundschule und die Bücherei sowie vielerlei Angebote der Kirchengemeinde. Eine Reihe von Handwerksbetrieben bieten Arbeits- und Ausbildungsplätze. Weiterführende Schulen und auswärtige Arbeitsplätze sind mit wenigen Fahrkilometern erreichbar. Die intakte bäuerliche Wildsteiger Landwirtschaft sorgt für eine gepflegte Kulturlandschaft und bietet selbst erzeugte Lebensmittel mit Direktvermarktung an.

Wichtige Adressen und Telefonnummern

Gemeinde Wildsteig
Kirchbergstr. 20 a
D-82409 Wildsteig
Tel. +49 (0)8867 91 24 00
gemeinde@wildsteig.de
www.wildsteig.de

Purer Genuss in Wildsteig

Café Peramarta

Verführerisch präsentieren sich die hausgemachten Kuchen und Torten, wenn man das Café Peramarta in Wildsteig betritt.
Der Duft nach Kaffee steigt einem in die Nase und eine wohlige Atmosphäre empfängt die Gäste zu genussvollen Stunden. Und wenn sich in den sozialen Medien Kommentare finden wie "... Sehr schöner Cafegarten mit traumhaftem Ausblick!
Feine, liebevoll ausgarnierte Kuchen einfach zum Schlemmern – die Stücke einfach verboten groß und von nettem Personal serviert ..." – dann muss schon etwas dran sein, an dem Café im Herzen von Wildsteig.

Von der Terrasse haben die Gäste eine einmalig schöne Aussicht auf die Bergwelt, während sie die süßen Leckereien oder feinen Gebäckspezialitäten zu einer Tasse Kaffee genießen.

In den liebevoll eingerichteten Gasträumen können die Gäste auch mit leckeren und appetitlich angerichteten Brotzeiten ihren Hunger stillen oder aus der Auswahl an Erfrischungsgetränken ihren Durst löschen. Die Speisekarte wechselt wöchentlich.

Natürlich werden die frischen hauseigenen Backwaren auch außer Haus verkauft, vervollständigt durch Motivtorten für jeden Anlass, die in Zu-

sammenarbeit mit den Kunden nach individuellen Wünschen und Vorstellungen nach alter Handwerkskunst aufwändig verziert werden.

Öffnungszeiten

siehe www.peramarta.de

Café Peramarta

Familie Kößel
Auernheimer Weg 1
D-82409 Wildsteig
Tel. +49(0) 88 67-9 12 57 30
cafe@peramarta.de
www.peramarta.de

Ankommen und sich Zuhause fühlen

Der Koch-Hof in Wildsteig

Hier ziehen die Ammergauer Alpen die Aufmerksamkeit der Gäste auf sich. In Ilchberg bei Monika und Bernhard Schilcher lädt der Bio-Bauernhof Koch-Hof zu entspannten Ferientagen ein. Der bewirtschaftete Hof bietet alles, was sich Gäste von einer intakten Landwirtschaft erwarten.

Während des gesamten Jahres und zu allen Jahreszeiten ist der Urlaub im Pfaffenwinkel ein Erlebnis. Wenn dann auch noch gemütlich und komfortabel eingerichtete Ferienwohnungen für die Gäste bereit stehen, steht einem erlebnisreichen Ferienaufenthalt nichts mehr im Wege. Die geräumigen, mit vier Sternen zertifizierten Wohnungen, bieten Platz für 2 bis 5 Personen und sind mit allem ausgestattet, was die Gäste brauchen.

Hüttenurlaub inklusive

Mit einem ganz besonderen Feriendomizil wartet die Familie Schilcher mit der Panorama-Hütte auf: Hier lässt sich ein waschechter Hüttenurlaub verbringen.

Die Hütte bietet Platz für zwei bis vier Personen. Gemütlich eingerichtet und mit allem ausgestattet was man braucht, können die Urlauber hier inmitten der Natur des Pfaffenwinkels die Seele baumeln lassen. Für kühle Abende oder während

eines romantischen Aufenthalts im Winter sorgt der Schwedenofen in der Stube für behagliche Wärme.

Umrahmt wird das Ambiente auf der Hütte mit einer Sicht auf die bayerische Bergwelt, die es in sich hat: An klaren Tagen reicht der Blick sogar hinüber bis zum Märchenschloss von König Ludwig II.

Bauernhof Koch-Hof

Monika Schilcher, Ilchberg 6
D-82409 Wildsteig
Tel. +49 (0)88 67-83 18
Fax +49 (0)88 67-91 30 49
info@koch-hof.de
www.koch-hof.de

Idylle und Natur hautnah erleben

Ferienhof Brigitte Klein

Die Idylle des Ferienhof Kleins am Ortsrand von Wildsteig genießen, abseits von Lärm und Trubel, den herrlichen Blick auf die Ammergauer Alpen und die Tannheimer Bergwelt. Von hier aus lässt sich zu Fuß oder mit dem Fahrrad die Natur des Pfaffenwinkels erkunden.

Insgesamt drei Ferienwohnungen befinden sich auf dem Ferienhof. Zwei geräumige Ferienwohnungen bieten mit 80 Quadratmetern Raum für bis zu fünf Personen. Eine kleinere Wohnung mit 40 Quadratmetern Platz für einen Urlaub zu Zweit. Die Wohnungen präsentieren sich in freundlichem und gemütlichem Ambiente und sind mit allem ausgestattet, was man für entspannte Ferientage braucht.

Der Ferienhof direkt am Jakobsweg lädt vor allem Familien mit Kindern zu einem entspannten Ferienaufenthalt ein. Während die Eltern die idyllische Lage des Hofes auf sich wirken lassen, können die kleinen Gäste auf dem geräumigen Spielplatz toben, der mit Schaukel, Rutsche, Wippe und Trampolin sowie Go-Kart, Tischtennisplatte, Kicker und vielen Fahrzeugen ausgestattet ist. Dort erleben die Gäste schöne gemeinsame Stunden mit den Liebsten. Der Kontakt zu den Tieren auf dem ehemaligen Bauernhof bietet ein unvergessliches Urlaubserlebnis. Die Ponys, Schafe, Kälber, Hasen, Hühner und Katzen freuen sich zu jeder Zeit über eine kleine Streicheleinheit.

Die familiäre Atmosphäre auf dem Ferienhof trägt zur Entspannung für Klein und Groß bei.

Ferienhof Brigitte Klein

Wiesweg 28
D-82409 Wildsteig
Tel. +49 (0)88 67-91 31 40
Fax +49 (0)88 67-9 12 34 27
familie.gklein@t-online.de
www.ferienhof-brigitte-klein.de

Wildsteig
(Bild Gemeinde Wildsteig)

Ammersee, St. Alban bei Dießen
(Bild Klinger)

Ammersee-Lech

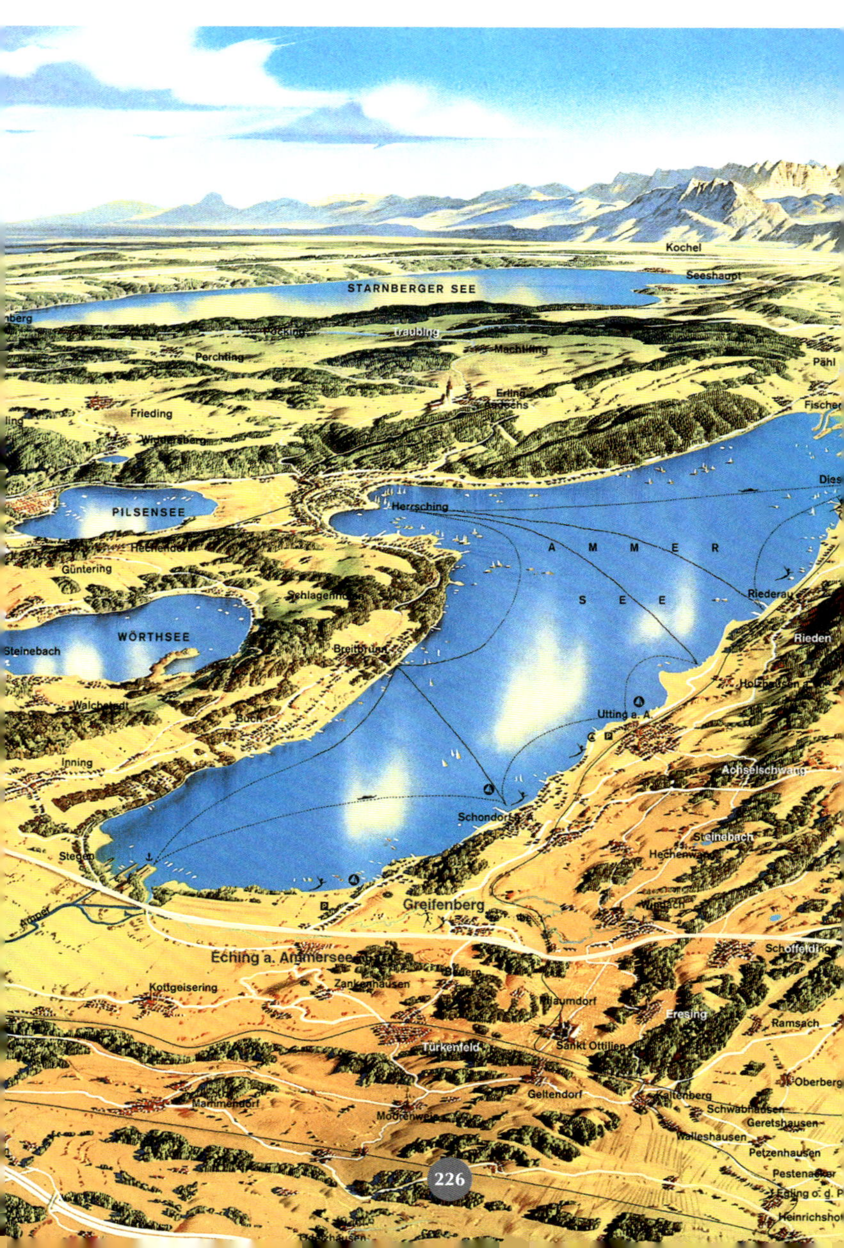
Kochel
Seeshaupt
STARNBERGER SEE
Traubing
Perchting
Pähl
Frieding
Erling
PILSENSEE
Herrsching
Dießen
A M M E R
S E E
Güntering
Riederau
WÖRTHSEE
Rieden
Steinebach
Utting a. A.
Inning
Achselschwang
Schondorf
Stegen
Steinebach
Hechenwang
Greifenberg
Eching a. Ammersee
Schöffelding
Kottgeisering
Zankenhausen
Eresing
Ramsach
Türkenfeld
Sankt Ottilien
Oberberg
Geltendorf
Mammendorf
Kaltenberg
Schwabhausen
Geretshausen
Walleshausen
Petzenhausen
Pestenacker

Garmisch-
Partenkirchen
Oberammergau
Murnau
Wies
Steingaden
Weilheim
Peißenberg
Hoher Peißenberg
988 m
Rottenbuch
Peiting
Burggen
Zellsee
Birkland
Schongau
Raisting
Hald
Rott
Apfeldorf
Kinsau
Hohenfurch
Pessenhausen
Ludenhausen
Epfach
Reichling
Denklingen
Oberhauser Weiher
Issing
Dettenhofen
Thaining
Leeder
Stadl
Mundraching
Seestall
Pflugdorf
Windach-
Stausee
Dornstetten
Asch
Lengenfeld
Ober-
Diessen
Unter-
Hofstetten
Lengenfeld
Stoffen
Pitzling
Emmenhausen
Ummendorf
Ellighofen
LECH
Pürgen
Friedheim
Waal
Reisch
Schwifting
Erpfting
Bronnen
Jengen
Lindenberg
Holzhausen
Buchloe
Kaufering
Kitzighofen
Lechfeld
Obermeitingen
Schwabmünchen

Ammersee-Lech

Die einzigartige, vielfältige Landschaft der Region Ammersee-Lech ist ein Freizeitparadies. Ausflugs- und Urlaubsgäste finden hier die wunderschöne Natur des bayerischen Alpenvorlandes mit drei Naturschutzgebieten und Ausblicken auf die Alpenkette, zahlreiche Möglichkeiten für aktive Erholung, attraktive Sehenswürdigkeiten sowie ein breites Angebot an hochwertigen kulturellen Veranstaltungen und beliebten Festen. Der Ammersee ist als der drittgrößte See Bayerns ein sehr beliebtes Ausflugs- und Ferienziel. Er zeichnet sich durch hervorragende Wasserqualität aus. Zu den wichtigsten Orten in der Region gehören Landsberg am Lech sowie Schondorf, Utting und Dießen am Ammersee.

Die Region ist rund 50 km von Augsburg oder München entfernt und über die A 96 von München Richtung Lindau oder über die B 17 von Augsburg Richtung Füssen gut zu erreichen. Bequem ist auch die Anreise mit der Ammersee-Bahn aus Augsburg oder mit der S-Bahn bzw. der Deutschen Bundesbahn aus München. Für Gäste stehen familienfreundliche Unterkünfte für jeden Geldbeutel und jeden Geschmack vom Sternehotel bis zum Urlaub auf dem Bauernhof in reicher Auswahl zur Verfügung.

Kultur

Zahlreiche Sehenswürdigkeiten in der Region lohnen einen Besuch. Hier findet man malerische Altstädte, Klöster und Kirchen in barocker Pracht sowie interessante Museen.

Die Stadt Landsberg am Lech beeindruckt mit idyllischen, mittelalterlichen Gassen und historischen Gebäuden. Sehenswert ist auch die

Der Lech
(Bild Klinger)

St. Ottilien
(Bild Kittlinger)

vierstufige Anlage des Lechwehrs nahe der Altstadt aus dem 14. Jahrhundert. Mit dem Bau des Wehrs wurde ein Teil des Wassers in den Mühlbach abgeleitet. Dort entlang siedelten sich alle Handwerksbetriebe an, die Wasser benötigten: z.B. Mühlen, Schlosser und Färber.

Klöster und Kirchen

Die im Jahr 1884 gegründete Klosterabtei St. Ottilien im Eresinger Ortsteil St. Ottilien nordwestlich vom Ammersee beherbergt über 100 Benediktinermönche. Die Klosterkirche Herz Jesu ist ein Beispiel für den neugotischen Baustil.

Das Marienmünster in Dießen zählt zu den schönsten Barockkirchen in Deutschland und ist durch die reichen Deckenmalereien weithin bekannt.

Museen und Galerien

Auf dem Klostergelände von St. Ottilien kann man das Missionsmuseum besuchen, das rund 6.000 Exponate aus der Geschichte des Ordens zeigt. Hier findet man auch das Nähmaschinenmuseum.

Das Neue Stadtmuseum Landsberg verschafft Besuchern einen Einblick in das reiche Kulturleben der Region. Ausgestellt sind Exponate zur Stadtgeschichte sowie zum Salzhandel und seine Bedeutung für die Stadt. Aktuell ist das Museum wegen Renovierung bis 2024 geschlossen.

Das Herkomer Museum Landsberg präsentiert eine biographische Ausstellung des Malers Hubert von Herkomer, dem Ehrenbürger der Stadt, der unter anderem die erste Autorallye Deutschlands ins Leben rief.

Landsberg, Herkomersaal
(Bild Tourismusverband Ammersee-Lech e.V.)

Sehenswert ist auch der vom Künstler entworfene, märchenhafte Museumsturm, genannt Mutterturm, das einen schönen Blick auf die Altstadt gewährt.

Bei einem Besuch im Historischen Schuhmuseum Pflanz in Landsberg am Lech kann man eine beeindruckende Sammlung von Schuhmoden aus acht Jahrhunderten bewundern.

Das Rochhaus in Thaining zeigt die ortsgeschichtliche Sammlung des Heimatvereins.

Dießen am Ammersee war schon früher Anziehungspunkt für Künstler. Hier findet man einige Museen, die deren Lebenswerk präsentieren. Das Fritz-Winter-Atelier in Dießen wurde im minimalistischen Bauhaus-Stil errichtet. Gezeigt werden Werke des Malers Fritz Winter, einem der bedeutendsten modernen deutschen Künstler, sowie wechselnde Ausstellungen.

Auch der berühmte Komponist Carl Orff hat in der Region gelebt. Im Carl Orff Museum in Dießen werden Besucher mit Leben und Werk vertraut gemacht.

Im wunderschönen, im Jugendstil errichtete Künstlerhaus Museum Gasteiger im Uttinger Ortsteil Holzhausen kann man Skulpturen des Bildhauers Mathias Gasteiger, Gemälde seiner Ehefrau Anna Sophie Gasteiger sowie historische Fotografien besichtigen. Auch der liebevoll angelegte Bauerngarten lohnt einen Besuch.

Das Studio Rose in Schondorf erinnert an das Malerbrüderpaar Walter und Heinz Rose. Hier hat sich ein Forum für regionale Künstler etabliert, die ihre Werke in diesem Rahmen vorstellen können.

In der Galerie Josephski-Neukum in einem restaurierten Pfarrhof in Vilgertshofen präsentiert das Künstlerehepaar zeitgenössische Kunst regionaler und überregional bekannter Künstler.

Der Kunstraum in Schwifting bietet wechselnde Ausstellungen zeitgenössischer Künstler.

Der Kunstraum Stoffen in Pürgen zeigt ebenfalls Werke aktueller Künstler.

Das Malura Museum in Oberdießen zeigt in einem liebevoll restaurierten Bauernhaus das Lebenswerk des Münchner Malers, Galeristen, Weltenbummlers und Kunstförderers Oswald Malura, der im 20. Jahrhundert in Oberdießen sein Sommeratelier hatte.

Im ehemaligen Stellwerk in Dießen befinden sich das Atelier und ein Ausstellungsraum der Malerin Annunciata Foresti. Sehenswert ist auch der Garten mit einer Skulpturenausstellung.

Das Museum Abodiacum in Epfach erzählt die Geschichte der Römerzeit auf dem Gelände eines römischen Militärstützpunktes an der Kreuzung der historischen Via Claudia Augusta und der wichtigen Salzhandelsroute anhand von Originalfunden.

Orte

Landsberg am Lech . . . . . . Seite 286
Dießen am Ammersee . . . Seite 338
Schondorf . . . . Seite 354
Utting . . . . Seite 360
Kloster Andechs . . . . Seite 346
Schwifting . . . . Seite 322
Pürgen . . . . Seite 318

Malura Museum
(Bild Kittlinger)

Aktiv auf und um den Ammersee
(Bild Klinger)

Zwischen Ammersee und Lech

Ammersee

Der 16 km lange, 6 km breite und rund 80 Meter tiefe Ammersee bietet Gelegenheit für viele Wassersportarten. Durch günstige Windverhältnisse ist der See ein Paradies für Segler und Surfer und Stand Up Paddler. Segel- und Surfschulen bieten verschiedenste Kurse an.

Im Sommer lädt das kristallklare Wasser des Sees in die Strandbäder bzw. an zahlreiche Ba-deplätze ein: Stegen, Eching, Schondorf, Utting, Holzhausen, Riederau, Dießen sowie in die Herrschinger Bucht ein. Zusätzlich stehen auch Frei- und Hallenbäder in Dießen, Kaufering und Landsberg am Lech zur Verfügung.

Bootsverleihstationen bieten Fahrten mit Tretbooten, Kanus oder Elektrobooten an.

Am schönsten und beschaulichsten lässt sich der See an Bord von einem der vier Schiffe der Ammerseeflotte genießen. Anlegestationen gibt es unter anderem in Dießen, Schondorf, Utting.

Drei Naturschutzgebiete am See schützen seltene Pflanzen und bedrohte Vogelarten. Auf meist naturbelassenen Wegen lässt sich die herrliche Natur am Seeufer genussvoll bei Wanderungen oder Radtouren erleben.

Lech

Auch entlang der idyllischen Flusslandschaft des Lechs, der durch die Region fließt, gibt es für Urlauber viel zu entdecken. Wanderlustige können auf dem 85 km langen LechErlebnis-Weg von Landsberg am Lech bis nach Füssen dem Verlauf des Flusses folgen.

Der Lech eignet sich bestens für Kanutouren.

Für einen Tagesausflug ist der Lechpark Pössinger Au bei Landsberg am Lech mit Wildgehegen, Kneippbecken und Badestellen ein lohnendes Ziel. Auch jede einzelne Lech-Staustufe für sich ist einen Ausflug wert und lässt sich hervorragend mit einer Wanderung kombinieren.

Freizeit

Die Region bietet vielfältige Freizeitmöglichkeiten aller Art. In vielen Orten kann man sich beim Minigolf entspannen. In Igling gibt es einen Golfplatz.

Von April bis Oktober kann man im malerischen Schacky-Park in Dießen den Zauber eines Englischen Gartens erleben.

Schacky-Park
(Bild Kittlinger)

Im Hochseilgarten in Utting können Abenteuerlustige gesichert auf vier verschiedenen Routen klettern üben. Das aus Hanf, Mais und Sonnenblumen bestehende Labyrinth EX ORNAMENTIS in Utting lädt zu einer spannenden Exkursion ein.

In verschiedenen Reiterhöfen in der Region kommen Pferdefreunde voll auf ihre Kosten.

Wandern

Wandern zwischen Ammersee und Lech ist ein landschaftlicher Geheimtipp. Entlang des Lechs führen zwischen den einzelnen Staustufen viele abwechslungsreiche Wege durch kühle Waldwege oder direkt am Lech entlang auf Wurzelwegen. Auch der Ammersee, einer der schönsten oberbayerischen Seen, bietet landschaftlich reizvolle Wandermöglichkeiten. Die Wege am Westufer lassen sich mit Wanderwegen rund um den See kombinieren.

Die kleineren Seen und Gewässer zwischen Ammersee und Lech wie der Windachspeicher laden zum Wandern und Baden ein. Tourenvorschläge auf www.ammersee-lech.de unter Service/Touren.

Wer mit Kindern wandern möchte, findet kinderfreundliche Wanderstrecken beim Waldlehrpfad im Burgwald Dießen, beim Walderlebnispfad in Denklingen sowie in Landsberg auf dem Planetenweg und dem Bienenlehrpfad.

Verschiedene Fernwanderwege führen durch die Region.

Auf dem LechErlebnisWeg findet man entlang des Flusses verschiedene Infostationen.

Die Weitwanderroute der „Via Claudia Augusta“ folgt der historischen Römerstrasse.

Der König-Ludwig-Weg führt von Starnberg nach Füssen und vereint Wander- mit Kulturgenuss.

Der Ammersee Höhenweg führt aussichtsreich von Schondorf nach Dießen. Einige nähere Informationen über Tourenvorschläge findet man auf www.ammersee-lech.de unter Service/Touren.

Radeln am Lech
(Bild Klinger)

Radeln

Zwischen dem Lech und dem Ammersee gibt es viel zu entdecken. Auf unterschiedlichsten Routen können Radler die Umgebung kennenlernen. Ob man sich dabei für den Weg entlang der Lechschleifen entscheidet, lieber Wälder und Weiher mit dem Rad erkunden oder zu einer Schlösser- und Kirchentour aufbrechen will, bleibt natürlich jedem überlassen.

Tourenvorschläge findet man auf www.ammersee-lech.de unter Service/Touren.

Fernradwege

Durch die Urlaubsregion verlaufen einige Fernradwege, die zum Erkunden einladen: Fernradweg Romantische Straße, Fernradweg Via Claudia, Ammersee-Radweg, Amper-Lech-Radweg, Ammersee Radrundweg, Ammer-Amper Radweg.

Orte

Schondorf . . . . Seite 354
Utting . . . . Seite 360
Dießen . . . . Seite 338
Herrsching . . . . Seite 344
Landsberg am Lech . . . . . . Seite 286
Kaufering . . . . Seite 284
Denklingen . . . . Seite 252

Hochgenuss der Sinne

Die Region zwischen Ammersee und Lech bietet Hochgenüsse für alle Sinne.

Nicht nur kulinarisch präsentiert die oberbayerische Urlaubsregion abwechslungsreiche Vielfalt, sondern auch im Kulturellen.

Kulinarische Genüsse

Genießer finden in der Region ein

reichhaltiges Angebot an Köstlichkeiten für Gaumen und Magen.

Wer die Erzabtei St. Ottilien besucht, sollte nicht versäumen, die leckeren klostereigenen Produkte im Hofladen zu probieren.

Auch in der historischen Brauerei in Holzhausen wird traditionelle Braukunst gepflegt. Im Brauerei-Gasthaus wird eine umfangreiche Palette von regionalen Köstlichkeiten angeboten.

In der Alten Villa in Utting kann man in zauberhafter Atmosphäre nicht nur Musik und Kleinkunst genießen, sondern auch vorzüglich speisen.

Bei einem Urlaub in der Region gehört natürlich auch Fisch aus regionaler Aufzucht auf den Speiseplan, der in Fischräuchereien in Denklingen und in Landsberg am Lech erhältlich ist.

Die Hofläden der Region laden mit einem breiten Angebot von leckeren Spezialitäten in Bioqualität aus eigener Produktion zum Besuch ein.

Die Genussmanufakturen in Landsberg am Lech lohnen unbedingt einen Besuch mit Besichtigung und Verkostung. Zur Auswahl stehen Schokolade, Tee, Kaffee und Salzspezialitäten.

Orte

Kloster Andechs . . . . Seite 346
Utting . . . . Seite 360
Denklingen . . . . Seite 352
Landsberg am Lech . . . . . . Seite 286

Markttreiben auf dem Hauptplatz in Landsberg am Lech
(Bild Klinger)

Historisches Rathaus Landsberg am Lech (Bild Klinger)

Veranstaltungen

Das vielfältige Veranstaltungsprogramm der Ammersee-Lech Region mit Kultur-Events, Märkten, Festen und sportlichen Wettbewerben bietet für jeden Geschmack etwas.

Die Oldtimer-Rallye der Herkomer Konkurrenz in Landsberg am Lech zieht viele Zuschauer an. Filmfreunde pilgern im Januar zum Snowdance Independent Film Festival in Landsberg.

Zahlreiche Besucher hat auch die Lange Nacht der Kunst in Landsberg mit Musik, Kunst und Performance in der gesamten Altstadt.

Theaterliebhaber erfreuen sich über das vielseitige Programm des Landsberger Stadttheaters und an den Aufführungen des Freilichttheaters auf der Seebühne in Utting.

Die Erzabtei St. Ottilien lädt zum Besuch der Kunstausstellung in der Klostergalerie. Musikliebhaber kommen zu den vielen Konzerten in der Klosterkirche.

Die Zuschauer des farbenfrohen Mittelalterspektakels beim Ritterturnier im Schloss Kaltenberg kommen voll auf ihre Kosten. Die mitreißende Show wird begleitet von Schaustellern, Musik und gastronomischen Angeboten.

Liebhaber klassischer Kammermusik sollten nicht den Besuch eines der Konzerte des Klassik- und Artfestivals der AMMERSEErenade an den verschiedenen Konzertorten direkt am Ammersee versäumen. In Landsberg am Lech bieten die Rathauskonzerte in stilgerechtem Ambiente Kammermusik auf hohem Niveau, ebenso erfolgreich sind die Kammerkonzerte in der Bibliothek des Agrarbildungszentrums sowie der Orgelsommer in der Stadtpfarrkirche Mariä Himmelfahrt.

Der Kulturstadl in Vilgertshofen bietet ein breit gefächertes Programm von Klassik bis Jazz sowie Lesungen, Kabarett, Themenabende und Workshops.

Zu den beliebten Märkten in der Region gehören der internationale Töpfermarkt in Dießen sowie der Süd-

Ruethenfest
(Bild Tourismusverband Ammersee-Lech e.V.)

deutsche Töpfermarkt in Landsberg am Lech.

Zu den traditionellen Brauchtumsfesten gehört das Ruethenfest in Landsberg am Lech, eines der größten Kinderfeste in Bayern, welches alle 4 Jahre die Historische Altstadt in ihren ur-sprünglichen Charme zurückversetzt.

Rund um die kirchliche Feier der einmaligen Stummen Prozession von Vilgertshofen findet ein Jahrmarkt statt. Auch die traditionellen Leonardiritte in Utting und Kaufering sind kirch-liche Feste in der Region.

Die Weihnachtsmärkte in der Adventszeit in vielen Orten der Region sind in der zauberhaften Winterlandschaft besonders stimmungsvoll und erfreuen die zahlreichen Besucher mit ihren Angeboten.

Orte

Landsberg am Lech . . . . . . Seite 286
Utting . . . . Seite 360
Dießen . . . . Seite 338
Kaufering . . . . Seite 284

Wichtige Adressen und Telefonnummern

Tourismusverband Ammersee-Lech e.V
Hauptplatz 152
D-86899 Landsberg am Lech
Tel. +49 (0)8191 128 247
Fax +49 (0)8191 128 59247
info@ammerseelech.de
www.ammersee-lech.de

Töpfermarkt in Dießen
(Bild Klinger)

Ein Erlebnis für die ganze Familie

Allgäu Skyline Park

Der Skyline Park zählt zu den beliebtesten Ausflugszielen in Bayern. Was im Jahr 1999 als kleiner Spielpark begann, lockt mittlerweile mehrere hunderttausend Besucher pro Jahr an. Kein Wunder, lassen sich doch über 60 Attraktionen nutzen. Ein Tag im Skyline Park, Bayerns größtem Freizeitpark, verspricht nicht nur einzigartige Erlebnisse, sondern auch Action, Spaß und lustige gemeinsame Momente für alle Altersgruppen.

Schon ab 4 Jahren beginnt das Abenteuer im Allgäu Skyline Park! Ganze 15 Fahrgeschäfte und Spielplätze zum Austoben gibt es für junge Freizeitparkfans zu entdecken.

10 actionreiche Rides lassen die Herzen der größeren Besucher höherschlagen. Für einen ordentlichen Adrenalinschub sorgen zum Beispiel Europas höchste Überkopf-Achterbahn, das Sky Wheel, ebenso wie das Zero Gravity, die riesige angetriebene Zentrifuge, bei der die Fahrgäste den Boden unter den Füßen verlieren. Das höchste Flugkarussell der Welt, der Allgäuflieger, bringt die Parkbesucher bei einer spektakulären Aussicht in 150 Metern Höhe zum Staunen.

Nostalgie-Fans freuen sich über die Schiffschaukel "Alte Liebe", drehen eine Runde auf dem Kettenkarussell oder genießen die Aussicht aus dem Riesenrad. An heißen Tagen sorgt die größte mobile Wildwasserbahn der Welt oder das Sky Rafting für erfrischende Abwechslung.

Für Ruhe und Erholung sorgen die weitläufigen Grünanlagen mit liebevoll gestalteter Seenlandschaft, Lie-

gewiesen, hohen Bäumen und dichten Hecken. Dort kann sich der Besucher dem Freizeittrubel entziehen und eine Verschnaufpause einlegen.

Action macht hungrig – Naschkatzen freuen sich über eine große Auswahl an süßen Köstlichkeiten, beispielsweise 20 frisch gebrannte Mandel- und Nusssorten und Fans von deftigen Speisen kommen im Bayrischen Dorf beim Genuss regionaler Spezialitäten auf ihre Kosten. Mehrfach wurde der Skyline Park bereits ausgezeichnet, u. a. in der Kategorie "Bestes Preis-Leistungs-Verhältnis" oder mit dem Prädikat "besonders empfehlenswert für Kinder" für die einzigartige Bauernhof-Spielinsel "Kids Farm".

Der Freizeitpark ist von Anfang April bis Anfang November geöffnet.
Es stehen ausreichend kostenlose Parkplätze zur Verfügung.

Allgäu Skyline Park
Skyline-Park-Str. 1
D-86825 Bad Wörishofen
Telefon +49 (0) 82 45-96 69-0
service@skylinepark.de
www.skylinepark.de

Apfeldorf

Lebendiges Dorf im Lechrain

Apfeldorf
(Bilder Gemeinde Apfeldorf)

Lebendig und lebensfroh präsentiert sich Apfeldorf am Lech. Die Gemeinde auf einer Höhe von 710 m ü.M. bietet einen unvergleichlich schönen Blick auf die Lechschleife. Wohl fühlt sich hier der Einwohner wie auch der Gast, der auf dem liebevoll hergerichteten Dorfplatz verweilt und die Kirche mit ihrem historischen Pfarrhof betrachtet.

Zu der eigenständigen Gemeinde, die über 1.000 Einwohner zählt, gehören die Ortsteile Apfeldorfhausen, Grubmühle, Klaft, Ober- und Unterapfeldorf sowie Rauhenlechsberg und Wies.

Kurzer Blick ins Geschichtsbuch

Im Apfeldorfer Pfarrarchiv entdeckte man eine Urkunde, die auf das Jahr 1305 hinweist, in der Apfeldorf erstmals urkundlich erwähnt wird. In dieser Schrift wird geschildert, wie das Kloster Polling in den Besitz der Pfarrei Apfeldorf gekommen ist. Die damaligen Kirchenherren in Apfeldorf hielten bis zur Säkularisation 1803 die enge Verbindung zum Kloster Polling. Die Ortschaften Apfeldorf, Birkland, Kinsau, Peißenberg, Reichling, Stadl und Mundraching unterstanden dem Pflegegericht Rauhenlechsberg, bevor ebenfalls 1803 das Pflegegericht dem Landgericht Schongau einverleibt wurde.

Bis ins 19. Jh. litten die Dörfer im Lechrain unter Kriegen, Pest und Unwetterschäden, die die Ernten zunichte machten. Vorwiegend die Landwirtschaft und die Flösserei auf dem Lech, mit der Holz und Waren bis nach Wien und Budapest gebracht wurden, sorgten für den kargen Lebensunterhalt der Bewohner.

Sehenswürdigkeiten

Dominant streckt sich der Turm der Pfarrkirche Heilig Geist in den Himmel. Aus dem 13. Jh. stammend, ist das Kirchenschiff und der Chor im spätgotischen Stil errichtet. Im 18. Jh. erfolgte die Innenausstattung im Barock. Besonders sehenswert sind das Hochaltargemälde von Josef Hafner und das Deckengemälde von dem Wessobrunner Meister Johann Jaud. Auf einem der beiden Seitenaltäre wurde der Hl. Rochus abgebildet, der in den Jahren der Pest von den Apfeldorfer Bewohnern besonders verehrt wurde.

1749 weihte man den Pfarrhof ein, den der Münchener Stadtbaumeister Johann Michael Fischer im Auftrag des Kloster Polling erbaute. Die spätere Berühmtheit des Baumeisters macht diesen Pfarrhof historisch wertvoll.

Die Haldenkapelle stand in frühen Jahren direkt am Ufer des Lech. Die Flößer erbaten sich vor dem Bildnis der „Lieben Frau" Schutz auf ihren Reisen. Die Figur des „Gegeißelten Heilands" am Altar ist nach einem Vorbild der Wieskirche nachgebaut worden. Heute findet man die Haldenkapelle zwischen Unter- und Oberapfeldorf.

Pfarrhof mit Kirche

Jugendfrühschoppen

Dem neu gestalteten Dorfplatz gibt das dortige Kriegerdenkmal eine besondere Note. Im Jahr 1871 als achteckiger Obelisk geschaffen und später mit der Figur der Germania ergänzt, ist dies ein besonders markantes Mahnmal inmitten Apfeldorfs.

Feste und Feiern

Der Fasching hat in Apfeldorf eine lange Tradition. Ob Seifenkistenrennen, Faschingsolympiade oder Bobby-Car-Rennen – in der närrischen Zeit ist in Apfeldorf für jeden Geschmack etwas geboten.

Der Apfeldorfer Schmankerltag, der jedes Jahr Ende Mai stattfindet, verwandelt die Flößerstraße in einen kulinarischen Boulevard. Die Vereine der Gemeinde verwöhnen die Besucher mit vielfältigen Gaumenfreuden und das Fest endet spät in der Nacht mit Musik und Tanz.

Auf dem Weihnachtsmarkt findet man noch Bodenständiges: Selbst gebastelte und handgearbeitete Dekorationsartikel sowie hausgemachte Leckereien werden hier angeboten und stimmen den Besucher auf die bevorstehende Weihnachtszeit ein.

Schmankerltag

Kurioses und Originelles

„Die Freien und Edlen zu Rauhenlechsberg“ und die historische Tanzgruppe „Tanzeslust“ nennen sich die Vereine, die anläßlich der 700-Jahr-Feier von Apfeldorf im Jahr 2005 gegründet wurden und das Mittelalter lebendig werden lassen. Die in mittelalterliche Gewänder gehüllten Vereinsmitglieder treten auf mittelalterlichen Märkten und Veranstaltungen auf sowie auf den Apfeldorfer Schmankerltagen und dem Weihnachtsmarkt.

Weihnachtsmarkt

Freizeit und Sport

Der nur 3 km entfernte Engelsrieder See bei Rott bietet Badevergnügen an heißen Sommertagen. Zum Radeln und Wandern lädt die Landschaft des Lechrains ein. Auf befestigten Wegen läßt sich die Umgebung Apfeldorfs am besten erleben. In die Hochmoorgebiete „Breites Moos“ oder „Schwaigwald- und Geiselmoos“, wo man noch unverfälschte Natur in üppiger Flora und Fauna erlebt, oder hinunter zum Lech – überall findet man Plätze zum Entspannen und Verweilen.

Orts- und Infrastruktur

Apfeldorf hat sich zu einer blühenden Gemeinde entwickelt. Für die Einwohner stehen Kinderkrippe, Kindergarten, Schule, ein Natureisstadion sowie Sport- und Tennisplätze zur Verfügung. Rührige Vereine in bunter Vielzahl bieten für jeden Geschmack der Freizeitgestaltung etwas an und tragen das gesellschaftliche Leben im Ort.

Verkehrswege

Wenige km entfernt verläuft die B17 in Richtung Schongau oder Augsburg. Über die ST 2057 erreicht man nach kurzer Fahrzeit Weilheim und in Richtung Ammersee verläuft die ST 2055.

Wirtschaft und Ausbildung

Handwerks-, Handels- und Dienstleistungsbetriebe sowie zu einem Teil die Landwirtschaft bilden den wirtschaftlichen Hintergrund der Gemeinde. Die Nähe zu Schongau, Landsberg und Weilheim zieht aber auch Berufspendler, die das ländliche Leben in Apfeldorf bevorzugen, an.

Wichtige Adressen und Telefonnummern

Gemeinde Apfeldorf
Verwaltung, Flößerstr. 6
D-86974 Apfeldorf
Tel. +49 (0)8869 229
Fax +49 (0)8869 92 080
rathaus@apfeldorf.de
www.apfeldorf.de

Kulinarische Genüsse aus der Region

Bachtaler

Eine besondere Adresse für Feinschmecker tut sich in der Bachstraße 9 in Kinsau auf:

Während der Wintermonate von Oktober bis Ende April bietet das Restaurant jeweils am Wochenende zur Mittagszeit kulinarische Köstlichkeiten. So ist ein Tag dem Burger vorbehalten. Das Sandwich und andere Schmankerl werden hier hausgemacht mit feinen Zutaten die vornehmlich aus der Region stammen. An einem anderen Tag kommen die Liebhaber klassischer bayerischer Küche ebenso auf ihre Kosten wie diejenigen, denen nach mediterranen Geschmackserlebnissen ist.

Das Küchenteam des Bachtaler interpretiert die beiden Geschmacksrichtungen kreativ, um die Gaumen der Gäste zu verwöhnen. Gespeist wird in den stilvoll eingerichteten Räumlichkeiten, in denen auch Menüabende und Brunches veranstaltet werden.

In der warmen Jahreszeit, von Mai bis September, steht den Gästen der teilweise überdachte Biergarten zur Verfügung. Hier werden jeweils zu den Wochenenden die Köstlichkeiten aus der Küche serviert. Aus dem Biergarten blicken die Gäste auf Reichling und den Lech. Der Alte Stadl, gleich nebenan, bietet die passenden Räumlichkeiten für Veranstaltungen und Platz für bis zu 80 Personen. Ob Hochzeiten, Jubiläen oder andere Festlichkeiten – in Kinsaus bietet sich der richtige Rahmen, der für unvergessliche Momente sorgt.

Wer aber lieber in den eigenen vier Wänden feiert, kann sich von dem Catering des Hauses bedienen lassen. Bis zu 500 Personen werden mit Rafi-

nesse und Inspiration bekocht – ganz nach den Wünschen und Vorstellungen der Auftraggeber.

Und wer auf den Geschmack gekommen ist, dem sei der Besuch der Kochschule empfohlen. Während der Kochabende, die unter der Woche stattfinden, lassen sich die Kochbegeisterten in die Geheimnisse der hohen Küchenkunst einführen. Verschiedene Themenabende wie Suppen und Saucen oder Pasta runden die Events ab, in denen so manche Tricks und Kniffe die zukünftigen Kochkünste verfeinern werden.

Bachtaler

www.bachtaler.de
Tel.: +43(0)1 71 54-8 90 86

Buchloe

Tor zum Allgäu

Die Eisenbahnerstadt Buchloe (rund 13.400 Einwohner) mit den Stadtteilen Hausen, Honsolgen und Lindenberg im schwäbischen Landkreis Ostallgäu bildet die Verwaltungsgemeinschaft Buchloe mit den Gemeinden Jengen, Lamerdingen und Waal. Sie gehört unter anderem auch zum Tourismusverband Ammeersee-Lech-Gennach. Buchloe liegt an einem bewaldeten Höhenzug, der sanft ins Gennachtal abfällt, ca. 13 km westlich von Landsberg am Lech. Durch Buchloe fließt die Gennach, der längste Fluss im Ostallgäu. Buchloe nennt sich auch das Tor zum Allgäu.

Buchloe verfügt über hervorragende Verkehrsverbindungen. Die Stadt liegt mit zwei Anschlussstellen direkt an der A 96 von München nach Lindau sowie an der Bundesstraße 12 nach Kaufbeuren. Der 2015 neu erbaute Bahnhof von Buchloe ist der Knotenpunkt von den drei Eisenbahnstrecken München-Kempten-Lindau, Augsburg-Buchloe sowie Buchloe-Memmingen-Lindau mit IC-Anschluss und EC-Direktverbindungen in die Schweiz.

Buchloe ist günstiger Ausgangspunkt für Ausflüge nach Augsburg und München, ins benachbarte Oberbayern mit dem nahen Ammersee und Starnberger See sowie nach Österreich und in die Schweiz.

Buchloe als sogenanntes Mittelzentrum ist heute ein attraktives und zukunftsorientiertes Gemeinwesen. Die liebenswerte Kleinstadt mit hohem Wohn- und Freizeitwert punktet neben der guten Verkehrslage mit günstigen Bedingungen für die Ansiedlung von Industrie und Gewerbe und einem aktiven Kultur- und Vereinsleben. Zur gut entwickelten Infrastruktur gehören ein gutes Bildungsangebot und vielfältige Einkaufsmöglichkeiten mit kostenfreien Parkplätzen.

Für Besucher der Stadt stehen Übernachtungsmöglichkeiten vom Hotel bis zur Ferienwohnung zur Verfügung. Ein breites gastronomisches Angebot in Gaststätten, Restaurants und Cafés sorgt für das leibliche Wohl der Gäste.

Buchloe
(Bilder Stadt Buchloe)

Honsolgen

Kurzer Blick ins Geschichtsbuch

Buchloe entstand vermutlich in der zweiten Hälfte des 8. Jahrhunderts als Rodungssiedlung eines alemannischen Grundherren auf einem Höhenweg am östlichen Gennachtal. Der Name leitet sich vermutlich von den lichten Buchenwäldern ab. Im 12. Jahrhundert wurde Buchloe erstmals urkundlich erwähnt. In den folgenden Jahrhunderten gehörten die Welfen, die Staufer, das Tiroler Kloster Stams und von 1310 bis zur Säkularisation 1803 das Hochstift Augsburg zu den wechselnden Grundherren.

1587 errichtete der Augsburger Kaufmann Karl Imhof eine Wollfabrik, eine soziale Einrichtung, in der verarmte Bürger Arbeit und Lebensunterhalt finden konnten. Im 17. Jahrhundert wurde die Fabrik zum Arbeits- und Zuchthaus umgebaut, deren berühmtester Insasse der „bayerische Hiasl" Matthias Klostermayr war. Seit 1803 gehört Buchloe zu Bayern.

1848 wurde die Bahnlinie Augsburg-Kaufbeuren eröffnet mit einer Station in Buchloe. Dies führte zu einem Aufschwung in der Bevölkerungszahl, die sich nach dem 2. Weltkrieg durch den Zuzug von Heimatvertriebenen nochmals erhöhte. 1954 wurde Buchloe zur Stadt erhoben. In den 1970er Jahren erfolgte die Eingemeindung von Hausen, Lindenberg und Honsolgen.

Die Geschichte von Honsolgen reicht bis in die Römerzeit zurück, wie Ausgrabungen gezeigt haben. Urkundlich erwähnt wurde Honsolgen erst-

Lindenberg Dorfmitte

mals 1067. Das Dorfbild wird geprägt durch die Pfarrkirche St. Alban mit Ursprüngen im 15. Jahrhundert. Sie birgt Holzplastiken des berühmten Bildhauers Jörg Lederer (1470-1550). 1990 wurde Honsolgen Kreis- und Bezirkssieger beim Wettbewerb „Unser Dorf soll schöner werden".

Das Kirchdorf Hausen wurde 1172 erstmals urkundlich erwähnt. Die Filialkirche St. Andreas stammt aus dem 15. Jahrhundert.

Das Dorf Lindenberg verdankt seinen Namen dem Hügel im Ortskern, der mit Linden bewachsen ist. Auf dem Gipfel des Hügels steht die weithin sichtbare, im Barockstil erbaute Pfarrkirche St. Georg und Wendelin. Lindenberg ist heute ein beliebtes, attraktives Wohngebiet mit rund 1.770 Einwohnern.

Sehenswürdigkeiten

Die Katholische Stadtpfarrkirche „Mariä Himmelfahrt" ist ein unverputzter Backsteinbau mit Ursprüngen aus dem 15. Jahrhundert mit ummauerten Friedhof. Der Innenraum wurde im 18. Jahrhundert im Barockstil ausgestaltet.

Stadtpfarrkirche

Das Haus der Begegnung, ein katholisches Pfarrheim im Westen der Stadt, hat eine auffällige Architektur in Form einer Welle.

In der Volkssternwarte südlich von Buchloe finden regelmäßig öffentliche Himmelsbeobachtungen statt.

Das unter Denkmalschutz stehende Schloss Rio im Südwesten der Stadt ist eine großbürgerliche Villa, die 1901-1903 im historisierenden und neugotischen Stil erbaut wurde.

Heimatmuseum

Das 1997 eröffnete Heimatmuseum im ehemaligen Gebäude der Raiffeisenbank am Rathausplatz präsentiert ein Fülle von Exponaten zur Ortsgeschichte. Es zeigt die alte Setzerei einer Buchdruckerei, Archivbände der „Buchloer Zeitung", Kirchturmuhren, sakrale Kunst und liturgische Geräte, Alt-Buchloer Trachten, Modelle zur Geschichte der Eisenbahn in Buchloe sowie eine sudetendeutsche Heimatstube.

Zu sehen sind auch Gemälde des Barockmalers Joseph Schwarz (1709-1766) und des Buchloer Malers Eduard Bechteler (1890-1983). Ein eigenes Kabinett ist dem Buchloer Nobelpreisträger für Medizin und Physik Erwin Neher gewidmet. Das Museum ist jeden ersten Sonntag im Monat von 14-17 Uhr geöffnet.

Freizeit und Sport

Zu den Freizeiteinrichtungen in Buchloe gehören Sportplätze für Fußball und Tennis, Turnhallen, eine Squashhalle, eine Eissporthalle, Fitnessstudios, ein Hallenbad, eine Schießsportanlage und vieles mehr.

Das solarbeheizte Freibad mit Riesenwasserrutsche, Wildwasserkanal und großer Liegewiese ist im Sommer ein beliebter Treffpunkt für Jung und Alt.

Stadtansicht Buchloe

Immlepark in Buchloe

Radeln und Wandern

Wanderer und Radler findet rings um die Stadt ein gut beschildertes Wegenetz in schöner Natur.

Der Stadtwald südöstlich von Buchloe ist ein wichtiges Naherholungsgebiet mit Routen auch für Nordic-Walker und Jogger.

Lohnend für Wanderer ist die 11 km lange Stadtwaldrunde, die am Parkplatz am Schützenheim beginnt und bis zu den Ortsteilen Honsolgen und Hausen führt.

Für Familien geeignet ist der bodenkundliche Lehrpfad im Stadtwald mit sieben Schautafeln, auf denen geowissenschaftliche Hintergründe der Bodenbeschaffenheit verständlich erläutert werden.

In Buchloe beginnt der 49 km lange Ostallgäuer Fernwanderweg über Wiesen und Wälder nach Marktoberdorf.

Eine schöne Radtour mit einem anspruchsvollen Anstieg am Weichter Berg führt über 32 km nach Bad Wörishofen. Auch die gesellige 53 km lange Biergartenrunde über Waal, Bad Wörishofen und Türkheim mit zahlreichen Einkehrmöglichkeiten lohnt sich.

Veranstaltungen

Der Buchloer Veranstaltungskalender wird von Festen und Märkten geprägt. Hierzu gehören der Frühjahrsmarkt am Ostermontag, das Stadtfest Ende Juli, der Herbstmarkt am 3. Sonntag im Oktober, der Lindenberger Weihnachtsmarkt am 1. Adventswochenende und der Buchloer Christkindlmarkt am 2. Adventswochenende.

Orts- und Infrastruktur

Zur guten Infrastruktur in Buchloe gehören eine eigene Polizeiinspektion, ein 100-Betten-Krankenhaus, mehrere Allgemein- und Fachärzte, eine Rettungswache des Bayerischen Roten Kreuzes, eine Ortsgruppe der Wasserwacht und die Freiwillige Feuerwehr Buchloe, die seit 1871 besteht.

Zu den sozialen Einrichtungen gehören sechs Kindertagesstätten, ein Alten- und Pflegeheim, betreutes Wohnen, eine Tagespflege, eine Sozialstation sowie eine Kleidertruhe und eine Tafel für Lebensmittel.

Buchloe verfügt über zwei Grundschulen mit Mittagsbetreuung und Hort, eine Mittelschule, eine Realschule, ein Gymnasium, eine Berufsfachschule für Krankenpflegehilfe, eine Volkshochschule und eine Musikschule.

Rathaus

Industrie, Handel und Gewerbe bieten vielfältige Arbeits- und Ausbildungsplätze.

Wichtige Adressen und Telefonnummern

Stadt Buchloe
Rathausplatz 1, D-86807 Buchloe
Tel. +49 (0)8241 50 01-0
stadt@buchloe.de
www.buchloe.de

Kirchweihmarkt

Denklingen

Wo schon die Römer siedelten

Denklingen (rund 2.800 Einwohner) ist die südwestlichste Gemeinde im oberbayerischen Landkreis Landsberg am Lech. Zur Gemeinde gehören die Gemarkungen Denklingen, Dienhausen und Epfach.

Die Gemeinde 80 km südwestlich von München liegt westlich des Lechs am Rande des Rotwaldes und des Sachsenrieder Forstes.

Die Bundesstraße 17 von Augsburg nach Füssen führt durch das Gemeindegebiet. Von Denklingen aus lassen sich die nächsten größeren Städte wie Landsberg am Lech im Norden, Kaufbeuren im Westen, Schongau im Süden und Weilheim im Osten sowie Ausflugsziele wie der Ammersee gut erreichen.

Die geschichtsträchtige Gemeinde hat sich ihren dörflichen Charakter bewahrt. Die verkehrsgünstige Lage und die idyllische Umgebungslandschaft mit vielfältigen Freizeitmöglichkeiten machen Denklingen zu einem beliebten Wohnort.

Für Gäste steht eine Reihe von Ferienwohnungen zur Verfügung. Für das leibliche Wohl sorgt ein Gasthof in Epfach.

Kurzer Blick ins Geschichtsbuch

Auf dem Gebiet des Ortsteils Epfach errichteten die Römer bereits 14 v. Chr. eine Militärstation und es entwickelte sich die Stadt Abodiacum. Hier entstand der damals wichtigste Straßenknotenpunkt im südlichen Bayern mit

Denklingen
(Bilder Gemeinde Denklingen)

der Kreuzung der Via Claudia Augusta von Augsburg nach Verona und der Straße von Kempten nach Salzburg.

Denklingen wurde im Jahr 1104 erstmals urkundlich erwähnt. Es gehörte lange Zeit bis zur Säkularisation 1803 zum Hochstift Augsburg. 1818 entstand mit dem Gemeindeedikt im Königreich Bayern die heutige Gemeinde.

Sehenswürdigkeiten

Museum Abodiacum in Epfach

In der Via Claudia 16 lohnt der Besuch des Museums, das eine ständige Ausstellung zur römischen Geschichte in Epfach zeigt. Zu den Exponaten gehören Zeittafeln und Texte sowie Modelle der Militäranlage auf dem Lorenzberg, der Therme und der Straßensiedlung zur Zeit der Römer, die durch 100 Zinnfiguren belebt werden. Auch Originale und Nachbildungen von Dingen des täglichen Lebens sind zu sehen. Weitere Schwerpunkte der Ausstellung sind ein lebensgroßer römischer Legionär in voller Ausrüstung und das Leben von „Claudius Paternus Clementianus“, eines hohen römischen Beamten keltischer Abstammung. Das Museum ist bei freiem Eintritt tagsüber geöffnet.

Museum Abodiacum

Epfach

Pfarrkirche St. Michael

Hoch über Denklingen steht weithin sichtbar das Wahrzeichen des Ortes, die katholische Pfarrkirche St. Michael. Sie wurde 1766 vom Tiroler Baumeister Franz Xaver Kleinhans errichtet, einer der bedeutendsten Rokokoarchitekten des Hochstifts Augsburg. Der prächtig ausgestattete Innenraum mit mächtigem Hochaltar, Deckengemälden und Stuckarbeiten lohnt den Besuch.

Pfarrkirche St. Bartholomäus

Die denkmalgeschützte Pfarrkirche St. Bartholomäus in Epfach wurde am Anfang des 19. Jahrhundert an der Stelle mehrerer Vorgängerkirchen im Stil des Klassizismus erbaut. Die Kirche beherbergt wertvolle Skulpturen aus Spätgotik und Barock.

Auch die Kreszentiakapelle und die Kapelle St. Mang in Dienhausen sowie die Lorenzkapelle in Epfach sind sehenswert.

Freizeit und Sport

Rund 30 Vereine in der Gemeinde sorgen mit ihren Angeboten für vielfältige Gelegenheiten aktiver Freizeitgestaltung.

Das Gemeindegebiet mit dem größten zusammenhängenden Waldgebiet in Südbayern und dem malerischen Lechrain bietet herrliche Naturerlebnisse und schöne Frei-

Dienhauser Weiher

zeitmöglichkeiten für Wanderer und Radfreunde.

Walderlebnispfad

Auf dem Walderlebnispfad zwischen Denklingen und Dienhausen kann man Freizeit und Natur mit allen Sinnen erleben. Neben Schautafeln mit Infos über Pflanzen und Tiere des Waldes bietet der Pfad auch Möglichkeiten, einen Römerturm zu besteigen, ein Keltenhaus zu besichtigen oder einen Baumriesen zu ersteigen, ein Riesenspaß für die ganze Familie.

Epfach ist eine Station auf dem Lecherlebnisweg von Landsberg am Lech nach Füssen.

Eine schöne Wanderung für warme Sommertage ist der familienfreundliche, 9,4 km lange Rundweg durch den Sachsenrieder Forst, der auf der gesamten Strecke durch den Wald führt.

Menhofener Weiher

Veranstaltungen

In der Gemeinde wird auf Brauchtumspflege Wert gelegt. Neben den kirchlichen Gemeinden sorgen auch die aktiven Vereine wie der Trachtenverein oder die Landjugend für die Durchführung der traditionellen Feste wie das Aufstellen des Maibaums, der Fronleichnamsprozession oder das Dorffest.

Zum breit gefächerten Jahresprogramm gehören auch Konzerte, Sportveranstaltungen, Märkte und vieles mehr.

Wichtige Adressen und Telefonnummern

Gemeinde Denklingen
Rathausplatz 1
D-86920 Denklingen
Tel. +49 (0)8243 853 33 33
gemeinde@denklingen.de
www.denklingen.de

Egling a.d.Paar

Ländliche Gemeinde in günstiger Lage

Egling an der Paar (rund 2.500 Einwohner) ist eine Gemeinde im oberbayerischen Landkreis Landsberg am Lech. Sie besteht aus dem Pfarrdorf Egling an der Paar, dem Kirchdorf Heinrichshofen und dem Weiler Hattenhofen.

Egling ist über die Straße von Mering nach Landsberg am Lech gut zu erreichen.

Die Gemeinde verfügt über einen Bahnhof an der eingleisigen Ammerseebahn von Mering nach Weilheim. Es bestehen gute Busverbindungen nach Landsberg am Lech sowie nach Grafrath (S-Bahn-Anschluss nach München).

Das ruhig gelegene Dorf mit gut entwickelter Infrastruktur ist durch die

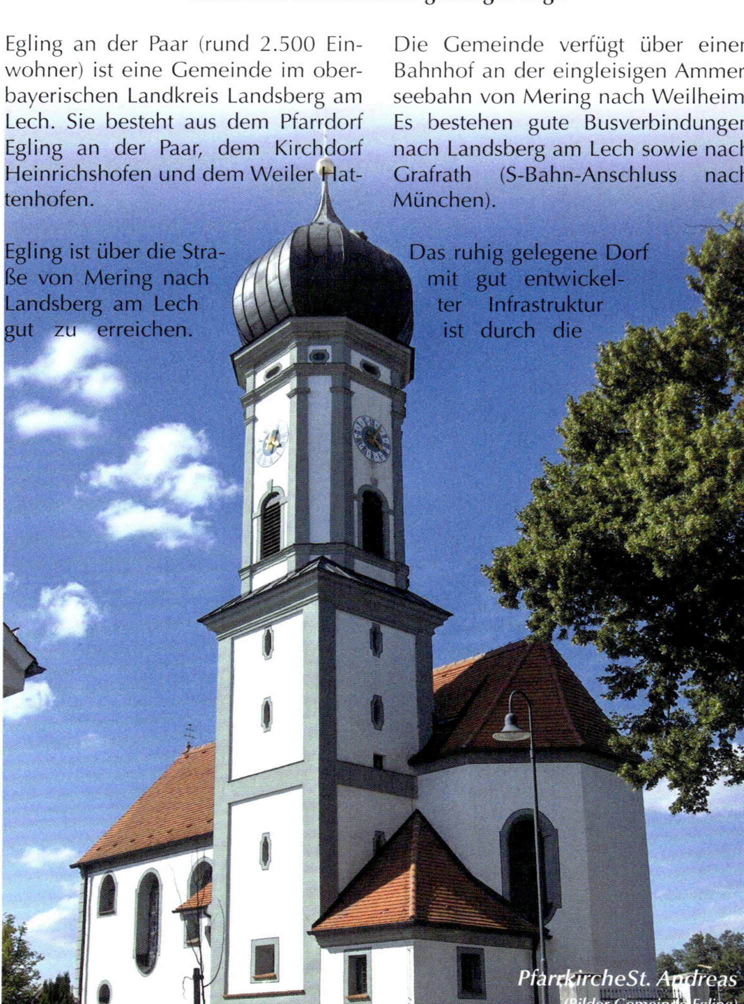

PfarrkircheSt. Andreas
(Bilder Gemeinde Egling)

St.-Magnus-Kapelle

günstige Lage im Dreieck Augsburg – München – Landsberg am Lech ein beliebter Wohnort.

Die Region war vermutlich bereits in vorchristlicher Zeit durch Kelten besiedelt. Erstmals urkundlich erwähnt wurde Egling im Jahr 1133.

Sehenswürdigkeiten

Die auf einer Anhöhe über dem Ortskern stehende, weithin sichtbare katholische Pfarrkirche St. Vitus in Egling gilt als eine der bedeutendsten und schönsten Landkirchen in Südbayern.

Der stattliche Sakralbau wurde um 1770 an der Stelle einer Ruine einer kleinen, spätgotischen Kirche errichtet. Der im Barockstil prächtig ausgestattete Innenraum mit fünf sehenswerten Altären lohnt einen Besuch. Die kleine Kapelle St. Blasius in Egling wurde im Mittelalter im spätromanischen Stil erbaut. Sie wurde 1170 bereits urkundlich erwähnt und ist damit das älteste Gebäude im Ort. Die Kapelle beherbergt einen bemerkenswerten Renaissancealtar.

Auch die kleine katholische, malerisch auf einer Anhöhe liegende Kapelle St. Ulrich in Egling wurde im spätromanischen Stil errichtet.

Die Magnuskapelle in Hattenhofen aus dem Jahr 1668 birgt im Innenraum neben Rokokogestühl eine gotische Madonna aus dem 16. Jahrhundert.

Naturerlebnisbad

Auf einem Hügel im Ortsteil Heinrichshofen steht die katholische Filialkirche St. Andreas mit spätgotischen Ursprüngen, die im 18. Jahrhundert erweitert wurde. Sehenswert sind die Deckenfresken und die Kanzel mit Stuckmarmorfüllung.

Das Heimatmuseum im Dachgeschoß der alten Schule präsentiert eine Sammlung mit Exponaten, die das materielle Gedächtnis der Gemeinde darstellen. Es ist am letzten Sonntag de Monats von 14 -17 Uhr geöffnet.

Im Angebot sind auch Sonderausstellungen und Führungen für Schulklassen und Gruppen.

Freizeit und Sport

Die Gemeinde zeichnet sich durch ein reges Vereinsleben aus. Sie sorgen in den Bereichen Sport, Kultur, Gesellschaft und Soziales für ein breites Angebot an sinnvollen Freizeitbeschäftigungen.

Das Naturerlebnisbad in Egling mit biologischer Wasseraufbereitung bietet unbeschwertes Badevergnügen in idyllischer Umgebung und ist im Sommer ein beliebter Treffpunkt.

In der Eglinger Region finden Pferdefreunde einige attraktive Reitwege wie die 17 km lange Strecke ins Heinrichshofener Holz; Hundefreunde kommen mit einer eigenen Hundewiese auf ihre Kosten.

Wandern und Radeln

In der Umgebung von Egling findet man vor allem am Ufer der Paar lohnende Wander- und Radwege.

Radler, die auf der „Paartaltour“, einem beliebten 116 km langen Fernradweg vom Donauradweg bei Großmehring bis zur Verbindung mit dem Ammersee-Radweg westlich von Eching unterwegs sind, können in Egling rasten.

Eine besonders schöne Wanderung mit Einkehrmöglichkeiten führt über 15 km von Egling nördlich über Hofhegnenberg nach Merching mit zahlreichen idyllischen Dörfern entlang der Strecke. Lohnend ist auch die 8 km lange Wanderung entlang der Paar in südlicher Richtung nach Kaltenberg, das im Sommer Schauplatz von Ritterspielen ist.

Veranstaltungen

Das Jahresprogramm in Egling a.d.Paar wird geprägt durch die sportlichen Wettbewerbe, Feste, Märkte und Veranstaltungen der aktiven Vereine.

Wichtige Adressen und Telefonnummern

Gemeinde Egling a.d.Paar
Hauptstraße 31
D-86492 Egling a.d.Paar
Tel. +49 (0)8206 962112 0
Fax +49 (0)8206 962112 17
gemeinde@egling.com
www.egling.com

Böllerschützen

Eresing

Im voralpinen Hügelland

Die Gemeinde Eresing (rund 1.970 Einwohner) im oberbayerischen Landkreis Landsberg am Lech gehört zur Verwaltungsgemeinschaft Windach. Sie besteht aus dem Pfarrdorf Eresing, dem Kirchdorf Pflaumdorf und dem Benediktinerkloster St. Ottilien. Eresing liegt etwa 6 km nordwestlich vom Ammersee im voralpinen Hügelland.

Die Gemeinde ist mit dem Auto über die nahe Anschlussstelle Windach der A 96 von München nach Lindau gut zu erreichen. Im Norden der Gemeinde verläuft die S-Bahnstrecke von München nach Buchloe mit der nahen Haltestelle Geltendorf. Der Bahnhof St. Ottilien ist eine Station der eingleisigen Ammerseebahn von Mering nach Weilheim.

Kurzer Blick ins Geschichtsbuch

Das Gemeindegebiet war bereits im 6. Jahrhundert besiedelt, wie Gräberfunde zeigen.

Die erste urkundliche Erwähnung stammt aus dem Jahr 1067. Im Lauf der Jahrhunderte hatte Eresing wechselnde Besitzer. 1818 wurde die politische Gemeinde Eresing gegründet.

Sehenswürdigkeiten

Die sakralen Bauwerke in der Gemeinde sind einen Besuch wert.

Die stattliche katholische Pfarrkirche St. Ulrich mit Ursprüngen aus dem 15. Jahrhundert wurde Mitte des 18. Jahrhunderts von Dominikus Zimmermann umgebaut und im Rokokostil reich ausgestattet. Der Innenraum beeindruckt mit prächtigen Fresken und kostbaren Stuckarbeiten. Die Missionsbenediktiner-Erzabtei Sankt Ottilien im gleichnamigen Ortsteil wurde Ende des 19. Jahrhunderts gegründet und ist das Stammkloster der Ottilianer Kongregation.

Die neugotische Klosterkirche Herz Jesu wurde 1897 bis 1899 erbaut. Der spitze 75 Meter hohe Turm ist schon von weitem zu sehen.

Eresing
(Bilder Maximilian Mirlach)

St. Ottilien

Freizeit und Sport

Die Gemeinde besitzt mehrere schützenswerte Biotope mit dem renaturierten Dorfweiher und im Pflaumdorfer Moos.

Naturfreunde finden lohnende Rad- und Wanderwege im Gemeindegebiet.

Eine schöne Rundwanderung führt über 17 km von Eresing über St. Ottilien und Geltendorf nach Kaltenberg und zurück. Die familienfreundliche, kulturell-historisch interessante Tour mit Einkehrmöglichkeiten ist an verschiedenen Stellen mit Bahn und Bus erreichbar.

Veranstaltungen

Die aktiven Vereine in der Gemeinde beteiligen sich mit Festen und Märkten am Veranstaltungsprogramm. Musikliebhaber besuchen gern die geistlichen Konzerte in der St. Ulrichskirche.

Höhepunkt im Jahreslauf ist das Ulrichsfest am 4. Juli. Unter großer Beteiligung findet das Pontifikalamt mit Prozession zur Ulrichskapelle im Süden des Ortes statt. Im Dorf zieht ein großer Markt zahlreiche Besucher an, die das Fest ausgiebig feiern.

Wichtige Adressen und Telefonnummern

Gemeinde Eresing
Kirchstraße 2, D-86922 Eresing
Tel. (0)8193 5456
eresing@vg-windach.de
www.eresing.de

Ulrichsfest

Finning

Zwischen Ammersee und Lech

Finning
(Bilder Gemeinde Finning, Kittlinger)

Die Gemeinde Finning (rund 1.950 Einwohner) im oberbayerischen Landkreis Landsberg am Lech ist Mitglied der Verwaltungsgemeinschaft Windach. Sie liegt vier Kilometer westlich vom Ammersee. Zur Gemeinde gehören die Ortsteile Entraching, Oberfinning und Unterfinning. Die naturnahe Lage, die entwickelte Infrastruktur mit allen nötigen Einrichtungen und die günstigen Verkehrsverbindungen machen Finning zu einem beliebten Wohnort. Zur Anschlussstelle Schöffelding der Autobahn 96 von München nach Lindau sind es nur fünf Kilometer.

Gäste finden in Finning günstige Übernachtungsmöglichkeiten und eine gepflegte Gastronomie.

Kurzer Blick ins Geschichtsbuch

Finning wurde bereits im Jahr 818 erstmals urkundlich erwähnt. Nach wechselnden Besitzern entstanden durch die Gemeindeedikte 1818 die Gemeinden Oberfinning, Unterfinning un Entraching, die sich 1971 zur Gemeinde Finning zusammengeschlossen haben.

Sehenswürdigkeiten

Die Gemeinde zeichnet sich durch mehrere sehenswerte sakrale Gebäude aus. Hierzu gehören die Katholischen Pfarrkirchen Heilig Kreuz in Oberfinning, Zur Schmerzhaften Muttergottes in Unterfinning sowie St. Jakobus in Entraching.

Freizeit und Sport

Die Vereine in Finning bieten vor allem vielfältige Möglichkeiten für sportliche Aktivitäten wie Fußball, Badminton, Tennis, Tischtennis, Stockschießen, Turnen, Skigymnastik und Eishockey.

Im kulturellen Bereich ist eine Theatergruppe aktiv.

Der nahe Windachspeichersee im Süden der Gemeinde ist ein beliebtes Naherholungsgebiet mit Zeltplatz und Bademöglichkeit.

Wanderer und Radler finden in der abwechslungsreichen Moränenlandschaft vielfältige Möglichkeiten für schöne Touren.

Eine beliebte 58 km lange, aussichtsreiche Radrunde führt durch Wiesen, Wälder und Moore vom Windachspeicher zum Lech mit Einkehrmöglichkeiten.

Ein schöner 3 km langer Rundweg in Finning führt über den Spazierweg entlang der Windach und über Felder zurück.

Ein 8 km langer, familienfreundlicher Rundweg führt beginnend in Unterfinning abwechslungsreich durch Felder, Wiesen und Wälder. Er bietet prächtige Ausblicke auf die Alpenkette und interessante botanische Highlights für Naturliebhaber.

Wichtige Adressen und Telefonnummern

Gemeinde Finning
Findingstr. 4
D-86923 Finning
Tel. +49 (0)8806 7579
weissenbach@vg-windach.de
www.finning.de

Fuchstal

Asch, Leeder, Seestall

Asch
(Bilder Gemeinde Fuchstal)

Auf einer Gemeindefläche von etwa 40 qkm zieht sich die Gemeinde Fuchstal, zu der die Ortsteile Asch, Leeder und Seestall gehören, hin. Das ehemalige Flößerdorf Seestall liegt östlich der B 17 unten am Lech. Über 4.000 Einwohner zählen die Orte und Weiler der Gemeinde Fuchstal. Das Tal des Wiesbachs zwischen Denklingen im Süden und Erpfting im Norden erinnert an die Figur eines Fuchses, das dem Tal eventuell den Namen gegeben hat. Da zum Zeitpunkt der Namensgebung die Flieger aber wohl in der „Unterzahl" waren, ist die Herleitung des Namens wohl den „fuchsigen" Böden in der Umgebung zu verdanken.

Die Gemeinde liegt auf ca. 659 m ü.M. ruhig abseits der Bundesstraße 17, die Füssen mit Augsburg verbindet, inmitten von Wäldern und landwirtschaftlichen Nutzflächen. Lebenswert ist es hier auf jeden Fall. In Bezug auf Infrastruktur hat man alles was man vor Ort braucht.

Kurzer Blick ins Geschichtsbuch

Von der frühen Besiedelung der Gegend zeugen in Asch und Leeder Hügelgräber und keltische Viereckschanzen, die bis in die La-Tène-Zeit gehen – die jüngere vorrömische Eisenzeit des 5. bis 1. Jh. v. Chr.

Leeder geht auf eine fränkische Wehrsiedlung zurück, die um 742 entstand. Seit dem Jahre 1568 besitzt der Ort das Marktrecht, das mit zwei Jahrmärkten im Jahr nach wie vor ausgeübt wird. Asch wird 1126 erstmals urkundlich erwähnt. Bis etwa 1740 unter verschiedenen Herrschern, geht Asch um 1740 in den Besitz des Klosters St. Stephan in Augsburg über. Seestall ist um die Jahrhundertwende eine Flößergemeinde, deren Flößer bis nach Wien und Budapest reisten. Ein berühmter Sohn der Gemeinde ist der Maler Johann Baptist Baader (der „Lechhansl") der 1717 in Lechmühlen geboren und 1780 in Schlehdorf gestorben ist.

Aus dem Zusammenschluss der Gemeinden Asch, Leeder und Seestall im Rahmen der Gebietsreform entstand 1972 die Gemeinde Fuchstal.

Sehenswürdigkeiten

St. Johannes der Täufer in Asch

Auf das Jahr 1428 geht der Bau der Pfarrkirche zurück, die im Lauf ihrer Geschichte mehrere Umbauten erlebt hat. Beachtenswert ist der hochbarocke Zentralbau mit eingezogenem Chor.

Mariä Verkündung in Leeder

Aus dem 15. Jh. stammt der unverputzte Backsteinturm der Kirche die hoch oben am Berg thront. Einige, vor allem einheimische Maler aus der Region waren an der Innengestaltung beteiligt, die um 1750 vorgenommen wurde. Sehenswert sind die Bilder an den Haupt- und Nebenaltären, die von Johann Baptist Baader, dem aus Lechmühlen bei Seestall stammenden Maler.

Leeder

St. Nikolaus in Seestall

Die erste Kirche wurde um 1150 geweiht. Wie alle anderen Kirchen im Fuchstal wurde auch diese im Lauf der Jahrhunderte mehrmals renoviert, verändert und restauriert, letztmals insbesondere durch den Kunstmaler Siegfried Hafeneder.

Denkmal für die Opfer des KZ-Außenlagers Seestall

Ein Gedenkstein, wie auch eine Gedenktafel am Lechufer, östlich von Seestall, erinnern an die zu Grabe getragenen Häftlinge des KZ-Außenlagers Kaufering VIII.

Mariensäule in Leeder

Wohl fünf Vorgängerinnen aus Holz hat die seit dem Jahr 1889 in Stein gefertigte Maria Immaculata an der Kreuzung neben dem Luitpoldsaal in Leeder. Gefertigt wurde sie von der „Baldaufischen“ Kunstanstalt in Augsburg.

Feste und Feiern

Der Ursprung des „Leederer Marktes“ geht auf das 16. Jh. zurück. Damals wurde der Gemeinde das Marktrecht verliehen. Damit durften sie Jahrmärkte mit anschließenden Viehmärkten abhalten. Diese Tradition lebt bis in die heutige Zeit fort und

Leederer Markt

Weldener Weiher

somit findet der Frühjahrsmarkt am 1. Sonntag im Mai und der Herbstmarkt am 2. Sonntag im Oktober statt.

Im Sommer, meist Ende Juli, feiert Asch sein Dorffest. Unter den alten Kastanien in der Dorfstraße spielt die Blasmusik und zum Bier werden deftige bayerische Schmankerl aufgetischt. Ebenfalls im Juli feiern die Orte Leeder und Seestall ihre Dorffeste.

Freizeit und Sport

Wander- und Radwege sind in und um Fuchstal genügend angelegt und gut beschildert. Sicher ein Erlebnis ist die Befahrung der Via Claudia – der ehemaligen Römerstraße, die die Adria mit der Donau verband. Seit 1998 ist diese alte Trasse, die im östlichen Teil der Gemeindeflur noch gut sichtbar ist, für den Rad- und Wandertourismus belebt worden, wovon auch ein Gedenkstein an der B 17 zeugt.

Dorffest

Die Weldener Weiherkette wurde vor etwa 300 Jahren für die Fischzucht angelegt. In diesem Landschaftsschutzgebiet um die Weiher herum, bietet der Wechsel von Mischwäldern mit grünen Wiesen und Weiden einen besonderen Reiz für Erholung und Entspannung, sei es zum Schwimmen, zum Radfahren oder zum Wandern.

Während des Winters steht neben einigen gepflegten Loipen in der Gemeinde Asch ein kleiner Schlepplift, der vom Skiclub Asch unterhalten wird, für das alpine Skivergnügen, insbesondere für die Jüngeren, zur Verfügung.

Orts- und Infrastruktur

In der Gemeinde ist eine 7-gruppige Kindertagesstätte eingerichtet. Außerdem stehen in Fuchtstal eine Mittelschule und zwei Grundschulen zur Verfügung. Weiterführende Schuleinrichtungen sind in den umliegenden Städten wie Landsberg, Schongau und Kaufbeuren zu finden, die aufgrund der günstigen Verkehrsanbindung leicht und schnell erreichbar sind.

Verkehrswege

Die Busverbindungen werden durch die RVO und Schulbuslinien unterhalten. Die Bundesstraße 17, die wichtige Nord-Süd-Verbindung zwischen Augsburg und Füssen, liegt nur wenige km von Fuchstal entfernt. Die Staatsstraße 2055 in Richtung Westen führt direkt nach Kaufbeuren.

Weltoffen wohnen

Es ist die Ruhe und die Abgeschiedenheit, ohne auf den Komfort schnell erreichbarer Städte zu verzichten, die den Raum Fuchstal lebenswert macht und in den vergangenen Jahren für einen Zuwachs der Bevölkerung gesorgt hat. Es ist aber auch das gesellige Vereinsleben mit Blas- und Tanzlmusik, mit Saitenmusik und Männerchor. Die Sport- und Schützenvereine, Trachten- und Theaterverein sorgen für ein abwechslungsreiches dörfliches Leben.

Wirtschaft und Ausbildung

Die ortsansässigen Unternehmen, darunter Handwerksbetriebe, Autohäuser und Dienstleistungsbetriebe sowie mehrere Gasthöfe bieten Arbeits- und Ausbildungsstellen.

Altersgerecht wohnen

Im Ort Seestall bietet ein Dorfladen das Notwendige für den täglichen Bedarf an. In den Orten Asch und Leeder stehen Postagentur, Banken, Tankstellen, Ärzte und Apotheke sowie Friseur, Optiker und eine Metzgerei wie auch zwei große Lebensmittelmärkte zur Verfügung. Für die älteren Bewohner gibt es Seniorengruppen. Zusätzlich sind eine Tagespflege für Senioren wie auch zwei mobile Pflegeeinrichtungen und ein Seniorenwohnheim vor Ort. Somit ist man bis ins hohe Alter in und um Fuchstal bestens versorgt.

Wichtige Adressen und Telefonnummern

Gemeinde Fuchstal
Bahnhofstr. 1
D-86925 Fuchstal
Tel. +49 (0)8243 96 990
Fax +49 (0)8243 96 99 25
www.fuchstal.de

Kraft und Energie für den weiteren Weg

Zum Blätz Restauration

Es ist weit mehr als ein Restaurant, das Reisende in Fuchstal/Leeder erwartet. Hier ist ein Ort, an dem Gastfreundschaft gelebt wird und man Kraft und Energie für den weiteren Weg schöpft.

Die auf das Jahr 1887 zurückgehende Restauration im Landhausstil wartet mit traditionellen bayerischen Schmankerln auf, die mit frischen, wertvollen Rohstoffen und kaltgepressten Ölen, hochwertigen Salzen und Gewürzen zubereitet werden. Verwöhnt werden die Gäste in behaglichen Räumen oder während der warmen Jahreszeit im Biergarten. An sechs Tagen die Woche wird auch einen herzhafter Mittagstisch zu günstigen Preisen angeboten. Gemütliche Räumlichkeiten bieten Platz für Feierlichkeiten, die von dem aufmerksamen und professionellen Team des Hauses kulinarisch begleitet werden. Und wer müde von der Reise ist, kann die Nachruhe in ländlich, komfortabel und stilvoll eingerichteten Gästezimmern genießen.

Zum Blätz Restauration

Am Bahnhof 1
D-86925 Fuchstal/Leeder
Tel. +49 (0) 82 43-23 23
Fax +49 (0) 82 43-33 18
info@zum-blaetz.de
www.zum-blaetz.de

Lasten E-Bikes vom E-Bike Experten

e-motion E-Bike Welt Fuchstal

In vergangenen Zeiten sah man sie noch häufig - die Lastenfahrräder der Post oder des Bäckers von nebenan. Nachdem es um die Lastenräder etwas ruhig geworden war, sind sie heute keine Seltenheit mehr im deutschen Straßenverkehr.

Besonders seitdem sie mit Motor ausgestattet werden, entwickeln sich immer mehr vielseitige Einsatzzwecke und die Lastenräder haben die Herzen der Fahrradenthusiasten erobert.

Man sieht sie mit Kindersitzen, großen Behältern für Getränke oder den Wocheneinkauf und sogar mit Hundetransportboxen. Durch ihre Zuladung von bis zu 200 kg werden sie inzwischen sogar für den innerbetrieblichen Werksverkehr in größeren Unternehmen verwendet.

Nahezu lautlos liefert der Elektromotor die notwendige Unterstützung, sobald der Fahrer in die Pedale tritt. So können auch schwere Lasten mit wenig Anstrengung befördert werden und man bleibt körperlich aktiv.

Das Lastenrad-Zentrum der e-motion e-Bike Welt in Fuchstal-Leeder ist der kompetente Ansprechpartner für Lastfahrräder. Hier findet der Interessent alle Varianten an Lastenrädern: vom

Rad für den Kindertransport bis hin zum Schwerlastrad. Bei einer Probefahrt erleben Kunden den Unterschied zwischen den zweirädrigen und dreirädrigen Lastenrädern und haben zudem die Auswahl an unterschiedlichen Modelle verschiedener Hersteller.

Fachkompetenz und langjährige Erfahrung mit Fahrradsystemen und Elektromotoren gehen bei e-Motion in Fuchstal-Leeder mit einer großen Auswahl an Rädern führender Hersteller einher.

Einen besonderen Stellenwert hat hier die Probefahrt: bevor man sich für ein Bike entscheidet kann und soll das Rad getestet werden, um sicherzugehen, dass es auch den Ansprüchen gerecht wird. Darüber hinaus steht das Team der e-Bike Spezialisten auch nach dem Kauf mit Rat und Tat zur Seite.

e-motion E-Bike Welt Fuchstal
Die Bike Experten
Bahnhofstr. 24
D-86925 Fuchstal-Leeder
Tel. +49 (0)8243 99 33 311
r.renz@emotion-technologies.de
www.emotion-technologies.de

Hurlach

Gemeinde mit bewegter Geschichte

Blick auf Hurlach
(Bilder Gemeinde Hurlach)

Die Gemeinde Hurlach (rund 1.950 Einwohner) im oberbayerischen Landkreis Landsberg am Lech ist Mitglied der Verwaltungsgemeinschaft Igling. Hurlach liegt auf dem Lechfeld westlich des Lechs etwa 15 km nördlich von Landsberg. Die Gemeinde ist über die Bundesstraße 17 von Augsburg nach Landsberg gut zu erreichen.

Hurlach ist bekannt für seine hervorragenden gastronomischen Betriebe, die zu einem erholsamen Aufenthalt einladen. Für die Grundversorgung der Einwohner gibt es im Ortskern einen genossenschaftlich geführten Dorfladen, der sich in der Umgebung zunehmender Beliebtheit erfreut.

Kurzer Blick ins Geschichtsbuch

Das Gemeindegebiet war bereits zur Jungsteinzeit und Bronzezeit besiedelt, wie archäologische Grabungen nachgewiesen haben. Die Gräberfunde können im Haus der Begegnung besichtigt werden. Zur Römerzeit führte die Straße „Via Claudia" von Süden kommend durch den Ort nach Augsburg.

Urkundlich erwähnt wurde Hurlach erstmals im Jahr 1140. Im Lauf der Jahrhunderte hatte die Gemeinde verschiedene Besitzer. Hurlach bildete eine geschlossene Hofmark des Kurfürstentums Bayern.

Sehenswürdigkeiten

Hurlach hat einige interessante Sehenswürdigkeiten zu bieten.

Schloss Hurlach

Das denkmalgeschützte Schloss Hurlach wurde 1610 von dem Landsberger Pfleger Marx von Fugger (1587 – 1629) zu Kirchberg und Weißenhorn errichtet.

Es steht auf der gleichen Geländestufe wie die Pfarrkirche und die Margarethenkapelle.

Der weithin sichtbare Bau ist ein rechteckiger, fünfgeschossiger Satteldachbau mit vier Ecktürmen, achteckigem Kuppelerker und Treppengiebel im Stil der Renaissance. Das ansehnliche Schloss wurde Ende des 19. Jahrhunderts renoviert und umgestaltet. Es zeigt im Inneren bedeutende nachgotische Gewölbefigurationen.

Schloss Hurlach

Das Gebäude wird heute als Schulungszentrum eines christlichen Missionswerks genutzt.

Laurentiuskirche

Die katholische Pfarrkirche St. Laurentius besitzt mit dem romanischen Kirchturm aus der zweiten Hälfte des 13. Jahrhunderts den ältesten Kirchturm im Landkreis. Das Kirchenschiff stammt aus der Zeit um 1500. Im 18. Jahrhundert wurde die Kirche im Rokokostil umgestaltet. Der Pfarrhof stammt aus dem Jahr 1854.

Margarethenkapelle

Die malerisch gelegene Margarethenkapelle südlich des Dorfes wurde im 15. und 16. Jahrhundert errichtet. Die in den letzten Jahren restaurierte Kapelle ist im Innenraum reich geschmückt.

KZ-Friedhof

Im Osten des Gemeindegebietes liegt ein KZ-Friedhof, auf dem rund 300 Juden bestattet sind. Dort befand von

Römischer Meilenstein an der Via Claudia

1944 bis April 1945 ein Außenlager des KZ Dachau, in dem Zwangsarbeiter für Rüstungsprojekte eingesetzt wurden.

Haus der Begegnung

Zur Entwicklung des Ortskerns entstand 2019 nach zweijähriger Bauzeit ein barrierefreies Dorfgemeinschaftshaus mit verschiedenen Nutzungen: Im Erdgeschoss befindet sich die Bücherei der Gemeinde, ein Heimatmuseum mit archäologischen Fundstücken aus der Bronzezeit, sowie ein Vereinsheim für den Seniorenverein mit Küche und guter technischer Ausstattung. Diese Räume können bei Bedarf auch von anderen Hurlacher Vereinen genutzt werden.

Im Obergeschoss hat der Musikverein sein Domizil und es sind Proberäume für den Musikunterricht vorhanden.

Museum im Haus der Begegnung

Im Haus der Begegnung präsentiert eine Dauerausstellung die Gräberfunde aus der Zeit von 1300 v. Chr. bis 700 v. Chr. mit erläuternden Infotafeln. Der Friedhof aus dieser Zeit im Gemeindegebiet ist einer der größten bekannten Friedhöfe aus dieser Epoche.

Freizeit und Sport

Die Vereine in Hurlach haben ein breit gefächertes Angebot für Freizeitaktivitäten.

Das 2019 in der Ortsmitte errichtete Haus der Begegnung bietet Räume für Treffen, Aktivitäten und Veranstaltungen.

In der Natur der Umgebung von Hurlach, vor allem am nahen Lech, bieten schöne Wander- und Radwege entspannte Erholung. Eine Etappe des Pilgerweges „Via Romea" führt über 23 km von Schwabmünchen durch Hurlach nach Landsberg am Lech.

Der 11 km lange Lechauenweg beginnt an der Lechstaustufe 18 und führt auf der Westseite als schmaler Waldpfad entlang des Lech zur Staustufe 19, zurück geht es auf der Ostseite auf einem Forstweg. Die beliebte Rundwanderung bietet Plätze zum Verweilen mit Blick auf den Fluss, der reich an Wasservögeln ist.

Die schöne, 15 km lange Wanderung von Klosterlechfeld über Hurlach nach Kaufering beginnt am Bahnhof Klosterlechfeld. Die familienfreundliche Tour bietet schöne Einkehrmöglichkeiten sowie Gelegenheiten, Sehenswürdigkeiten zu besuchen.

Veranstaltungen

Das Hurlacher Jahresprogramm wird vorwiegend von den aktiven Vereinen in der Gemeinde mit Festen, Märkten, sportlichen Wettbewerben und Veranstaltungen gestaltet.

Wichtige Adressen und Telefonnummern

Gemeinde Hurlach
Poststraße 4
D-86857 Hurlach
Tel. +49 (0)8248 900 32
Fax +49 (0)8248 900 33
info@hurlach.de
www.hurlach.de

Freizeitgelände am Badesee

Igling

Die heimelige Gemeinde an der Singold

Die Gemeinde mit ihrem Ortsteil Holzhausen b. Buchloe liegt am Lechrain und bietet mit etwa 2.600 Einwohnern einen angenehmen Ort zum Leben. Die malerische Umgebung und die günstige Verkehrsanbindung an die A96 München-Lindau, die B17neu, die Augsburg mit Füssen verbindet sowie die Bahnverbindungen über Bahnhof Kaufering nach München, Augsburg Buchloe, Lindau machen Igling (595 m ü. M.) so attraktiv.

Kurzer Blick ins Geschichtsbuch

Die Geschichte von Igling, das erstmals 1126 urkundlich erwähnt wird, ist seit Jahrhunderten untrennbar mit dem Schloss und seiner wechselvollen Geschichte verbunden. 1866 kaufte Leopold Graf von Maldeghem, Baron de Leyshot, Comte de Stenuffel das Majoratsgut Igling als Ausgleich seiner unter Napoleon verlorenen Güter in Frankreich und Flandern. Graf und Gräfin Georg von Maldeghem übernahmen 1974 die Verantwortung für den Besitz. Aus den beiden eigenständigen Ortschaften Oberigling und Unterigling wurde im Rahmen der Gebietsreform 1971 die Gemeinde Igling. Dazu kam 1978 die eigenständige Gemeinde Holzhausen, als Ortsteil.

Igling ist Sitz der Verwaltungsgemeinschaft Igling bestehend aus den Gemeinden Hurlach, Igling und Obermeitingen.

Sehenswürdigkeiten

Die Pfarrkirche Johannes der Täufer ist die Dorfkirche des ehemaligen Ortsteils Unterigling und besticht durch

Schloss Igling
(Bilder Gemeinde Igling)

St. Johannes der Täufer

die harmonischen Proportionen, den lichtdurchfluteten Raum und die Farbigkeit der Fresken. Die Ausstattung zeigt den hohen Stand des Landsberger Kunsthandwerkes im 18. Jh.

Im ehemaligen Oberigling steht die Pfarrkirche St. Peter und Paul. Mit dem Chorbau und der prächtigen Barockausstattung zählt sie zu den schönsten ländlichen Kirchen im Landkreis.

St. Peter und Paul

St. Johannes Baptist

Die Pfarrkirche St. Johannes Baptist im Ortsteil Holzhausen zeigt sich in einem spätgotischen Kern und der Turm stammt aus dem Jahr 1691. Er wurde von dem berühmten Baumeister Thomas Natter erbaut. Ein moderner Anbau wurde 1970 errichtet.

Um 1620 ließ Maria Fugger die Rindenkapelle in Holzhausen errichten. In den letzten vier Jahrhunderten entwickelte sie sich zu einer bedeutenden Gnadenstätte. Neben dem ehemaligen Schulgebäude dem heutigen Dorfgemeinschaftshaus steht die lang gestreckte Holzkapelle, deren schiffsbugartige Decke und Wände vollständig mit auf Holztafeln genagelter Fichten- und Kiefernrinde bedeckt sind

Schloss Igling ist im Besitz der gräflichen Familie von Maldeghem, die im Jahre 1991, mit Zustimmung der Gemeinde, einen das Schloss umgebenden 9-Loch-Golfplatz schuf, der heute malerisch das Schloss umgibt

Am Kreisverkehr

und sich lieblich in die Parklandschaft einfügt.

Das prächtige Schloss Rudolfshausen in Holzhausen geht auf den Kauf durch die bekannte Patrizierfamilie Ludwig Welser im Jahr 1579 zurück. Heute dient das Schloss als Sitz der privat initiierten Friedensakademie und des Friedenskunstzentrums.

Sehenswert sind auch die Pfarrhöfe in Ober- und Unterigling sowie Holzhausen, die zum Teil denkmalgeschützt sind.

Zum Gedenken an die Opfer von Zwangsarbeit aus der KZ-Nebenlagergruppe Kaufering bestehen in Igling zwei KZ-Friedhöfe und Gedenksteine. In Holzhausen ist ein jüdischer Friedhof angelegt, auf dem Kriegsgefangene und Lazarettinsassen ihre letzte Ruhestätte fanden.

Freizeit und Sport

Golf auf Schloss Igling

Der 9-Loch-Golfplatz und ist durch seine attraktive Lage weit über die Region hinaus bekannt.

Fahrradfahren und Wandern

Die liebliche Landschaft an der Singold ist wie geschaffen für Freizeitaktivitäten. Radler und Wanderer genießen die Strecken, die nur geringe Höhenprofile aufweisen. Bestens ausgeschilderte Rad- und Wanderwege durch Felder, Wälder und Weiden sind ein Genuss für den Naturfreund. Igling ist ein offizieller Pilgerort des Pilgerweges von Stade nach Rom, der Via Romeo. Die Via Claudia und der danach benannte Fahrradweg, der Donauwörth und Füssen verbindet, verläuft durch Igling. Im Ort ist der Radfahrerverein „Wanderer" ansässig, der schon seit über 110 Jahren zu den wenigen Radfahrervereinen in Bayern gehört.

In Igling und Holzhausen finden sich fünf wunderschöne Wanderwege, die bestens beschildert sind. Auf einigen

Alter Pfarrhof

der Wege streift man Holzhausen, wo der Wanderer seine strapazierten Füße in einer Wassertretanlage abkühlen kann. Informationen über das Wegenetz sind in der Gemeinde oder über www.igling.de erhältlich.

Orts- und Infrastruktur

Verkehrswege

Die verkehrsgünstige Lage von Igling nahe der B17neu Landsberg-Augsburg und der A96 Lindau-München sowie die Zug- und Busverbindungen nach Landsberg, Buchloe, Augsburg und München, tragen zur Attraktivität der Gemeinde bei. Wohnen und arbeiten am Ort ist mit der Schaffung interessanter Arbeitsplätze im dem neu entstandenen Gewerbegebiet möglich geworden.

Schule und Bildung

Neben einer Kindertagesstätte mit Kindergarten und -krippe, in der mit pädagogischem Verständnis und großem Einfühlungsvermögen auf die individuellen Bedürfnisse der Kleinen eingegangen wird, gibt es in Igling die Grundschule „An der Via Claudia" mit Mittagsbetreuung. Hier findet sich auch eine Turnhalle mit Sportplatz.

In Holzhausen ist das private Förderzentrum der Regens Wagner Stiftung ansässig. Dort hält man das Leben und Arbeiten für Menschen mit Behinderung und ein Schulangebot für Kinder und Jugendliche mit besonderem Förderbedarf bereit - ganz nach dem Leitsatz des Gründers, Regens Johann Evangelist Wagner: „Ich finde meinen Weg ..."

Wichtige Adressen und Telefonnummern

Gemeinde Igling
Donnersbergstraße 1
D-86859 Igling
Tel.+49 (0)8248 96 97-0
Fax +49 (0)8248 96 97-40
info@vg-igling.de
www.igling.de

Unteriglinger Straße

Kaltenberg, Gemeinde Geltendorf

Dorf der Ritter

Das Dorf Kaltenberg (rund 650 Einwohner) ist ein Ortsteil der Gemeinde Geltendorf im oberbayerischen Landkreis Landsberg am Lech. Das Dorf liegt ca. drei Kilometer westlich von Geltendorf. In der Nähe des Dorfes entspringt die Paar.

Kaltenberg wurde erstmals 1179 in einer Urkunde des Klosters Wessobrunn erwähnt. Die Hofmark Kaltenberg gehörte im 17. und 18. Jahrhundert dem Jesuitenkolleg Landsberg. Nach der Säkularisation entstand im Rahmen der Gemeindeedikte 1818 die Gemeinde Kaltenberg, die 1972 nach Geltendorf eingemeindet wurde.

Schloss Kaltenberg

Kaltenberg ist vor allem durch das gleichnamige Schloss, das dortige Ritterturnier und die König Ludwig Schlossbrauerei Kaltenberg bekannt. Das Schloss wurde 1425 durch einen Augsburger Patrizier erbaut und 1845 im neugotischen Stil umgestaltet. Seit 1954 befindet es sich im Besitz der Wittelsbacher und ist immer noch Wohnsitz von Luitpold Prinz von Bayern.

Neben dem Ritterturnier finden in der großen Arena auf Schloss Kaltenberg das ganze Jahr über besondere Events wie das Puls Open Air, oder der mär-

Schloss Kaltenberg (Bi[illegible]meinde Geltendorf)

chenhafte Weihnachtsmarkt statt (siehe www.schloss-kaltenberg.de). Der Ritterspielplatz, das mittelalterliche Gehöft oder der Schlossladen machen Schloss Kaltenberg aber auch an allen anderen Tagen zu einem lohnenden Ausflugsziel – insbesondere für Familien. Gastronomische Angebote im Biergarten und in der Ritterschwemme runden den unterhaltsamen Aufenthalt ab.

Das Kaltenberger Ritterturnier

Das Kaltenberger Ritterturnier wurde 1980 durch Luitpold Prinz von Bayern ins Leben gerufen. Was als Spektakel auf der grünen Wiese begann, hat sich in vier Jahrzehnten zum größten und hochwertigsten Mittelalterfest der Welt entwickelt. An neun Veranstaltungstagen werden die Besucher rund um Schloss Kaltenberg in eine mittelalterliche Turnierstadt entführt, in der hunderte Marktleute, Handwerker, Gaukler, Musikanten und natürlich Ritter an Ständen, in mittelalterlichen Lagern und auf den zahlreichen Bühnen und in den Straßen ihrem Tagwerk nachgehen. Der Höhepunkt eines jeden Turniertages ist dabei die mehr als zweistündige Liveshow in der Arena. In der Show, die in jedem Jahr neu inszeniert wird, reißen die packende Reiterkunst und grandiose Special Effects das Publikum immer wieder von den Sitzen. 2017 wurde die Show bei den Live-Entertainment-Awards als Beste Liveshow Deutschland ausgezeichnet.
www.ritterturnier.de

Wichtige Adressen und Telefonnummern

Gemeinde Geltendorf
Schulstraße 13
D-82269 Geltendorf
Tel. +49 (0)8193 9321 0
Gemeinde@Geltendorf.de
www.geltendorf.de

Kaufering

Am Lechrain

Der Markt Kaufering (rund 10.300 Einwohner) liegt etwa fünf Kilometer nördlich der Großen Kreisstadt Landsberg am Lech. Kaufering ist die drittgrößte Gemeinde im Landkreis.

Mit seinem zentral gelegenen Bahnhof ist Kaufering ein Anziehungspunkt für Pendler nach Augsburg und München. Über die nahe B17 und A 96 ist Kaufering sehr gut erreichbar.

Der familienfreundliche Ort mit gut entwickelter Infrastruktur bietet gute Wohnbedingungen und in der Landschaft des Lechrains attraktive Freizeitmöglichkeiten.

Kurzer Blick ins Geschichtsbuch

Kaufering gehört zu den ältesten Orten am Lechrain. Es entstand im 6. Jahrhundert durch die Ansiedlung germanischer Stämme. Aus den Höfen der Sippenältesten entstanden Dörfer.

Erstmals urkundlich erwähnt wurde Kaufering im Jahr 1033. Im Mittelalter war Kaufering im Besitz der Welfen, die entlang des Lechs Schutzburgen gegen die Ungarneinfälle errichteten.

Sehenswürdigkeiten

Zu den sehenswerten Kirchen in Kaufering gehören die Kirche St. Johannes Baptist, die Leonhardikirche

Kaufering, St. Johann Baptist
(Bilder Markt Kaufering)

sowie die Kirche Mariä Himmelfahrt. Ein technisches Baudenkmal ist die Historische Eisenbahnbrücke über den Lech von 1873.

Freizeit und Sport

Kaufering verfügt über ein vielfältiges Angebot an Sportanlagen.

Die „Kletterei" in Kaufering ist ein Paradies für Boulderer und Kletterer vom Anfänger bis zum Fortgeschrittenen.

Das Hallenbad mit einer 63 m langen Riesenrutsche bietet ein attraktives Freizeitvergnügen.

Das im Sommer zusätzlich geöffnete Naturfreibad mit weitläufiger Liegewiese ist ein beliebter Treffpunkt.

Naturfreibad

Entlang des Lechs warten malerische Wege auf Wanderfreunde und Freizeitradler.

Der Filmpalast in Kaufering ist ein beliebter Treffpunkt für Filmfreunde.

Veranstaltungen

Die Feste und Veranstaltungen der aktiven Vereine in Kaufering sorgen ebenso wie die Theatergemeinde mit ihrem kulturellen Programm mit Konzerten, Theateraufführungen und Ausstellungen für eine Bereicherung des Kauferinger Veranstaltungsprogramms.

Leonhardifahrt

Zu den Höhepunkten im Jahreslauf gehören das Volksfest Anfang September, die traditionelle Leonhardifahrt mit Pferden und Wagen zur St. Leonhard-Kapelle im November und der Adventsmarkt auf dem Fuggerplatz.

Wichtige Adressen und Telefonnummern

Markt Kaufering
Pfälzer Str. 1
D-86916 Kaufering
Tel. +49 (0)8191 664 0
markt@kaufering.de
www.kaufering.de

Landsberg am Lech

an der Romantischen Straße

Hauptplatz
(Bild Kittlinger)

Landsberg am Lech liegt an der Romantischen Straße in Oberbayern und zählt zu den sonnigsten Städten Deutschlands. Sehenswert ist vor allem die gut erhaltene Altstadt mit ihren Kunstschätzen. Tradition und Moderne gehen dort eine ideale Verbindung ein.

Neben den zahlreichen historischen Gebäuden, jedes für sich ein gepflegtes Schatzkästchen, bereichern auch moderne Bauten das Stadtbild. Hochkarätige Kulturveranstaltungen, kleine und große Feste mit besonderem Flair und vielfältige Freizeitmöglichkeiten machen die Stadt so attraktiv – für Einheimische, Durchreisende und Feriengäste gleichermaßen. Wer zum Einkaufen kommt, findet in Landsberg ein erstaunliches Angebot.

Regelmäßige Stadtführungen für Einzelpersonen und Familien: Mai bis Oktober jeden Samstag, Sonntag und Mittwoch um 14.30 Uhr, Treffpunkt Historisches Rathaus, Dauer ca. 1,5 Stunden; keine Anmeldung erforderlich. Die Termine für besondere Themenführungen sind einem Flyer zu entnehmen oder auf der Internetseite.

Den Tag in einem gemütlichen Gasthaus ausklingen lassen, träumen unter alten Bäumen am Lechufer, sich mit Freunden in einer originellen Kneipe verabreden oder das pulsierende Leben beobachten: Landsberg bietet immer und für jeden das bestimmte Etwas mit dem Flair des Besonderen. Wer Ruhe und Erholung sucht, unternimmt einen Spaziergang am Lech zu einsamen Seen und Wäldern. Für Großstadthungrige sind München und Augsburg nicht weit, Ammersee und Alpen, Wieskirche und Neuschwanstein liegen fast vor der Haustüre. Rad- und Wanderwege führen durch idyllische Landschaft zu malerischen Dörfern.

Kurzer Blick ins Geschichtsbuch

Verleihung der Stadtrechte

Um 1135 wurde eine Siedlung namens Phetine auf dem späteren Stadtgebiet Landsbergs urkundlich erwähnt, die aber noch kein Stadtrecht hatte. Herzog Heinrich der Löwe verlegte im Jahre 1158 die bedeutende Salzstraße auf eine südlichere Route, wobei er bei Phetine eine Brücke über den Lech bauen ließ. Zum Schutz dieser Brücke errichtete er eine neue größere Anlage, genannt „Castrum Landespurch". Im Schutz dieser Burg entstand eine rasch wachsende Ansiedlung, die schon im 13. Jahrhundert das Stadtrecht erhielt und bald „Landesperch" genannt wurde. Daraus entwickelte sich die heutige Stadt Landsberg am Lech.

Geschichte im 20. Jahrhundert

Landsberg wurde im 20. Jahrhundert mehrmals zum Ort der Zeitgeschichte. Nach dem Putsch in München 1923, hatte Adolf Hitler im Landsberger Strafgefängnis seine Festungshaft zu verbüßen. In dieser Zeit schrieb er den ersten Band von »Mein Kampf«. 1944/45 wurde westlich von Landsberg mit dem Bau von Bunkern zur Herstellung von Jagdflugzeugen begonnen. Auf diesen Baustellen wurden tausende KZ-Häftlinge eingesetzt. Um Landsberg und Kaufering herum entstanden für die Unterbringung elf Außenlager des Konzentrationslagers Dachau. An diese Toten und an den Todesmarsch Ende April 1945 erinnern die Reste eines Lagers, eine Gedenkstätte und mehrere Friedhöfe.

Sehenswürdigkeiten

Rundgang durch die Stadt

Zahlreiche Türme, Tore und Kirchen prägen die beeindruckende Silhouette. Der Hauptplatz präsentiert die reiche Geschichte der Stadt. Ein mächtiger Turm am östlichen Eingang und viele Bürgerhäuser gehen auf das Mittelalter zurück. Die verspielte Rokokofassade des prächtigen Rathauses und das reich bemalte ehemalige Ursulinenkloster legen Zeugnis ab von der neuen Blütezeit der Stadt nach dem Dreißigjährigen Krieg. Über 500 Baudenkmäler laden den Besucher

Hauptplatz
(Bild Klinger)

ein zu einer Zeitreise mit besonderer Atmosphäre. Nur wenige Schritte vom Hauptplatz entfernt steht die mächtige Stadtpfarrkirche mit ihrem hohen barocken Zwiebelturm. In der Oberen Altstadt steht die prächtige Kirche des ehemaligen Jesuitenkollegs. Sie wirkt mit ihren zwei Türmen von ferne wie eine Krone über den Dächern. Die Altstadt ist bis heute durch die fast vollständig erhaltene mittelalterliche Mauer von den neuen Stadtvierteln getrennt. Von Osten her betritt man die Altstadt durch das gotische Bayertor, das als schönstes gotisches Stadttor Oberbayerns gilt.

Historisches Rathaus

Ab 1700 wurde in mehreren Bauabschnitten das Neue Rathaus errichtet. Von 1719 bis 1721wurde das Gebäude von Dominikus Zimmermann aufgestockt und mit einer fein gegliederten, hoch aufragenden Giebelfront neu gestaltet. Die Stuckfassade gehört zu den wichtigsten profanen Schöpfungen des Baumeisters, der von 1716 bis 1757 als Bürger in Landsberg lebte und hier zeitweilig auch ein Bürgermeisteramt versah.

Das Rathaus beherbergte im Erdgeschoß das Brothaus und im Keller die Arrestzelle. In den oberen Geschossen waren die beiden Kammern des Stadtparlaments, die kleine Stube im ersten Stockwerk stand dem Inneren Rat zur Verfügung, die größere im zweiten Obergeschoß war dem äußeren Rat zugewiesen. 1717 wurden die Bauarbeiten für den Festsaal begonnen.

1. Stock

Im Foyer fasziniert die Stuckdecke von Michael Beer. Eine Gemäldesammlung zeigt berühmte Landsberger. In der ehemaligen Ratsstube des Inneren Rates mit Archiv- und Tresorraum befinden sich an der Nord- und Südwand vier Gobelins aus der ersten Hälfte des 18. Jahrhunderts. Sie stammen aus ehem. Besitz der Heilig-Kreuz-Kirche.

Hauptplatz
(Bild Klinger)

2. Stock
Die Stuckdecke im Foyer stammt von Dominikus Zimmermann 1718/19, an der Ostwand befinden sich zwei großformatige Gemälde von Hubert von Herkomer (1849 - 1914). Die ehemalige Ratsstube des äußeren Rates (noch bis vor wenigen Jahren Sitzungszimmer des Stadtrates) zieren ebenfalls Stuckarbeiten von Dominikus Zimmermann, die Kachelöfen sowie die beiden Monumentalgemälde stammen von Hubert von Herkomer (1896/97).

3. Stock
Im Festsaal vier Freskogemälde, die Ereignisse aus der Stadtgeschichte darstellen, u. a. „Tanz des Herzog Ernst im Landsberger Rathaus 1434". Die reich strukturierte Felderdecke stammt aus der Aula des ehemaligen Landsberger Jesuitengymnasiums (1692), dem heutigen Neuen Stadtmuseum.

Das Bayertor

Bis 1803 oblag Landsberg die Bewachung der Grenze am Lech. Eine starke Befestigung zog sich daher um die Stadt. Zum ältesten Mauerring gehört der Schmalzturm am Hauptplatz. Der große Mauerring aus dem frühen 15. Jahrhundert mit seinen Wehrtürmen umgibt bis heute die Altstadt. Das Bayertor, eine der schönsten gotischen Toranlagen Südbayerns, trägt die Jahreszahl 1425. Es sollte mit seiner Größe und seiner prunkhaften Ausgestaltung Macht und Reichtum der Stadt zur Schau stellen und die Unüberwindlichkeit der Toranlage

Bayertor
(Bild Leitenstorfer)

demonstrieren. Es zeigt u. a. eine Kreuzigungsszene mit den Herzogswappen darunter, in der Mitte das von Elisabeth Visconti, zu deren Heiratsgut Landsberg gehörte. Der Reichtum Landsbergs war in ganz Bayern sprichwörtlich. Er war den Zöllen zu verdanken, die für den Salzhandel erhoben wurden, und dem ertragreichen Textilhandwerk.

Marienbrunnen

Den Mittelpunkt der Altstadt bildet der um 1700 errichtete Marienbrunnen auf dem Hauptplatz. Die Skulptur einer Maria Immaculata stammt von der Künstlerhand des Tiroler Bildhauers Bernd Streiter aus dem Jahre 1783.

Salzstadel und Lechstadel

Vom 14. bis hinein ins 19. Jahrhundert war Landsberg ein bedeutender Umschlagplatz für den Salzhandel im süddeutschen Raum. Daran erinnern noch heute die beiden großen Salzstadel, in denen das sog. weiße Gold gelagert wurde. Der Salzstadel in der Hinteren Salzgasse und der Lechstadel in der Lechstraße beeindrucken mit ihrer imposanten Größe. Nach umfangreichen Sanierungsmaßnahmen und Umbauten konnten hier Wohnungen, Ladengeschäfte, Stadtbibliothek und Stadtarchiv einzigartige Räumlichkeiten finden.

Hexenviertel

Hexenviertel

Der Name Hexenviertel geht vermutlich zurück auf eine rothaarige Malerin, die in den 20er Jahren des 20. Jahrhunderts kurzzeitig hier wohnte. Im Mittelalter hängten hier die Gerber auf den Balkonen die Felle und Häute zum Trocknen auf.

Färberhof

Das Textilhandwerk spielte in Landsberg eine tragende Rolle. Der vorbildlich renovierte Färberhof mit den malerischen Arkaden erinnert an diese Blütezeit. Hier färbten und trockneten die Färber die langen Stoffbahnen des berühmten Landsberger blauen Barchent.

Jesuitenkolleg

Im 16. Jahrhundert wurde die Händler- und Handwerkerstadt ein geistliches Zentrum von großer Ausstrahlung. Auf der Anhöhe über der Stadt baute der neu gegründete Jesuitenorden sein Noviziat, d. h. sein Ausbildungszentrum für die katholisch gebliebenen Gebiete im Süden des Reiches. Die Gebäude des Jesuitenkollegs mit dem schönen Arkadenhof, der Kirche und dem Gymnasium bilden noch heute ein Ensemble mit einer ganz besonderen Ausstrahlung.

Kanonenkugeln

Wer aufmerksam durch die Stadt geht, findet am Hauptplatz an zwei Stellen eingemauerte Kanonenkugeln. Relikte aus Kriegen, die Landsberg heimgesucht haben. Der Dreißigjährige Krieg mit Belagerung, Brandschatzung und Zerstörung bedeutete für Landsberg das Ende langer Blütezeit.

Jungfernsprung

Der schwarze Tod dezimierte die Bürgerschaft. Aus der Zeit der schwedischen Belagerung während des 30jährigen Kriegs sind grausame Folterungen überliefert, Mädchen und Frauen waren für die Soldateska regelrecht Freiwild. Aus Verzweiflung sprangen sie aus den Fenstern und in den Lech. Der Jungfernsprung, ein imposanter Wehrturm, erinnert an diese schreckliche Vergangenheit. Heute hat man von seiner Plattform aus den schönsten Blick auf die Altstadt.

Geistliche Schatzkammern Die großen Kirchen

Klosterkirche

Während die Knaben unter der Obhut der Jesuiten eine gediegene schulische Ausbildung erhielten, fehlte eine entsprechende Ausbildungsstätte für die weibliche Jugend. Dies bewog einige Landsberger Bürger im Jahr 1719, den Orden der Ursulinen nach Landsberg zu berufen. Die Ordensfrauen errichteten hier ihr Ursulinenkloster und die Klosterkirche Zur Hl. Dreifaltigkeit.

In der dicht bebauten Altstadt konnten sie einige Bürgerhäuser erwerben. 1723 bis 1725 entstand nach Plänen des Baumeisters und Stuckateurs Dominikus Zimmermann die Klosterkirche. Ab 1737 wurde in den Höfen der aufgekauften Häuser ein Konventsgebäude errichtet; 1764/65 wurde schließlich auch an der Straße ein Klosterflügel mit einer neuen, geräumigen Kirche gebaut. Das kleine Stadtkloster entstand wahrscheinlich nach Plänen des Münchener Hofbaumeisters Johann Baptist Gunetzrhainer; die Fassaden mit (heute nach altem Vorbild erneuerten) Lüftlmalereien schuf der Augsburger Künstler Johann Baptist Bergmüller.

In die Südostecke des Komplexes ist die profanierte, spätmittelalterlich-spitzbogig befensterte Leonhardikapelle einbezogen. Auch den einfachen tonnengewölbten Saalraum der Klosterkirche mit emporenbegleitetem Chor und Doppelempore schmückte Johann Baptist Bergmüller, Sohn des Johann Georg, reich aus. Die Bilder des Altarhauses sind

Ursulinenkloster
(Bild Tourist-Information Landsberg)

einer komplizierten, selten dargestellten Ikonographie gewidmet und zeigen den weisen Ratschluss Gottes. Auf dem Gemälde des aus der ersten Kirche übernommenen Hochaltars erscheint die Hl. Dreifaltigkeit in Form dreier männlicher Gestalten (von Johann Georg Bergmüller, 1748). Das Deckenbild und die Malereien über dem Chorbogen führen das Thema der Erlösung durch den Gottessohn fort, während das Bild über dem Schiff auch das Landsberger Konvent mit in den göttlichen Heilsplan der Erlösung einbeziehen und die Klosterfrauen mit ihren Zöglingen vor der neuen Klosterkirche darstellt. Die schlanken Seitenaltäre der Kirche wurden 1765 von Tassilo Zöpf in Stuckmarmor geschaffen; sie runden das einheitliche Erscheinungsbild des seit der Erbauung nahezu unverändert erhaltenen Gotteshauses ab.

Johanniskirche

Die einstige Friedhofskirche stammt aus dem mittleren 18. Jahrhundert. Der Ursprungsbau wurde 1505 gestiftet; zwischen 1742 und 1752 ersetzte man ihn durch einen Neubau nach Plänen von Dominikus Zimmermann. Über dem Grundriss eines einfachen Rechtecks entwickelte der Baumeister hier einen der Wieskirche ähnlichen, tektonisch jedoch prägnanteren Ovalraum mit säulengetragener Ovalkuppel. Der Entwurf zählt zu den herausragenden Leistungen Zimmermanns, die Ausführung übernahm dessen Mitarbeiter und Schüler Nikolaus Schütz. Die Figuren und auch die Bildwerke der beiden Seitenaltäre schuf Johann Luidl. Die leider stark überarbeiteten Deckenmalereien in Schiff und Chor stammen vom Landsberger Carl Joseph Thalhaimer.

Heilig-Kreuz-Kirche

Weithin sichtbar ist die Heilig-Kreuz-Kirche mit den beiden Rokoko-Haubentürmen. In den Jahren 1752 bis 1754 wurde sie von dem Jesuiten Ignatius Merani erbaut und gehörte zum damaligen Kolleg der dort ansässigen Jesuiten. Einige Altarbilder aus der Renaissance-Vorgängerkirche sind gegenüber im Neuen Stadtmuseum zu besichtigen.

Durch die Tuffsteinquader wirkt die Fassade alt und ehrwürdig. Das Deckengewölbe der Wandpfeilerkirche hat Christoph Thomas Scheffler überreich mit Fresken ausgestattet. Diese gehören zu den Fresken mit der größten Spannweite in ganz Bayern. Der Hauptaltar ist als theatrum sacrum erstellt, d. h. durch Versenken des Altarblattes wird die Bühne freigegeben. Je nach Kirchenjahresablauf kann dieser Bereich verändert werden, z. B. am Karfreitag in eine Grablegung. Blattvergoldet und mit Plastiken aus der Weilheimer Bildhauerwerkstatt von Franz-Xaver-Schmädl präsentiert sich der Altar als Prunkstück der Kirche.

Über dem Hauptaltar beginnt die Freskierung von Christoph Thomas Scheffler. In der Mitte der Kuppel schwebt das heilige Kreuz, umgeben von einem Glorienschein aus Engelsköpfen. Zu sehen sind Kaiser Konstantin und Marxentius in der Schlacht

Heilig-Kreuz-Kirche
(Bild Tourist-Information Landsberg)

auf der Milvischen Brücke zu Rom. Eine Besonderheit weist das Deckenkreuz auf: Ob man sich links oder rechts, davor oder dahinter befindet, es zeigt immer senkrecht auf den Betrachtenden. Das nächste Fresko zeigt die Kreuzesauffindung durch Kaiserin Helena. Hier auch ein Selbstbildnis des Künstlers Christoph Thomas Schäffler als Schwerkranker. Er starb noch vor Vollendung.

Eine Simnacher Orgel ziert die Empore, deren äußere Pfeifen sich bei näherem Hinsehen als Holzattrappe erweisen. Die Seitenaltäre sind Maria, dem Hl. Josef, den vier Jesuiten-Heiligen Stanislaus, Franz-Xavier, Aloisius und dem Ordensbegründer Ignatius von Loyola gewidmet.

Stadtpfarrkirche Mariä Himmelfahrt

Für den Bau der gotischen Basilika holte sich die Stadt vor über 500 Jahren aus Ulm einen der bedeutenden Baumeister des späten Mittelalters, Matthäus von Ensingen, der auch das Münster in Bern errichtet hatte. Wer den hohen Kirchenraum betritt, kommt aus dem Mittelalter in die Prunk liebende Barockzeit. Umgeben von den farbenprächtigen Glasgemälden, die zur gotischen Ausstattung gehörten, erhebt sich der goldglänzende Hochaltar mit seinen überlebensgroßen Engeln und Heiligen, geschnitzt vom Landsberger Bildhauer Lorenz Luidl.

Auch das berührendste und wertvollste Kunstwerk Landsbergs ist hier zu finden: Die Madonna mit Jesuskind von Johann Multscher aus dem Jahre 1430. In der Weihnachtszeit wird in der Kirche die figurenreiche Barockkrippe aufgebaut, eine der größten und schönsten in Bayern.

Camper/Caravan
Gottesackerangerweg
AUGSBURG B17
Sandauer Brücke
SANDAU
Von-Kühlmann-Straße
Lechstraße
Lunapark
LECH
Mühlbachweg
Brudergasse
Vorderer Anger
Hinterer Anger
Limonigasse
Blatterngasse
Hintere Mühlgasse
ROSSMARKT
Schulgasse
Ledergasse
Vordere Mühlgasse
Kochgasse
GEORG-HELLMAIR PLATZ
Ludwigstraße
Herzog-Ernst-Str.
Schlossergasse
Floßgasserweg
Schrannengasse
Hintere Salzgasse
Inselbad
FLOSSERPLATZ
Salzgasse
TAXI
HAUPTPLATZ
Alte Bergstraße
Hexenviertel
Malteser-stiege
Landratsamt
Von-Kühlmann-Straße
BUSBAHNHOF
BAHNHOF
Peter-Dörfler-Weg (Lechpromenade)
LECHWEHR
H.v.-Herkomerstraße
Gögglgasse
Schule
Hofgraben
Klösterl
Am Seelberg
Schlossberg
Karolinenbrücke
Stadtverwaltung
TAXI

Sehenswürdigkeiten

1. Historisches Rathaus
2. Marienbrunnen
3. Schmalzturm
4. Salzstadel
5. Stadtpfarrkirche
6. Hexenturm
7. Bäckertor
8. Färbertor
9. Johanniskirche
10. Färberhof
11. Sandauer Tor
12. Stadtmuseum
13. Heilig-Kreuz-Kirche
14. Säulenhof
15. Bayertor
16. Brunnenkircherl
17. Jungfernsprungturm
18. Ehem. Ursulinenkloster
19. Stadttheater
20. Mutterturm

Stadtrundgänge

 »Untere Altstadt« ca. 1.500 Meter

Historisches Rathaus › Klosterkirche › Lechpromenade mit Lechwehr › Salzstadel › Rossmarkt › Bäcker- und Färbertor › Vorderer Anger › Johanniskirche › Sandauer Tor › Hinterer Anger › Blattern-, Leder- und Kochgasse › Stadtpfarrkirche › Schmalzturm › Marienbrunnen › Historisches Rathaus

 »Obere Altstadt« ca. 1.300 Meter

Stadttheater › Kochgasse › Neues Stadtmuseum › Heilig-Kreuz-Kirche › Bayertor › Hofgraben (oberer) › Schlossberg › Hofgraben (unterer) › Alte Bergstraße/Hexenviertel › Schmalzturm › Stadttheater
Hinweis: gute Kondition erforderlich, viele Treppen

 »Stadtmauer« ca. 1.400 Meter

Historisches Rathaus › Ludwigstraße/Stadtpfarrkirche › Vorderer Anger › Johanniskirche › Sandauer Tor › Stadtmauer › Bayertor › Jungfernsprungturm › Neue Bergstraße › Am Seelberg › Historisches Rathaus Hinweis: gute Kondition erforderlich, viele Treppen

Zeichenerklärung

 öffentl. WC
 öffentl. WC, barrierefrei
 Friedhof
 Kirche

P Parkplatz
P̂ Parkgarage
P BUS Parkplatz Busse
P Parkplatz, barrierefrei
 Parkgaragenausgang

Zwei Künstler
Genial und vielseitig

In Landsberg begegnet man zwei berühmten Künstlern: Dominikus Zimmermann und Hubert von Herkomer.

Dominikus Zimmermann

Der Baumeister und Stukkator Dominikus Zimmermann war Bürger, Ratsherr und mehrmals Bürgermeister der Stadt. Fast alle seine Werke entstanden von Landsberg aus. Für das neue Rathaus schuf er 1719 die prächtigste Fassade der Stadt mit den kunstvollen Stuckornamenten und der zarten Farbigkeit, eine der bedeutendsten ihrer Art in Bayern. Auch die kleine Johanniskirche mit ihrem einzigartigen verspielten Stuckmarmoraltar ist sein Werk.

Sir Hubert von Herkomer

Hubert von Herkomer, 1849 in der Nähe von Landsberg geboren, war auf internationaler Ebene sehr erfolgreich und vermögend und als Maler und Porträtist sehr begehrt. Der vielseitige Künstler und frühe Förderer des Automobilsports baute sich am Lech jenseits der Altstadt den romantischen Mutterturm als Atelier. Heute befindet sich im Wohnhaus des Künstlers neben dem Turm das Herkomermuseum. Sehenswerte Gemälde Herkomers findet man auch im Sitzungssaal des Rathauses.

Entdeckungen am Stadtrand

Ein malerischer Weg am Steilhang über dem reißenden Lech führt zu einer kleinen Terrasse nach Sandau, wo recht einsam eine der ältesten Kirchen Bayerns steht, letztes Zeugnis eines schon vor über tausend Jahren zerstörten Klosters. Der Wanderer wird an diesem Ort der Kraft von einer ganz einzigartigen Stimmung umfangen.

Pfarrkirche zu den Heiligen Engeln

Wer sich für moderne Architektur interessiert, sollte die große Pfarrkirche zu den Heiligen Engeln besuchen mit ihrem markanten Zeltdach.

Christuskirche

Die protestantische Christuskirche gegenüber der Altstadt ist ein Bau aus der Zeit des Jugendstils mit originalen Fresken.

Pitzling

Südlich von Landsberg liegt malerisch am Lech das kleine Dorf Pitzling mit dem spätmittelalterlichen Schloss Pöring.

Wallfahrtskirche Pöring

In der stillen Wallfahrtskirche Pöring beim idyllischen Schloss über dem Lech findet man Zimmermanns Namenszug unter dem Deckenfresko. Wer die berühmte Wieskirche besucht, erkennt in der genialen Raumgestaltung deutlich Ähnlichkeiten mit den beiden Landsberger Kirchen von Dominikus Zimmermann.

Reisch – Erpfting – Ellighofen

Auch die weiteren zur Stadt gehörenden Dörfer Reisch, Erpfting und Ellighofen lohnen einen Ausflug und sind auch auf Radwegen bequem zu erreichen. Sehenswerte alte Bauernhäuser und Kirchen lassen eintauchen in ländliche Idylle. Und in den Gasthäusern lässt es sich gemütlich rasten und einkehren.

In Ellighofen kann man sich eine besondere Sehenswürdigkeit zeigen lassen. Dort steht eines der ältesten Bauernhäuser des Landkreises. In seinen Räumen hat sich ein einzigartiger Bestand von Möbeln, Haushaltsgegenständen und Arbeitsgeräten erhalten, lebendig gebliebene Vergangenheit (siehe Weißegger-Anwesen).

Museen

Das Neue Stadtmuseum

Im barocken Gebäude des ehemaligen Gymnasiums ist das Neue Stadtmuseum untergebracht. Es beherbergt eine wahre Schatzkammer der Stadtgeschichte und bedeutende Objekte der regionalen Kunst. Dort hängt auch das Porträt des Landsberger Handwerkersohnes Ignaz Kögler in der Tracht eines chinesischen Mandarins. Von der Kleinstadt in Oberbayern kam er als Jesuit nach Peking und wurde dort Leiter der kaiserlichen Sternwarte.

Das Neue Stadtmuseum vis-a-vis der Heilig-Kreuz-Kirche zeigt in seinen vier Stockwerken einen Querschnitt durch die Landsberger Geschichte von frühgeschichtlichen Funden über mittelalterliche Beispiele der hiesigen Handwerkskunst bis hin zu zeitgenössischen Künstlern.

Wechselnde Sonderausstellungen zur Stadt- und Kulturgeschichte der Region sowie zeitgenössischer Kunst werden stets von museumspädagogischen Angeboten begleitet. Führungen, Konzerte, Vorträge und Performances ermöglichen vielfältige kulturelle Begegnungen.

Wegen umfangreicher Sanierungsarbeiten ist das Neue Stadtmuseum bis 2024 geschlossen.

Herkomermuseum, Mutterturm und Parkanlage

Mutterturm
(Bild Tourist-Information Landsberg)

Herkomermuseum, Mutterturm und Parkanlage am westlichen Lechufer bilden ein harmonisches Gesamtkunstwerk. Der Mutterturm ist ein Kulturdenkmal des Historismus und zeugt vom gesellschaftlichen Selbstverständnis seines Erbauers Sir Hubert von Herkomer. Das Herkomer

Sandauer Tor
(Bild Tourist-Information Landsberg)

Museum informiert über Leben und Werk der vielseitig talentierten Persönlichkeit Herkomers. Umgeben wird die märchenhafte Anlage von einem großzügigen Landschaftspark. Brunnen und Bachläufe sorgen im Zusammenspiel mit mächtigen Bäumen und dem Rauschen des Lechs für eine märchenhafte Atmosphäre, die sich viele Brautpaare für ihre Trauung im Mutterturm wünschen.

Weißegger-Anwesen

Das Weißegger-Anwesen in Ellighofen ist eine Außenstelle des Neuen Stadtmuseums Landsberg am Lech. Hier wird Geschichte lebendig und greifbar gemacht. Dieser Hof gehört zu den ältesten des Ortes und repräsentiert mit seiner Ständerbohlenbauweise den am Lechrain traditionellen Hausbau. Das Anwesen dokumentiert bäuerliche Lebenskultur über einen Zeitraum von über 300 Jahren. Zeitgemäße Museumspädagogik macht Kindern Geschichte lebendig und greifbar (Tel. 08191 128-360).

Stadtführungen

Am besten lässt sich die schöne Altstadt von Landsberg am Lech an der Seite charmanter Stadtführerinnen und Stadtführer entdecken. Die Teilnehmer tauchen ein in die Zeiten der Herzöge und Kurfürsten, des Salzhandels, der Flößer, der Färber und Gerber, der Jesuiten und der Ursulinen. Die bewegte Stadtgeschichte wird bildhaft und greifbar, wenn die

Stadtführerinnen und Stadtführer die wahren Geschichten, lustige Begebenheiten sowie Legenden vom Mittelalter bis hin zur Neuzeit erzählen.

Regelmäßige Stadtführungen finden von Mai bis Oktober jeden Mittwoch, Samstag und Sonntag um 14.30 Uhr statt. Treffpunkt ist am Historischen Rathaus, die Führungen dauern 1,5 Stunden, eine Anmeldung ist hierfür nicht erforderlich.

Mit Themenführungen kann man musikalisch die Zeit der Renaissance entdecken, mal auf den Spuren beeindruckender Landsberger Persönlichkeiten wandeln oder die schönsten Ecken und Winkel der Stadt bei Nacht erkunden. Landsberg am Lech auf ganz eigene Weise erfahren – dieses Erlebnis bietet die große Auswahl an breit gefächerten Themen.

Ganzjährig können individuelle Führungen für Gruppen gebucht werden auch in Englisch, Französisch, Italienisch und Spanisch. Hier kann man die obere und untere Altstadt mit 1,5 bzw. 2 Stunden erkunden. Eine Anmeldung ist erforderlich.

Das Bayertor, das schönste gotische Stadttor Oberbayerns, kann von Mai bis Oktober täglich außer Montag von 10.30 bis 12.30 Uhr und von 13.00 bis 17.00 Uhr besichtigt werden.

Auskunft zu den Inhalten und Terminen der Stadtführungen erteilt die Tourist-Information Landsberg im Historischen Rathaus, Tel. 08191 128-246 oder https://www.landsberg.de/tourismus/stadtfuehrungen/

Kunst und Kultur

Die Angebote des Landsberger Kulturprogramms sind breit gefächert.

Der schönste Saal der Stadt, der Festsaal des Historischen Rathauses mit seinen großen Fresken, bildet einen stimmungsvollen Rahmen für die Landsberger Rathauskonzerte, Kammermusik auf höchstem Niveau mit internationalen Gästen.

In den Kirchen der Stadt wird geistliche Musik auf höchstem musikalischem Niveau zu Gehör gebracht. Auf der großen Orgel der Stadtpfarrkirche, einer der größten Bayerns, spielen in jedem Sommer berühmte Orgelkünstler aus ganz Europa. Und zu den Pop-Konzerten im Sportzentrum kommen Tausende begeisterter Zuhörer. Sogar im Wirtshaus wird gesungen – bayerisch natürlich.

Im Stadttheater, einem nostalgischen Bürgertheater mit eindrucksvollem modernem Foyer, bringen Ensembles aus ganz Deutschland interessante Inszenierungen auf die Bühne. Beliebt sind auch die Programme im Foyer mit schräger Kleinkunst und nicht alltäglicher Musik. Neben dem Theater hat sich ein altes Gewölbe mit mächtigen Säulen zu einem Ort für Ausstellungen entwickelt, wo Künstlern der Region eine Plattform geboten wird.

Das Neue Stadtmuseum, die Rathausgalerie im Foyer des Historischen Rathauses, der Galerieverein in der Zedergalerie, die VR-Bank im Altstadtsaal und private Galerien zeigen regelmäßig Kunst der Gegenwart.

Einmal im Jahr im September steht die Altstadt ganz im Zeichen der Langen Kunstnacht.

Stadtfest

Jedes Jahr im Sommer wird der Hauptplatz zum Treffpunkt beim großen Stadtfest mit Bier und Blasmusik. Straßenfeste in der steilen Alten Bergstraße mit ihren originellen Geschäften und Lokalen ziehen vor allem Kunst-Liebhaber an.

Feste und Veranstaltungen

Ruethenfest

Alle 4 Jahre erwacht Landsbergs bewegte Geschichte zum Leben. Die festlich geschmückte Altstadt feiert mit ihrem Ruethenfest ihre über 800-jährige Geschichte.

In weiß-blauer Robe führte Herzog Ernst die schönste Landsbergerin zum feierlichen Tanz im Rathaus der Stadt. Das ist jetzt über ein halbes Jahrtausend her und noch heute sind die Landsberger darauf stolz. Im Festsaal des Rathauses ist auf einem großen Gemälde dieses Ereignis festgehalten. Alle vier Jahre ist diese Szene der Mit-

Ruethenfest
(Bild Tourist-Information Landsberg)

Stadtfest
(Bild Tourist-Information Landsberg)

telpunkt des größten Festes der Stadt, des Ruethenfestes. Landsberger Kinder in historischen Kostümen spielen dann begeistert die Geschichte der Stadt. Auf dem Hauptplatz wird getanzt wie damals. In einem langen und bunten Festzug durch die geschmückte Altstadt ziehen prächtige Pferde, stilvolle Kutschen und Reitergruppen die Besucher in ihren Bann, lassen die Zeit der Kaiser und Herzöge, Bürger, Landsknechte und Falkenjäger wieder aufleben. Der Überlieferung nach zogen die Mädchen und Buben in Begleitung ihrer Präzeptoren (Lehrer) im Frühling vor die Tore der Stadt, um ‚Ruethen' zu brechen. Mit den abgeschnittenen Gerten wanderten sie zurück zu ihren Eltern, von denen sie dann in einem schattigen Garten bewirtet wurden. Das nächste Ruethenfest findet im Juli 2023 statt.

Zum Landsberger Festkalender zählen außerdem die Sebastians-Prozession zu Ehren des Stadtpatrons St. Sebastian an einem Januar-Sonntag, der Faschingsumzug am „Lumpigen Donnerstag", das Volksfest „Landsberger Wiesn" das Stadtfest auf dem Hauptplatz im Juli, alle zwei Jahre im Juli die Herkomer-Konkurrenz, der Süddeutsche Töpfermarkt am Mutterturm im Juli/August, die Lange Kunstnacht im September und der Landsberger Christkindlmarkt im Dezember.

Einen festen Platz im Kalender aller Filmfreunde hat sich das Snowdance Independent Filmfestival erobert, das jedes Jahr Ende Januar/Anfang Februar stattfindet und sich zum national und international angesehensten „neuen" Festival in Deutschland entwickelt hat. Ein Treffpunkt und ein Schmelztiegel für Schauspieler, Regisseure, Produzenten und alle, die sich für Film und für das Filmemachen interessieren.

Inselbad
(Bild Tourist-Information Landsberg)

Freizeit und Sport

Inselbad

Das Inselbad mitten in der Stadt erwartet die großen und kleinen Wasserratten an einem der schönsten Plätze Landsbergs – direkt am Lech. Spaß, Aktion, Erholung und Sport, baden, faulenzen, sonnen und toben werden hier groß geschrieben, den ganzen Sommer lang.

Badevergnügen pur

Auf einer Gesamtfläche von 13.000 qm verteilen sich Sportbecken, Wellenbecken, Sprungbecken sowie Kinderbadebereich, Freefallrutsche mit 10 m Höhe und Breitbahnrutsche mit 4 m Höhe: Badevergnügen pur. Auf einer Liegefläche von 7.000 qm findet der Badegast ganz sicher sein Plätzchen zum Ausruhen. Zu den Kursangeboten gehören Schwimm- und Tauchkurse sowie Aquajogging-Kurse.

Wandern

Am Rand der Altstadt beginnt das Netz von Wander- und Fahrradwegen. Besonders reizvoll sind die Auwälder, wo man seltene Orchideen und uralte Bäume antrifft. Die Altwasserarme bieten idealen Lebensraum für die Biber. Am Lechufer kann man die weißen Seidenreiher entdecken.

Besonders bei Familien ist der Lechpark ‚Pössinger Au' südlich der Stadt beliebt. Das ganze Jahr über freuen sich die Besucher über das Kneippbad am Steilhang mit seinem eisigen Quellwasser und dem Barfußweg, den einfallsreich gestalteten Wasserspielplatz für die Kinder und über die Wildschweine in ihren Gehegen.

Den Damhirschen mit ihren Kälbern kann man sogar auf den Wegen begegnen. Der Wald zwischen Landsberg und dem Stadtteil Pitzling ist ein herrliches Naherholungsgebiet. Gleichzeitig enthält es wichtige Lebensräume für selten gewordene Tiere (Uhu) und Pflanzen (Sanddorn, Orchideenarten) und ist als wesentlicher Teil des Landschaftsschutzgebietes Lechtal-Süd von überregionaler Bedeutung für den Naturschutz. Noch ehe man das Damwildgatter betritt, ist beim ehemaligen ‚Wasserhaus' ein 40.000 Liter fassendes Aquarium eines Landsberger Sportfischergeschäftes zu besichtigen, in dem sämtliche Fried- und Raubfische heimischer Gewässer leben. Vorbei am alten Nonnenturm, einem Eckpfeiler der einstigen Stadtbefestigung, führt der Weg hinein in die „Pössinger Au". Eine Orientierungstafel erleichtert die Planung des Spazierweges.

Wer es wagt, die düstere Teufelsküchenschlucht in der Dämmerung oder gar in der Nacht hinaufzusteigen, wird entführt in die Welt der Volkssagen, die Karl Freiherr von Leoprechting vom nahen Schloss Pöring aufgeschrieben hat.

Wanderwege in der Region

Der LechErlebnisweg, gekennzeichnet mit einem „L", führt von Landsberg nach Füssen.

Auch die Romantische Straße bietet einen wunderbaren Wanderweg von Würzburg bis Füssen.

Ein gekröntes „K" kennzeichnet den König-Ludwig-Wanderweg, der durch die Region verläuft.

Peter-Dörfler-Weg
(Bild Klinger)

Radfahren

Die Romantische Straße ist Deutschlands bekannteste und beliebteste Ferienstraße, geprägt von Natur, Kultur und Gastlichkeit. Radfahrer können von Würzburg bis Füssen auf dem eigens ausgeschilderten 3-Sterne Radfernweg Romantische Straße entlang der grünen Hinweisschilder auf 460 Kilometern radeln. Malerische Landschaften entlang des Lechs oder am Ammersee, romantische Winkel und verträumte Gassen laden zum Verweilen ein. Der Weg ist das Ziel.

Die Via Claudia Augusta, einst für die Römer die wichtigste Strecke zur Alpenüberquerung, führt auf insgesamt 700 km von Donauwörth bis nach Venedig. In der Landsberger Region führt der historische Weg von Augsburg durchs Lechfeld bis nach Landsberg im Lech. Von dort geht es über Epfach und Schongau in Richtung Pfaffenwinkel weiter. Bei Epfach gab es einen römischen Militärstützpunkt, denn hier lag der strategisch bedeutsame Knotenpunkt von Via Claudia Augusta und Salzstraße. Später entstand dort die Siedlung Abodiacum, deren Überreste heute im gleichnamigen Museum besichtigt werden können. Diese und weitere kulturhistorische Perlen erwarten die Radler auf ihrer Tour auf den Spuren der Zeit.

Kulinarisches

In Traditionsgasthäusern findet der Gast die sprichwörtliche bayerische Gemütlichkeit. Bayerische Schmankerl stehen auf der Karte, deftige Schweinshaxen mit Knödeln, Dampfnudeln oder Krautwickerl aus Omas Küche laden mit ihrem betörenden Aroma zum Bleiben ein.

Einkaufen

Dreimal in der Woche (Mittwoch und Samstagvormittag) findet man auf

Lechwehr
(Bild Tourist-Information Landsberg)

dem bunten Wochenmarkt frisches Obst und Gemüse, vieles davon aus ökologischem Anbau. Beim wöchentlichen Bauernmarkt am Donnerstagnachmittag werden Produkte aus dem Umland angeboten.

Seit dem Mittelalter gibt es die beiden Jahrmärkte Veitsmarkt und Kreuzmarkt mitten in der Stadt. Ein breites Sortiment wichtiger und weniger wichtiger Artikel weckt das Interesse der Kunden. Man bleibt gerne stehen, wenn der Duft nach frisch gebrannten Mandeln oder warmem Leberkäse durch die Straße zieht.

Interessant und beliebt bei Besuchern und Ausstellern ist auch der Süddeutsche Töpfermarkt an der Westseite des Lechs beim Mutterturm.

Ein weiterer Höhepunkt des Jahres ist der stimmungsvolle Christkindlmarkt auf dem Hauptplatz durch die Fußgängerzone und dem Georg-Hellmair-Platz vor der Stadtpfarrkirche in der Zeit vor Weihnachten.

Wichtige Adressen und Telefonnummern

Tourist-Information
Historisches Rathaus
Hauptplatz 152
D-86899 Landsberg am Lech
Tel. +49 (0)8191 12 82 46
Fax +49 (0)8191 12 81 60
touristinfo@landsberg.de
www.landsberg.de

Veranstaltungshinweise und Termine:
www.kulturinlandsberg.de
www.veranstaltungen.landsberg.de/landsberg-am-lech/

Weitere Rad- und Wandervorschläge findet man unter:
www.ammersee-lech.de/service/unterwegs/touren/

Einzigartiges Ausflugsziel am Lech

Herkomer Museum in Landsberg

Traditionalist und kreatives Kraftwerk – Landsbergs Ehrenbürger Hubert von Herkomer (1849-1914) war beides in einer Person. Als Porträtmaler war er berühmt, gehörte er doch zu den wichtigsten Porträtisten viktorianischer Zeit. Gleichzeitig war er Musiker und Filmregisseur sowie Initiator der ersten Autorallye in Deutschland.

Ein Künstler, der das gediegene Handwerk schätzte und sich für den technischen Fortschritt begeisterte. Der Tradition verpflichtet und gleichzeitig für die Moderne aufgeschlossen, ist sein Lebensweg ein faszinierendes Beispiel für den Zeitgeist der Jahrhundertwende. Der zweisprachige Kosmopolit hatte in Bayern wie in England seine Heimat gefunden. Für Herkomer war dies kein Widerspruch, sondern aufgrund seiner enormen Schaffenskraft und seines kreativ vielseitigen Naturells Anregung und Lebenselixier.

Das Herkomer Museum im ehemaligen Wohnhaus der Familie beherbergt neben Kunstwerken auch den privaten Nachlass des Künstlers. Den „Mutterturm", ein außergewöhnliches Denkmal des Historismus, ließ Herkomer ab 1884 nach eigenen Plänen errichten. Die weitgehend original erhaltene Ausstattung wurde von Mitgliedern seiner Familie geschaffen, sodass der Turm den Höhepunkt des Museumsrundgangs bildet. Zusammen mit dem umgebenden Landschaftspark bilden Museum, Café und Mutterturm ein einzigartiges Ausflugsziel.

Öffnungszeiten

Mai bis Okt.: Di. bis So. 13 – 18 Uhr,
Nov. bis April: Sa. u. So. 12 – 17 Uhr.

Herkomer Museum

Von-Kühlmann-Straße 2
D-86899 Landsberg am Lech
Tel. +49 (0) 81 91 - 12 82 51
herkomer-museum@landsberg.de
www.herkomer.de

Steinzeitdorf Pestenacker

Eine Entdeckungsreise durch die Steinzeit

In der kleinen Gemeinde Weil bei Landsberg stießen Bauarbeiter 1934 in einer Moorschicht auf prähistorische Holzfunde. Bei den Überresten handelte es sich um eine Siedlung der „Altheimer Kultur" aus der Jungsteinzeit.

Heute gehört das Steinzeitdorf zum UNESCO-Weltkulturerbe und zeigt lebendige Geschichte zum Entdecken und Mitmachen. Ein in Originalgröße rekonstruiertes Wohnstallhaus aus der Jungsteinzeit wartet ebenso darauf besichtigt zu werden, wie der Steinzeitgarten, in dem man viel über die Getreidearten und Kräuter unserer Vorfahren erfährt. Darüber hinaus wird der Besucher informiert, wie vor über 5.500 Jahren Honig geernet wurde. In einem steinzeitlichen Lehmofen wird regelmäßig Brot gebacken.

(Landkreis Landsberg, Lejla Hasukic)

Im Besucherpavillon schließlich sind Werkzeuge, Waffen, Keramiken und Geflechte nach Vorbildern der Jungsteinzeit zu sehen und neben der spannenden Ausstellung lädt ein Aktionsprogramm zum Mitmachen ein.

(Landkreis Landsberg, Kreisheimatpflege, Stephanie Irlen)

Geöffnet ist das Steinzeitdorf Pestenacker vom 1. April bis 31. Oktober jeweils Montag 16 bis 19 Uhr, Mittwoch 10 bis 13 Uhr und am Samstag/Sonntag von 13.30 bis 16.30 Uhr. Die aktuellen Öffnungszeiten können auf der Homepage ersehen werden.

Steinzeitdorf Pestenacker
Hauptstr. 100
D-86947 Weil/OT Pestenacker
steinzeitdorf-pestenacker@lra-ll.bayern.de
www.steinzeitdorf-pestenacker.de

Bayerische Gemütlichkeit in zentraler Lage

Gasthof Mohren

Der traditionsreiche Gasthof Mohren, gelegen mitten im malerischen Stadtzentrum, ist einer der ältesten Landsberger Gasthöfe. Das Gebäude kann auf rund 600 Jahre Geschichte zurückblicken. Bis ins 18. Jahrhundert wurde es als "Weinwirtschaft Mohrenkopf" betrieben, im Jahr 1844 kam dann ein großer Festsaal hinzu, der Ende des 19. Jahrhunderts in Gästezimmer umgebaut wurde.

Der Mohren bietet seinen Gästen eine ehrliche und bodenständige bayerische Küche, ergänzt mit modernen Köstlichkeiten mit internationalem Einfluss – ganz im Stil des "Mohren im neuen G'wand". Im Landsberger Traditionsgasthof werden Regionalität, Frische und Geschmack großgeschrieben.

Es wird Wert auf eine nachvollziehbare Herkunft der verwendeten Produkte gelegt: Fleisch und Fisch kommt von heimischen Metzgern und aus regionaler Fischzucht, das Brot wird von einem lokalen Öko-Bäcker bezogen, frisches Obst und Gemüse kommt direkt aus der Markthalle Landsberg. Bei den ausgesuchten Weinen und Spirituosen ist die über 30jährige Erfahrung des Weinhändlers erkennbar. So ergeben sich kurze Lieferwege und beste Qualität, auf die man sich als Gast verlassen kann.

Ob deftige Brotzeiten, klassische Hauptspeisen oder süße Schlemmereien: Auf der Speisekarte wird jeder fündig.
Die geschmackvollen Speisen werden entweder im gemütlichen, bayerisch-Lokal oder draußen auf dem Hauptplatz, nur ein paar Schritte vom historischen Rathaus entfernt, serviert. Die traumhafte Lage inmitten der Altstadt mit seinen geschichtsträchtigen Häuserfassaden, dem Schmalzturm und dem Marienbrunnen sorgen für ein stimmiges Am-

biente, in dem man sich entspannt zurücklehnen kann.
Für Übernachtungsgäste bietet der Gasthof Mohren 14 einfache, modern eingerichtete Zimmer an. Die mit Parkettböden ausgestatteten Zimmer verfügen alle über Dusche/WC, Fernseher, Sitzgelegenheit sowie kostenfreies W-LAN. Ob in der König-Ludwig-Suite mit historischem Touch, im Doppelzimmer mit individuellen familiären Design oder im Einzelzimmer mit bayerischem Stil – für jeden Geschmack findet sich ein hell und freundlich eingerichtetes Zimmer. Das Frühstück kann unkompliziert in einer der naheliegenden Bäckereien eingenommen werden.
Der Gasthof ist der optimale Ausgangspunkt für Erkundungen der Umgebung. Sei es ein Stadtbummel durch die verwinkelten Gassen mit den bunten Häusern und Türmen, ein Spaziergang zum Lechwehr oder die Erkundung des Wildparks – durch die zentrale Lage des Mohren lässt sich Landsberg perfekt zu Fuß erkunden. Der Bahnhof ist ebenfalls nur einen Katzensprung entfernt und bietet die perfekte Möglichkeit für entspannte Ausflüge in die Region. Unzählige Freizeitmöglichkeiten rund um Landsberg – zum Beispiel an den nahen Ammersee, nach München oder ins Allgäu – lassen den Aufenthalt im Gasthof Mohren zu einem kurzweiligen Vergnügen werden.

Gasthof Mohren
Hauptplatz 148
D-86899 Landsberg am Lech
Tel. +49 (0) 81 91-9 69 47 01
gasthof@mohren-landsberg.de
www.mohren-landsberg.de

Aus Liebe zur Tradition

Fischerwirt

Fast schon eine Institution in Landsberg: Wer Wert auf Vielfältigkeit, zügigen und freundlichen Service und beste Qualität legt, ist im Fischerwirt mehr als gut aufgehoben.

Die Inhaberfamilie verwöhnt ihre Gäste mit frischem Fisch sowie traditionellen schwäbisch-bayerische Gerichten, gepaart mit modernen Kreationen.

Im Herzen der Altstadt gelegen, bietet der Fischerwirt ein traditionsreiches Ambiente. Das Haus kann bereits auf eine bald 500jährige Geschichte zurückblicken. Mitte des 16. Jahrhunderts entstand im Landsberger Zentrum ein geschäftiges Treiben mit Schleifmühle, Getreidemühle, Gerberei und weiteren Handwerkern und Gewerken.

Der heutige Fischerwirt wurde dort ursprünglich vom Stadtprobst, dem Verwalter der städtischen Liegenschaften, bewohnt. Später folgte die Nutzung als Kaserne, bis das Gebäude 1873 zu einem Wirtshaus umgebaut wurde. Seitdem wird diese Tradition fortgeführt.

Die ruhige, aber dennoch zentrale Lage im Herzen der Altstadt machen den Fischwirt zu einem Ort zum Wohlfühlen. Fast schon romantisch sitzt man in der kleinen Altane, einer Art Loggia, und blickt direkt auf den Mühlbach. Der kleine Kanal, der sich durch Landsberg schlängelt, fließt direkt am Haus vorbei. Aber auch in der urigen Gaststube mit den blanken Tischen und dem heimeligen Kachelofen oder im kleinen Nebenzimmer lässt es sich hervorragend in authentischer Atmosphäre speisen, eine gepflegte Halbe trinken oder ein Gläschen Wein genießen. Im Sommer gibt es vor dem Haus einen gemütlicher kleiner Biergarten mit Blick auf das

historische Färbertor. Direkt neben dem Restaurant befindet sich zudem die helle und gemütlich eingerichtete Fischerwirt-Ferienwohnung, die von bis zu vier Personen genutzt werden kann.

Essen und Trinken hält Leib und Seele zusammen – das weiß man auch im Fischerwirt. Die kleine, aber feine Karte punktet mit einem fairen Preis-Leistungsverhältnis. Die liebevoll und raffiniert angerichteten Gerichte werden stets frisch zubereitet und wechseln zudem je nach Jahreszeit und Marktangebot. So stehen typisch bayerische Schmankerl, wie ofenfrischer, zarter Schweinekrustenbraten oder deftige Käsespätzle ebenso auf der Karte wie – ganz dem Namen entsprechend – Fisch, im Ganzen gebraten und wechselnd je nach Tagesangebot.

Vorwiegend regionale Erzeuger liefern hierfür die Zutaten. Eine Auswahl an erlesenen Weinen und regionalen Schnäpsen runden das Angebot ab.

Beliebt bei den Gästen sind auch die wechselnden Mittagsmenüs oder die knackfrischen sommerlichen Salatvariationen.

Besonders stolz ist man im Fischerwirt auf die in den letzten Jahren erhaltenen Auszeichnungen: So erhielt die Traditionsgaststätte beispielsweise 2018 zwei Rauten vom Bayerischen Staatsministerium für Ernährung, Landwirtschaft und Forsten und dem Bayerischen Hotel- und Gaststättenverband DEHOGA für die "ausgezeichnete bayerische Küche" und wurde zudem als Landkreissieger prämiert. Für den Gast ein Garant, dass er sich auf die Qualität und gelebte Gastfreundschaft im Fischerwirt verlassen kann!

Fischerwirt

Roßmarkt 197
D-86899 Landsberg am Lech
Tel. +49 (0)81 91-5 07 28
fischerwirt-landsberg@t-online.de
www. fischerwirt-landsberg.de

Bodenständiges Campen & leckere Schnitzelvariationen

Campingplatz Landsberg

Inmitten einer idyllischen Landschaft entlang der Romantischen Straße, umgeben von kilometerlangen Rad- und Wanderwegen, liegt der Campingplatz Landsberg direkt den Toren der mittelalterlichen Stadt Landsberg. In der Natur und gleichzeitig zentral: Die bodenständige und ruhige Anlage befindet sich auf einem weitläufigen, leicht abfallenden Wiesengelände, umgeben von Wald und Feldern. Die Altstadt von Landsberg ist nur wenige Kilometer entfernt und auf einem dreißigminütigen Spaziergang oder in zehn Minuten mit dem Fahrrad erreichbar.

Der gepflegte und naturnahe Campingplatz verfügt über 250 touristische Stellplätze für Wohnwagen und Wohnmobile sowie über 250 Plätze für Dauercamper. Die großzügigen, überwiegend schattigen Plätze verfügen alle über einen Stromanschluss. Frischwasseranschlüsse sind auf der gesamten Anlage verteilt.

Auf der separaten Zeltwiese können bis zu 500 Zelte untergebracht werden. Zudem gibt es die Möglichkeit, zwei Gästezimmer mit Gemeinschaftsküche und -bad sowie zwei geräumige Ferienwohnungen zu mieten.

Die zwei Sanitärgebäude verfügen über einen Babywickelraum, behindertengerechte Sanitärkabinen sowie ein Becken für Kleinwäsche und Geschirr. Der Waschraum mit Waschmaschinen und Wäschetrockner kann gegen geringe Gebühr genutzt werden.

Damit auch den kleinen Gästen nicht langweilig wird, steht ein großzügig angelegter Spielplatz zur Verfügung. Der Besuch des nebenan gelegenen Wildparks mit Wasserspielplatz ist für Familien fast schon ein Muss.

Es lohnt sich, das beliebte "Schnitzelhaus" zu besuchen. Die handgeklopften Schnitzel, deftigen Brotzeiten und russischen Köstlichkeiten warten nur darauf, von den Gästen probiert zu werden. Alle Gerichte werden frisch aus ausgewählten Zutaten zubereitet. Im Sommer kann man den Tag gemütlich im Biergarten ausklingen lassen.

Im Winter lädt der urige Gastraum mit Kamin zum Verweilen ein. Für Selbstversorger stehen ein kleiner Grillplatz sowie ein Imbiss zur Verfügung, an dem jeden Morgen frisch aufgebackene Semmeln angeboten werden. Zudem lassen sich dort kühle Getränke, Eis und kleine Speisen, wie original Thüringer Rostbratwurst oder russisches Schaschlik, erwerben und im dazugehörigen Biergarten verzehren.

Für E-Bikes ist eine Ladestation vorhanden. WLAN ist kostenlos an der Rezeption und am Schnitzelhaus verfügbar. Für Wohnmobile bietet der Campingplatz Landsberg eine Ent- und Versorgungsstation für Ab- und Frischwasser.

Campingplatz Landsberg & Schnitzelhaus

Camping Landsberg am Lech GbR
Pössinger Au 1
D-86899 Landsberg am Lech
Tel. +49 (0)81 91-2 14 06
info@camping-landsberg.com
www.camping-landsberg.com

Der Platz ist ganzjährig geöffnet.
Hunde sind willkommen.

Prittriching

Liebenswerte Gemeinde am Verlorenen Bach

Prittriching (ugs. Burching genannt) liegt am nördlichen Rand des Landkreises Landsberg am Lech. Die Altmoränen im Osten, das weite Lechfeld und der Lech 2 Kilometer westlich sowie der 1965 regulierte und um die Westseite des Dorfes umgeleitete "Verlorene Bach" prägen die ausnehmend flache Prittrichinger Flur. Die Gemeinde hat ca. 2.400 Einwohner, ist Mitglied und Sitz der Verwaltungsgemeinschaft Prittriching, zu der auch die Gemeinde Scheuring gehört. Sie besteht aus den Gemarkungen Prittriching und Winkl.

Kurzer Blick ins Geschichtsbuch

Der Ursprung des Dorfes Prittriching ist wohl im Zusammenhang mit der bajuwarisch-alemannischen Landnahme für das 6. Jh. zu sehen. Eine erste urkundliche Erwähnung findet sich aus dem Jahr 1096 in einem Güterverzeichnis der Domdekanei Augsburg. Die Namensgebung des für den Fremden nicht ganz einfach auszusprechenden Ortsnamens – Einheimische nennen ihren Ort ohnehin liebevoll „Burching" – verweist auf den Eigennamen „Priderich" und mit der Endung „-ing" auf eine bajuwarische

Spatzenturm, Frauenkirche und Baderhaus
(Bilder Gemeinde Prittriching)

Besiedlung. Als ehemalige Grundherren sind eine Vielzahl archivalisch benannt: die Klöster Benediktbeuern, Dießen, Rottenbuch, Polling, Wessobrunn, St. Ulrich in Augsburg, teilweise auch Altomünster und Tegernsee sowie diverse Adelshäuser und reiche Bürger aus Augsburg. Am Ort selbst lebten bis zur Säkularisation nur wenige Freie mit eigenen Besitzungen. Die beiden Kirchen, die Pfarrkirche St. Peter und Paul im Oberdorf und die Frauenkirche im Unterdorf, die seit dem Mittelalter nachgewiesen werden können, weisen auf zwei Ortskerne hin, die im Laufe der Zeit miteinander verschmolzen sind.

Zur Prittrichinger Ortsgeschichte sind folgende Bücher im Rathaus erhältlich:
Heft 1: Frauenkirche
Heft 2: Schule und Heimatmuseum
Heft 3: Häuser und Höfe
Heft 4: Verlorener Bach und Lech
Heft 5: Vereine
Außerdem gibt es den Kirchenführer „Kirchen der Pfarrei Prittriching" und von Rudolf Pfeil die Ortsgeschichte von Winkl.

Sehenswürdigkeiten

Der Dorfplatz lädt ein zu einer Rast auf Sitzbänken an einem Brunnen mit Blick auf das Wahrzeichen der Gemeinde, den Spatzenturm. Dieser Torturm der ehemaligen Friedhofsbefestigung, die man links noch gut erkennen kann, stammt aus dem 15. Jh. und ist der westliche Eingang zur Dorfkirche „Unsere liebe Frau". Rechts davon steht das Baderhaus, das zu Beginn des 19. Jahrhunderts die Schule und heute u.a. die Blaskapelle und die Landjugend beherbergt.

Sehenswert ist in der „Frauenkirche", wie sie die Prittrichinger nennen, der Saalbau mit eingezogenem Polygonalchor und dem Chorflankenturm, der aus der zweiten Hälfte des 15. Jh. stammt. Um 1730 wurde die Ausstattung der Kirche barockisiert. Genaueres zur Frauenkirche erfährt man im Heft 1 der Beiträge zur Prittrichinger Ortsgeschichte. Ein Abstecher zur „Pfarrkirche St. Peter und Paul", die zusammen mit dem Pfarrhaus den von Süden kommenden Besucher mit seinem das obere Dorfbild prägenden Ensemble empfängt, lohnt sich. Das spätgotische Langhaus und das barockisierte Innere sind ebenso eindrucksvoll wie der weite Blick vor dem Kirchenportal über das Dorf bis zu den westlichen Wäldern.
Zwischen den beiden Kirchen liegt das

Schulhaus

Schulhaus der Gemeinde. Ein Jugendstilbau, der 2010 sein 100-jähriges Bestehen feierte. Das Schulhaus beherbergt nicht nur die Grundschule, eine Mittags- und eine Ferienbetreuung für Grundschulkinder, sondern

unter dem Dach auch das Heimatmuseum der Gemeinde. Dieses wurde zur 900-Jahr-Feier der Gemeinde eröffnet und zeigt auf 650 m^2 Ausstellungsfläche neben einer historischen Schulstube auch eine Küche, eine Stube und ein Schlafzimmer aus früherer Zeit. Sehr aufschlussreich sind auch die Gerätschaften aus der ländlichen Hauswirtschaft, der Landwirtschaft und dem dörflichen Handwerk und die durch die Arbeitsgemeinschaft Ortsgeschichte jährlich neu zusammengestellten Sonderausstellungen. Führungen sind jederzeit zwischen Mai und Oktober möglich.

Fährt man mit dem Fahrrad vom Dorfplatz auf der Hauptstraße Richtung Süden auf dem Radweg Romantische Straße (Route 1), kommt man auch an den beiden Kapellen Prittrichings vorbei. Die Jakobskapelle der Gemeinde ist ein achteckiger Zentralbau mit Dreipassfenstern und weist damit eine für den süddeutschen Raum sehr seltene Bauart auf.

Die Assisi-Kapelle aus dem Jahre 2006 ist sowohl innen als auch außen aus Kupfer. Sie stellt ein eindrückliches Beispiel für die Vereinigung von Glauben und Handwerk dar und lädt ein zur Besinnung und Meditation. Bleibt man auf dieser Route 1, kommt man nach Scheuring Richtung Landsberg am Lech. Fährt man die Route 2 des Radweges, kommt man über Winkl weiter nach Pestenacker, wo man auf eine prähistorische Siedlung trifft, die seit 2011 zum UNESCO-Weltkulturerbe gehört. Informationen sind unter www.ammersee-region.de/rad-wanderwege-ammersee-lech.html erhältlich.

Freizeit und Sport

Freibad

Nicht nur durch die kulturellen Höhepunkte ist Prittriching eine lebenswerte Gemeinde. In unmittelbarer Nähe der Assisi-Kapelle, ebenfalls am Südrand des Ortes, befindet sich das öffentliche Freibad. Dank technischer Einrichtungen wartet das Warmwasser-Freibad in Prittriching mit einer hervorragenden Wasserqualität auf. Das Bad ist während der Badesaison täglich von 9 bis 20 Uhr geöffnet. Neben einem Schwimmerbereich kommen Kinder in einem Planschbecken auf ihre Kosten. Für das leibliche

Wohl sorgt ein Kiosk, dem ein schattiger Biergarten auch für Wasserscheue angeschlossen ist.

Orts- und Infrastruktur

Verkehrswege

Man erreicht Prittriching mit dem Auto über die Romantische Straße (Kreisstraße LL 7), etwa auf halbem Weg zwischen Friedberg (Schwaben) und Landsberg am Lech oder mit dem Fahrrad über den Radweg Romantische Straße.

Weltoffen wohnen

Auf dem Erlenweiherhof in Winkl ist eine integrative Begegnungsstätte für Kinder, Jugendliche und Erwachsene mit seelischen, körperlichen und geistigen Beeinträchtigungen entstanden, die therapeutisches Reiten anbietet. Eine gut sortierte Bücherei und etliche Vereine am Ort sorgen für abwechslungsreiche Freizeitbeschäftigungen jeder Art. Für die kleinsten Gemeindemitglieder gibt es den 2014 grundlegend sanierten Kindergarten mit Kinderkrippe, Mittagessen und Nachmittagsbetreuung. Dinge des täglichen Bedarfs können direkt vor Ort eingekauft werden, der Ort verfügt über eine Gemeinschaftspraxis mit fünf Ärzten, eine Zahnarztpraxis, Physiotherapeuten sowie eine Apotheke. Neben den zahlreichen Handwerksbetrieben und einigen mittelständischen Unternehmen trägt die verkehrsgünstige Lage von Prittriching dazu bei, dass Arbeits-und Ausbildungsplätze rund um den Ort zur Verfügung stehen, sodass Familien, junge wie auch ältere Menschen in Prittriching angenehm leben können.

Wichtige Adressen und Telefonnummern

Gemeinde Prittriching
Verwaltungsgemeinschaft
Bgm.-Franz-Ditsch-Str. 7
D-86931 Prittriching
Tel. +49 (0)8206 96 100
Fax +49 (0)8206 96 10 96
poststelle@vgprittriching.de
www.prittriching.de

Obere Kirche

Pürgen

Sicht bis zu den Alpen

Pürgen (648 m ü. M., 3552 Einwohner), in der Nähe von Landsberg, mit seinen Ortsteilen Ummendorf, Lengenfeld und Stoffen ist eingebettet in die Moränenlandschaft auf der Lechhochterrasse. Ein Teil des Dorfes liegt am Nordhang des Kapellenbergs, ein anderer Teil in der Talsenke zu Füßen des Kapellen-, des Mühl- und des Diensberges. Der zentrale Dorfweiher gibt dem Ort noch ein besonderes Flair.

Der einzeln stehende Kapellenberg (672 m) erinnert an die Flussschlinge eines eiszeitlichen Schmelzwassertales. Von dieser Erhebung aus hat man einen sehr schönen Rundblick, bei klarer Sicht bis hin zu den Alpen.

Kurzer Blick ins Geschichtsbuch

Die Hügelgräber zwischen Pürgen und Hofstetten stammen aus der Hallstattzeit, ungefähr 600 bis 700 v. Chr. In den Jahren nach dem 1. Weltkrieg wurden einige untersucht. Dabei wurden Brand- und Skelettbestattungen mit eindrucksvoll verzierten Hallstattgefäßen freigelegt.

Sehenswürdigkeiten

Pürgen

Das Pfarrhaus, ein Putzbau mit Walmdach, stammt aus dem Jahre 1747.

Die Lourdes-Grotte wurde 1896 errichtet.

Wer mit offenen Augen durch den Ort geht, entdeckt einige alte Bauernhäuser, die bis ins 17. Jahrhundert zurückreichen.

St. Michael, Ummendorf
(Bilder Gemeinde Pürgen)

Bei der katholischen Pfarrkirche St. Georg handelt es sich um einen Saalbau mit eingezogenem Polygonalchor und Chorflankenturm aus der 2. Hälfte des 14. Jahrhunderts. Die Kirche wurde um das Jahr 1500 errichtet, ihre Ausstattung im 17./18. Jahrhundert barockisiert.

Lengenfeld

Die Feldkapelle am Kirchenweg nach Stoffen wurde 1884 errichtet, die kath. Kirche St. Nikolaus 1755 erbaut.

Stoffen

Der ehemalige Zehentstadel des Klosters Andechs ist ein stattlicher Halbwalmdachbau aus dem 18. Jahrhundert.

Die sog. Schwedenkapelle stammt aus dem Jahre 1697. Das Pfarrhaus wurde 1687, das ehem. Gasthaus um 1800 erbaut.

Ummendorf

Die katholische Kapelle Maria Hilf am südlichen Ortsausgang stammt aus dem Jahre 1852.

Die Filialkirche St. Michael geht in ihrem Kern auf das 14. Jahrhundert zurück. Das Kruzifix im Innenraum, eine Statue von St. Michael und weitere Figuren stammen aus der Landsberger Bildhauerwerkstatt von Vater und Sohn Luidl.

Freizeit und Sport

Der nahe Lech lädt zu den verschiedensten Freizeit-Aktivitäten ein.

St. Georg, Pürgen

Orts- und Infrastuktur

Verkehrswege

Durch den Ort zieht sich die Staatsstraße Landsberg-Weilheim und nach Dießen am Ammersee.

Schule und Bildung

Grundschule und Kindergarten in Lengenfeld sind für Kinder wichtige Bildungseinrichtungen.

Wichtige Adressen und Telefonnummern

Gemeinde Pürgen
Weilheimer Str. 2
D-86932 Pürgen
Tel. +49 (0)8196 9301-0
Fax +49 (0)8196 9301-30
gemeinde@puergen.de
www.puergen.de

Scheuring

Am Lechrain

Die Gemeinde Scheuring (1.950 Einwohner) im oberbayerischen Landkreis Landsberg am Lech ist Mitglied der Verwaltungsgemeinschaft Prittriching. Sie besteht aus dem Pfarrdorf Scheuring, den Einöden Haltenberg und Zollhaus sowie dem Gut Lichtenberg. Der Lech fließt westlich des Dorfes. Die Gemeinde ist umgeben von Wiesen, Auwäldern und Ackerland.

Scheuring liegt günstig zwischen Augsburg, das 30 km, und Landsberg am Lech, das 15 km entfernt ist. Die Bundesstraße 17, die beide Orte verbindet, ist nur wenige Kilometer entfernt.

Kurzer Blick ins Geschichtsbuch

Die Region war bereits in vorchristlicher Zeit besiedelt, wie Gräberfunde nachweisen. Scheuring wurde im 12. Jahrhundert erstmals urkundlich erwähnt. Es gehörte unter wechselnden Besitzern zum Rentamt München im Kurfürstentum Bayern.

Sehenswürdigkeiten

Die im Ursprung spätgotische Pfarrkirche St. Martin wurde nach der Zerstörung im 30jährigen Krieg 1663 wieder aufgebaut. 1753 wurde der Innenraum im Rokokostil mit Deckenstuck und Fresken ausgestattet.

Die Filialkirche St. Johannes d. T. auf einer Anhöhe im Norden des Dorfes ist ein bedeutender gotischer Sakralbau, der 1472 errichtet wurde. Der wuchtige Turm mit sieben Geschossen und hohem Spitzhelm ist weithin sichtbar.

Nahe am Radweg „Romantische Straße“ liegt die Lourdesgrotte, ein besinnlicher, ruhiger Ort zum Innehalten und ausruhen. Der Weg zur Grotte ist gut beschildert.

Das 1996 eröffnete Heimatmuseum im Dachgeschoss des neuen Rathauses zeigt die Ortsgeschichte mit Häuserchroniken und Landkarten sowie Exponate zur Alltagskultur. Öffnungszeiten unter Tel. +49 (0)8195 251.

Freizeit und Sport

Der nahe Lech ist Ziel erholsamer Freizeitaktivitäten. Neben Möglichkeiten zum Baden und Paddeln kann man an den Ufern genussvoll wandern oder Rad fahren.

Eine lohnende Wanderroute ist der 8 km lange leichte Rundwanderweg „Der Lech zwischen Schwabstadl und Scheuring" zwischen den Staustufen 19 und 20 mit Start und Ziel beim Parkplatz am Zollhaus. Nahe der Staustufe 20 kann man hunderte Wasservögel zwischen Vogelinsel und Ostufer beobachten.

Zwischen Lech und Ortschaft verläuft der Radweg „Romantische Straße" der sehr gut frequentiert und beschildert ist. Etwas nördlich vom Badeplatz befindet sich direkt am Radweg der im Jahr 2020 errichtete Vereinsstadel, dort finden Radfahrer eine schattigen und trockenen Platz zur Rast mit Sitzmöglichkeit und als Service der Dorfgemeinschaft, Fahrradflickzeug, Werkzeug und Pressluft zum Reifen aufpumpen sowie eine E-Bike Ladestation.

Der Pferdehof Maisterl in der Blumenstraße bietet Ponyreiten an.

Lohnend sind auch Ausflüge zum Oskar Weinert Naturfreundehaus und zur Burgruine Haltenberg.

Veranstaltungen

Das Jahresprogramm im Scheuring wird maßgeblich gestaltet durch die Feste, sportlichen Wettbewerbe und Veranstaltungen der aktiven Vereine in der Gemeinde.

Der beliebte, traditionelle Martinsmarkt findet Anfang November auf dem Kirchplatz statt.

Wichtige Adressen und Telefonnummern

Gemeinde Scheuring
Kirchplatz 1
D-86937 Scheuring
Tel. +49 (0)8195 251
Fax +49 (0)8195 931 962
gemeinde-scheuring@mnet-online.de
www.scheuring.eu

Burgruine Haltenberg
(Bilder Gemeinde Scheuring)

Schwifting

Liebenswerte Gemeinde nahe Landsberg am Lech

Schwifting ist eine Gemeinde (rund 1.035 Einwohner) im oberbayerischen Landkreis Landsberg am Lech. Sie liegt vier Kilometer östlich von Landsberg am Lech und ist über die nahe Autobahnabfahrt Landsberg am Lech-Ost der A 96 gut zu erreichen.

Durch die günstige Lage ist Schwifting idealer Ausgangspunkt für Ausflüge zu attraktiven Zielen wie Augsburg und München und zu den Orten des Fünfseenlandes. Die nahe Stadt Landsberg am Lech bietet vielfältige Einkaufsmöglichkeiten.

Die gemütliche, weltoffene Gemeinde wird nur noch teilweise von der bäuerlichen Dorfstruktur geprägt, hat sich aber ihren ländlichen Charme bewahrt und pflegt in den Vereinen die gelebten Traditionen. Die Bevölkerung zeichnet sich durch ein hervorragendes Miteinander aus.

Im Dorf findet man eine Bio-Gärtnerei, einen Bio-Hofladen, einen kleinen Dorfladen sowie ein Restaurant mit Biergarten, das auf kroatische und deutsche Küche spezialisiert ist.

Kurzer Blick ins Geschichtsbuch

Aufgedeckte Reihengräber aus der Zeit zwischen 500 und 700 n. Chr. Lassen vermuten, das bereits im 6. Jahrhundert eine Siedlung bestand, worauf auch der aus dem Mittelhochdeutschen stammende Ortsname hindeutet. Urkundlich erwähnt wurde Schwifting erstmals im Jahr 987 in einer Urkunde des Klosters Benediktbeuern. Der Ort gehörte bis zur Säkularisation Anfang des 19. Jahrhunderts zum Kloster Rottenbuch. Die heutige Gemeinde entstand im Rahmen des bayerischen Gemeindeedikts von 1818.

Schwifting
(Bild Gemeinde Schwifting)

Sehenswürdigkeiten

Die bedeutendste Sehenswürdigkeit im Ort ist die Katholische Pfarrkirche St. Pankratius mit ihrem weithin sichtbaren Turm. Sie wurde 1475 vom Baumeister Ulrich Kiffhaber im spätgotischen Stil errichtet und 1730 barockisiert. Auch die Jakobskapelle am Jakobsweg ist einen Besuch wert.

Freizeit und Sport

Durch die Lage zwischen dem Lech im Westen und den nahen Wäldern im Osten ist Schwifting idealer Ausgangspunkt für schöne Wanderungen und Radtouren.

Eine lohnende Rundwanderung führt über 11 km nach Landsberg am Lech und zurück. Die familienfreundliche, aussichtsreiche Tour führt durch die Landsberger Altstadt mit vielen Sehenswürdigkeiten und Einkehrmöglichkeiten.

In Schwifting gibt es einen Poloclub, der Polospiele durchführt.

Veranstaltungen

Zu den beliebten Veranstaltungen in Schwifting gehören das Sommerfest am 15. August und der Dorfflohmarkt am 3. Oktober.

Wichtige Adressen und Telefonnummern

Gemeinde Schwifting
Dorfstraße 7
D-86920 Schwifting
Tel. +49 (0)8191 657 4949
info@schwifting.de
www.schwifting.de

Unterdießen

Malerischer Ort in traumhafter Lage

Die Gemeinde Unterdießen (rund 1.500 Einwohner) im oberbayerischen Landkreis Landsberg am Lech ist Mitglied der Verwaltungsgemeinschaft Fuchstal. Sie liegt westlich des Lechs ca. 10 km südlich von Landsberg am Lech.

Die Gemeinde besteht aus den Pfarrdörfern Oberdießen und Unterdießen, durch die der Wiesbach fließt, und dem Kirchdorf Dornstetten. Die Anreise kann bequem mit dem Auto über die Bundesstraße 17 von Augsburg nach Füssen, die als „Romantische Straße" durch das Gemeindegebiet von Unterdießen verläuft, erfolgen. Es bestehen Busverbindungen nach Landsberg am Lech, Schongau, Buchloe und Kaufbeuren.

Durch die günstige Lage, die es den Bewohnern ermöglicht, größere Städte, attraktive Ausflugsziele oder Naherholungsgebiete in kurzer Zeit zu erreichen, ist Unterdießen ein beliebter Wohnort.

Die moderne Gemeinde mit gut entwickelter Infrastruktur hat sich ihren ländlichen Charakter trotz ständigen Wachstums erhalten und strahlt voralpenländischen Charme aus. Mehre-

Unterdießen mit Schloss
(Bilder Gemeinde Unterdießen)

re Einzelhandelsgeschäfte bedienen den täglichen Bedarf. Zahlreiche Handwerks-, Dienstleistungs- und Gewerbebetriebe bieten attraktive Arbeitsplätze. Für das leibliche Wohl sorgen zwei Gastwirtschaften.

Kurzer Blick ins Geschichtsbuch

Bereits zur Römerzeit errichteten römische Legionäre in der Region entlang der Via Claudia von Füssen nach Augsburg erste Siedlungen, wie archäologische Funde belegen.

Die erste urkundliche Erwähnung stammt aus dem Jahr 1126. Den Namen hat der Ort von den Herren von Diezzen. Das Schloss Unterdießen wurde 1589 durch das Geschlecht der Freyberg errichtet.

Sehenswürdigkeiten

Unterdießen bietet kulturinteressierten Besuchern eine Reihe von Sehenswürdigkeiten.

Unterdießen wird überragt durch das Schloss Unterdießen, das sich auf einem Altmoränenzug über dem Ort erhebt. Das Gebäude ist ein Satteldachbau mit vier runden Ecktürmen. Es ist heute in Privatbesitz und wird zur Zeit grundlegend restauriert. In den weitläufigen Außenanlagen wurde eine Biogärtnerei eingerichtet.

Neben drei sehenswerten Kirchen bestimmen auch historische Profanbauten wie die Alte Mühle in Dornstetten aus dem Jahr 1611 oder das Schulhaus in Oberdießen von 1857 das Ortsbild.

Die unter Denkmalschutz stehende katholische Pfarrkirche in Oberdießen hat einen spätgotischen Ursprung im 15. Jahrhundert, der um 1740 barockisiert wurde. Sie ist von einem ummauerten Friedhof umgeben.

Die reich geschmückte Kirche mit bedeutenden Deckenfresken, wertvollen Figuren und Gemälden aus vergangenen Jahrhunderten lohnt einen Besuch.

Auch die Kirchen St. Nikolaus in Unterdießen und St. Gangwolf in Dornstetten sind mit ihrer barocken Ausstattung sehenswert.

Das Malura-Museum im Mühlweg 2 in Oberdießen ist dem Werk des Malers Oswald Malura (1906-2003) gewidmet. Der Maler hat zeitweise in Oberdießen gelebt und richtete 1977 ein altes Bauernhaus als Kulturtreffpunkt ein, in dem heute das Museum untergebracht ist.

Im Museum sind auch wechselnde Ausstellungen zeitgenössischer Künstler zu sehen. Verschiedene Kulturveranstaltungen bereichern das Programm des Museums. Infos unter www.oswald-malura.de

Freizeit und Sport

Die zahlreichen aktiven Vereine in der Gemeinde bieten vielfältige Möglichkeiten für sportliche und gesellschaftliche Freizeitbeschäftigung.

Oberdießen

Zu den Freizeiteinrichtungen in der Gemeinde gehören eine Kegelbahn, zwei Schießanlagen, ein Sportplatz und ein Tennisplatz.

Unterdießen ist Station auf dem Radfernwanderweg Via Claudia Augusta von Augsburg nach Füssen.

Wandern

Die idyllische Landschaft mit den Wäldern und Wiesen der Umgebung sowie in den Lechauen laden Naturliebhaber zu erholsamen Wanderungen ein.

Der 21 km lange Abschnitt des Pilgerwegs VIA ROMEA von Landsberg am Lech nach Fuchstal führt durch das Gemeindegebiet.

Veranstaltungen

In Unterdießen steht eine große Mehrzweckhalle für Veranstaltungen bis zu 250 Personen zur Verfügung.

Das Jahresprogramm in Unterdießen wird geprägt durch die Feste, Wettbewerbe, Märkte und Veranstaltungen der ortsansässigen Vereine.

Wichtige Adressen und Telefonnummern

Gemeinde Unterdießen
Bahnhofstraße 2
D-86944 Unterdießen
Tel +49 (0)8243 90066
Fax +49 (0)8243 90067
buergermeister@unterdiessen.de
www.unterdiessen.de

Unterdießen

Gelebte Wirtshaustradition

Wirtshaus "Der Adler" in Dornstetten

Erstmals urkundlich erwähnt wurde der Adler in Dornstetten im Jahr 1517 und Gastfreundschaft wird auch heute noch in diesem Haus gelebt. Mit Hingabe und Leidenschaft verwöhnt der Betreiber als erfahrener Gastronom und leidenschaftlicher Koch, seine Gäste.
So präsentiert sich das Speisenangebot basierend auffrischen, saisonalen und

natürlichen Produkten, die in der Küche kreativ in Szene gesetzt werden.
Mit abwechslungsreicher, alpenländischer Küche punktet das Haus ebenso wie mit einer Neuinterpretation traditioneller Gerichte, die in der behaglichen Wirtshausatmosphäre gereicht werden.
Ein individuell zusammengestelltes Getränkeangebot aus aller Welt rundet die Genussmomente im Adler in Dornstetten ab.
Mit einem Abhol- und Lieferservice kommen all die in den Genuss der Adler-Küche, die den Weg ins Wirtshaus nicht finden und zu Hause am Tisch oder auf der Couch lecker futtern wollen. Außerdem begleitet der Catering-Service des Hauses so manchen Firmen- oder Familienevent.

ADLER Dornstetten
Im Forchet 1
D-86944 Unterdießen
Tel. +49 (0)82 43-9 68 87 30
info@adler-dornstetten.de
www.adler-dornstetten.de

Waal

Passionsspielort an der Singoldquelle

Der beschauliche Markt Waal (2.400 Einwohner) liegt rund 8 km südöstlich von Buchloe. Mitten im Ort liegt die Quelle der Singold, die den Ort zusammen mit der Kastanienallee prägt. Zu Waal gehören neben dem Hauptort das Kirchdorf Bronnen und die Pfarrdörfer Emmenhausen und Waalhaupten, die in den 1970er Jahren eingemeindet wurden.

Die Gemeinde ist weithin bekannt durch ihre Passionsspiele, die zu den ältesten Spielen in Bayerisch-Schwaben zählen.

Kurzer Blick ins Geschichtsbuch

Die bewegte Geschichte von Waal begann im Jahr 890 mit der ersten urkundlichen Erwähnung in einem Dokument des Klosters Ottobeuren. Im Jahr 1444 wurde Waal durch Kaiser Friedrich III. das Marktrecht verliehen. Der Ort erlebte verschiedene Herrschafts- und Adelsgeschlechter, die das Schloss bewohnten, das Mitte des 16. Jahrhunderts errichtet wurde. 1806 wurde Waal durch die Rheinbundakte Bayern zugeordnet. 1849 wurde in Waal der berühmte Portraitmaler Professor Hubert Ritter von Herkomer geboren.

St. Anna Kirche
(Bild: Markt Waal)

Sehenswürdigkeiten

Die kleine Gemeinde Markt Waal hat ihren Besuchern einige interessante Sehenswürdigkeiten zu bieten.

Das Schloss, in dem die Fürstenfamilie von der Leyen residiert, steht heute unter Denkmalschutz.

Das eindrucksvolle Walmdachhaus mit den Ecktürmen ist von einer imposanten Schlossparkanlage umgeben.

Direkt neben dem Schloss befindet sich die aus dem 14. Jahrhundert stammende katholische Pfarrkirche St. Anna, die von 1470 bis 1510 umgebaut wurde und eine dreischiffige Halle erhielt.

Der im Barockstil gestaltete Innenraum verfügt mit dem Dreikönigsaltar über einen besonderen Blickfang. Im 19. Jahrhundert wurde die Kirche im neugotischen Stil umgestaltet und ist heute eine der wenigen stilecht erhaltenen neugotischen Hallenkirchen.
Auch die im frühen Hochmittelalter gebaute Filialkirche St. Nikolaus ist einen Besuch wert.

Die eingegliederten Gemeinden Waalhaupten, Bronnen und Emmenhausen haben ebenfalls attraktive Sehenswürdigkeiten vorzuweisen.

In Waalhaupten findet sich neben der lieblich gelegenen, im Volksmund „Bergkirche“ genannten St. Michaels Kirche, die Pfarrkirche Maria Schmerzen. Besonders erwähnenswert sind hier zwei wertvolle, 1787 von Matthäus Günther gemalte Deckengemälde. In Waalhaupten hat der berühmte Heimatdichter Prälat Peter Dörfler seine Jugend verbracht.

Nikolauskirche
(Bild Christine Buchmann)

In Emmenhausen befindet sich neben der Pfarrkirche St. Ulrich mit der Mariengrotte ein gern besuchter Ort der Ruhe und Besinnung. Auch die Pfarrkirche St. Margareta in Bronnen ist sehenswert.

Freizeit und Sport

Waal ist günstiger Ausgangspunkt für attraktive Wanderungen und Radtouren in der reizvollen Landschaft. Die Wassertretanlage in der Singold wird gerne genutzt und ist ein gesundes Vergnügen.

Veranstaltungen

Die Märkte in Waal sind überregional bekannt und beliebt. Der im Juli stattfindende Kunsthandwerkermarkt und der Adventsmarkt ziehen zahlreiche Besucher an.

(Bild Passionsspielgemeinschaft Waal)

Passionsspiele

Die Waaler Passions- und Heiligenspiele zählen zu den ältesten Spielen in Bayerisch-Schwaben und stammen aus der Zeit der furchtbaren Pestjahre um 1621. Der älteste erhaltene Text stammt aus dem Jahr 1791. Er dient als Grundlage für die Aufführungen und wurde im Laufe der Zeit oft überarbeitet und angepasst. Seit 1791 wurden rund 135 Stücke aufgeführt.

Die Spiele finden im geschlossenen, beheizbaren Passionsspieltheater mit 600 nummerierten Sitzplätzen statt, das 1960/61 errichtet wurde. Die Bühne misst ca. 11 mal 12 Meter mit einer Portalhöhe von 5 Metern mit Hauptvorhang, mehreren Zwischenvorhängen und Orchestergraben. Das Haus wird auch für Ballettaufführungen, Musikproben, Konzerte und Gottesdienste genutzt.

In unregelmäßigen Abständen werden die Passionsspiele den ganzen Sommer über von Mai bis September aufgeführt und erfreuen sich großer Beliebtheit bei der Kritik und beim Publikum aus nah und fern. Das Jubiläum „400 Jahre Passion" musste leider wegen Corona von 2021 auf 2023 verschoben werden, wo die nächsten Spiele geplant sind. Dabei kommt eine neue, zeitgemäße Neuinszenierung zur Aufführung, die die Blickwinkel verschiedener Zeitgenossen Jesu Christi in den Mittelpunkt stellt.

Die Passionsspielgemeinschaft Waal ist Mitglied der Europassion und steht im regelmäßigen Austausch mit anderen Passionsspielorten.

Neben den Passionsspielen werden auch Heiligenspiele und weltliche Stücke wie Wilhelm Tell oder „Die

Geschichte vom Brandner Kasper" zur Aufführung gebracht.

Das ganze Dorf ist an den Aufführungen beteiligt. Den langen Winter über erarbeiten sich leidenschaftlich, begeistert und engagiert rund 150 Laienschauspieler aller Altersgruppen, die nur eine Aufwandsentschädigung erhalten, ihre Rollen, um den teilweise von weit her angereisten Zuschauern auf mitreißende Weise das Leiden, Sterben und Auferstehung Christi glaubwürdig und authentisch nahe zu bringen.

Die Waaler Bevölkerung fühlt sich durch die Aufführungen einer langjährigen Tradition gemeinschaftlich und generationenübergreifend unter dem Dach des Glaubens verbunden. In den Passionsspieljahren lebt die ganze Gemeinde im Zeichen der Spiele.

Ein Besuch lohnt sich!

Wichtige Adressen und Telefonnummern

Markt Waal
Marktplatz 1, D-86875 Waal
Tel. +49 (0)8246 252
waal@buchloe.de
www.waal.de

Passionsspielgemeinschaft Waal e.V.
Theaterstraße 7
D-86875 Waal
Tel. +49 (0)8246 9690 01
info@passion-waal.de
www.passion-waal.de

(Bild Passionsspielgemeinschaft Waal)

Windach

Verkehrsgünstig gelegen

Windach, Ortsteil Schöffelding
(Bild Gemeinde Windach)

Die Gemeinde Windach im oberbayerischen Landkreis Landsberg am Lech ist Sitz der gleichnamigen Verwaltungsgemeinschaft. Zur ländlich geprägten Gemeinde gehören neben dem Dorf Windach auch die Ortsteile Hechenwang, Steinebach und Schöffelding. Die Windach fließt durch das Gemeindegebiet, das umgeben ist von der abwechslungsreichen Moränenlandschaft des Voralpengebiets.

Windach liegt nordwestlich vom nahen Ammersee und östlich von Landsberg am Lech, das nur 12 km entfernt ist. Die Gemeinde verfügt über eine Anschlussstelle der Autobahn 96 von München nach Lindau. Bis zur Haltestelle Geltendorf der S-Bahn nach München sind es rund 5,5 km. Die verkehrsgünstige Lage mit vielfältigen Ausflugsmöglichkeiten macht Windach zu einem beliebten Wohnort.

Kurzer Blick ins Geschichtsbuch

In der Windacher Region findet man Zeugnisse aus vorgeschichtlicher Zeit bis zum Mittelalter. Dazu gehören Gräberfunde aus dem ersten Jahrtausend v. Chr. sowie zahlreiche römische Münzen. Die Schanze Unterfinning oberhalb der Windach war vermutlich eine frühmittelalterliche Schutzburg vor Ungarneinfällen.

Die Herren von Windach wurden im Jahr 1157 erstmals urkundlich erwähnt. Windach war eine geschlossene Hofmark des Kurfürstentums Bayern.

Schloss Windach
(Bild Dark Avenger)

Sehenswürdigkeiten

Der Besuch der Erdwerke der Schanze Unterfinning lohnt sich.

Das Schloss Windach wurde 1610 errichtet. Es war als Hofmarkschloss Herrensitz der Hofmark Windach. Heute ist es Sitz der Verwaltungsgemeinschaft Windach. Der Schlosspark ist frei zugänglich.

Zu den sehenswerten Kirchen in der Gemeinde gehören die Pfarrkirche St. Martin im Ortsteil Hechenwang, die 1740 von Joseph Schmuzer erbaut wurde sowie die Kirche St. Petrus und Paulus in Windach, die 1699 im Barockstil umgestaltet wurde.

Freizeit und Sport

25 Vereine sorgen in der Gemeinde mit sportlichen, gesellschaftlichen und kulturellen Angeboten für breit gefächerte Freizeitmöglichkeiten.

In der Umgebung von Windach finden Wanderer lohnende Routen. Ein beliebter Wanderweg ist die 6 km lange, familienfreundliche Rundwanderung durch den Auwald an der Windach.

Auch Radfreunde finden schöne Touren in der Umgebung. Die 38 km lange Route zur Schatzbergalm im Süden der Gemeinde führt auf dem Rückweg am Ufer des Ammersees entlang.

Wichtige Adressen und Telefonnummern

Gemeinde Windach
Von-Pfetten-Füll-Platz 1
D-86949 Windach
Tel. +49 (0)8193 9305-0
Fax +49 (0)8193 9305-922
michl@vg-windach.de
www.windach.de

St. Martin in Hechenbach

Ammersee bei Dießen
(Bild Gemeinde Dießen)

Rund um den Ammersee

Dießen

Idylle am See

Der Markt Dießen am Ammersee (rund 10.600 Einwohner) am südwestlichen Ufer des Ammersees im oberbayerischen Landkreis Landsberg am Lech ist Mitglied der Tourismusgemeinschaften StarnbergAmmersee und Ammersee-Lech. Der anerkannte Luftkurort liegt im bayerischen Voralpenland, etwa 40 Kilometer südwestlich von München.

Dießen am Ammersee zeichnet sich durch zahlreiche Erholungs- und Freizeitmöglichkeiten sowie durch ein reichhaltiges Kulturangebot mit attraktiven Sehenswürdigkeiten, interessanten Museen und weithin bekannten Veranstaltungen, wie dem Töpfermarkt aus.

Dießen ist von der 16 km entfernten Autobahnabfahrt Greifenberg der A 96 von München nach Lindau gut zu erreichen. Der Bahnhof Dießen liegt an der eingleisigen Ammerseebahn von Augsburg nach Weilheim. Die Schiffe der Bayerischen Seenschifffahrt verbinden Dießen mit anderen Orten am See.

Für Urlaubsgäste stehen eine Reihe von gastfreundlichen Unterkünften vom Hotel bis zur Ferienwohnung zu Verfügung. Die vielfältige Dießener Gastronomie sorgt für das leibliche Wohl der Gäste.

Herrenstraße in Dießen
(Bild Fr. Bach)

Segler auf dem Ammersee
(Bild Fr. Bach)

Kurzer Blick ins Geschichtsbuch

Funde haben gezeigt, dass die Region schon zur Zeit der Völkerwanderung im 5. Jahrhundert besiedelt war. Im 11. Jahrhundert legte Graf Arnold von Dießen planmäßig einen Markt an. Erstmals urkundlich erwähnt wurde Dießen im Jahr 1039. Der Name des Ortes stammt von der althochdeutschen Bezeichnung für einen Wasserfall. Im 12. Jahrhundert wurde ein Augustinerkloster gegründet.

Mit der Einführung der Dampfschifffahrt auf dem Ammersee und der Eröffnung der Bahnstrecke im Jahr 1898 entwickelte sich der Fremdenverkehr. 1909 wurden zur Förderung des Fremdenverkehrs die See- und Kuranlagen errichtet.

Seit dem Ende des 19. Jahrhunderts wurden Künstler wie der Maler Fritz Winter und der Komponist Carl Orff von dem idyllischen Ort angezogen.

Sehenswürdigkeiten

Marienmünster

Die Besichtigung des berühmten Dießener Marienmünsters Mariä Himmelfahrt sollte man keinesfalls versäumen. Die ehemalige Stiftskirche des Chorherrenstifts Dießen und heutige Pfarrkirche wurde im 18. Jahrhundert durch Barockbaumeister Johann Michael Fischer neu errichtet und später zum Marienmünster erhoben. An der prachtvollen Ausstattung beteiligten sich die besten zeitgenössischen Künstler der Wessobrunner Schule sowie aus München und

Ammersee-Dampfer
(Bild Fr. Webert)

Augsburg. Es entstand eine der beeindruckendsten Barockkirchen Süddeutschlands, ein Juwel des Ortes.

Lohnend ist auch der Besuch des Schacky Parks. Die großzügige Grünanlage nach dem Vorbild eines Englischen Gartens mit Skulpturen und Statuen wurde Anfang des 20. Jahrhunderts von Freiherr von Schacky errichtet.

Einen Besuch wert ist auch das Carl-Orff-Museum, in dem man sich über das Schaffen des Komponisten informieren kann, das Fritz Winter-Atelier mit Werken des bedeutenden Dießener Malers sowie der denkmalgeschützte Pavillon „der Arbeitsgemeinschaft Dießener Kunst (ADK)“, der ein Schaufenster der lebendigen Künstlerkolonie am Ammersee darstellt, die hochwertige Arbeiten präsentiert.

Freizeit und Sport

Zu einem Urlaub in Dießen gehört eine beschauliche Fahrt auf dem Ammersee mit einem Schaufelraddampfer der Bayerischen Seenschifffahrt.

Dießen ist durch die Lage am See ein Paradies für Wassersportler. Hier kann man schwimmen, rudern, segeln oder surfen. Dießen verfügt über Freizeiteinrichtungen, zwei Strandbäder, ein Hallenbad und die älteste Binnen-Segelschule Deutschlands. Zu den weiteren Sporteinrichtungen gehören große Fußballplätze und eine Minigolfanlage.

Wandern und Radeln

Das Wanderwegenetz in der Region Dießen bietet Wanderern abwechslungsreiche Touren entlang des Sees und in der herrlichen, aussichtsreichen Voralpenlandschaft.

Zu den schönsten Wanderungen gehört der 4 km lange, familienfreundliche Burgwaldlehrpfad mit 14 Erlebnisstationen zur Schatzbergalm mit zünftiger Einkehrmöglichkeit im Biergarten.

Ein Abschnitt des Münchner Jakobs-Pilgerweges von Utting nach Wessobrunn führt durch Dießen mit attraktiven kulturellen Sehenswürdigkeiten. Auch der lohnende Fernwanderweg „König-Ludwig-Weg" von Starnberg nach Füssen führt durch Dießen.

Bei Radfahrern sehr beliebt ist die Rundtour um den Ammersee. Die Radrunde entlang der Gemeindegrenzen von Dießen sollte die stark befahrene Birkenallee an der Südgrenze des Sees meiden, sondern durch die traumhafte Landschaft der Raistinger Schleife mitten durch Naturschutz- und Vogelschutzgebiete mit vielen seltenen Vögeln und im Sommer vielen Weißstörchen führen.

Veranstaltungen

Zu den wichtigsten Veranstaltungen in Dießen gehört der berühmte Töpfermarkt von Christi Himmelfahrt bis zum darauffolgenden Sonntag, bei dem sich Künstler und zahlreiche Besucher aus ganz Europa treffen.

Ein weiterer beliebter Markt findet am zweiten Sonntag im August statt. „Der große Flohmarkt am See" in den Seeanlagen ist einer der größten Flohmärkte in Bayern.

Am dritten Sonntag im September wird in der romantischen Mühlstraße der „Marktsonntag" abgehalten.

Auch zum stimmungsvollen Dießener Weihnachtsmarkt am zweiten Adventswochenende kommen viele Besucher.

Wichtige Adressen und Telefonnummern

Tourist Info Dießen
Bahnhofstr. 15
D-86911 Dießen am Ammersee
Tel. +49 (0)8151 9060 10
Fax +49 (0)8151 9060 90
diessen@starnbergammersee.de
www.diessen.de

Fischerhäuser
(Bild Fr. Webert)

Zu Besuch bei Baron Schacky

Lange Jahre war der Schacky-Park als verwilderte Gartenanlage zu sehen und firmierte als „schönste Kuhweide Oberbayerns". Es ist einem Glücksfall der Denkmalpflege zu verdanken, dass heute der Park am südlichen Ortsrand von Dießen als neue Sehenswürdigkeit zu erleben ist. Ein Förderkreis hat das Kunststück zustande gebracht, eine der wenigen noch erhaltenen Parkanlagen aus der Gründerzeit am Ammersee aus dem Dornröschenschlaf zu erwecken. Von 1903 bis zu seinem Tod 1913 hat der königliche Kämmerer Ludwig Freiherr von Schacky, Oberstleutnant a.D. zusammen mit seiner Frau Julia den „Englischen Garten" von Dießen erschaffen.

Willkommen zu einem Spaziergang im Schacky-Park

Ausgangspunkt ist das schmiedeeiserne Eingangstor neben der Villa Diana. Der Kutschenweg führt am Apfelbaumspalier vorbei zum Entenhaus als Platz der ländlichen Idylle des Parks.

Umgeben von einem Balusterrondell sieht man den Delphin-Brunnen im Zentrum des Wegekreuzes mit einem verspielten Putto. Viele Podeste und Skulpturen der Anlage verweisen auf die griechische Mythologie, und zeugen von der Ideenwelt des Freiherrn. Geheimnisvoll versteckt liegt ein asiatisch anmutendes Teehaus.

kunstvollen Brunneneinfassung auf einem Tuffsteinfelsen. Alleen und mächtige alte Bäume bieten die Kulisse für die steingewordenen Fantasien des Freiherrn von Schacky.

Als Kulminationspunkt schließlich der Monopteros mit einem grandiosen Ausblick über die oberbayerische Landschaft bis zu den Alpen.
Verschlungene Wege führen in den südlichen Teil des Parks zu versteckten Aussichtsplätzen. Auf dem Rückweg über die Streuobstwiesen trifft man auf den mächtigen Flussgott. Ehemals unter einer rosenumrankten Pergola sitzt die Marmorfigur umgeben von einer

Heute erfreuen sich die Besucher an Konzerten, Lesungen, Kutschfahrten und vielfältigen Vergnügungen im Park. Das Teehaus und das Entenhaus können für kleine private Feste gemietet werden. Jeden 2. Samstag eines Monats gibt es um 15 Uhr (in den Wintermonaten um 14 Uhr) Themenführungen durch den Park und ab Herbst 2021 ist ein Rundgang mit einem Audio-Guide zu erleben.

Alles nachzulesen unter:

www.schacky-park.de

Herrsching

Am Ammersee

Herrsching
(Bild Gemeinde Herrsching)

Die Gemeinde Herrsching (rund 10.800 Einwohner) liegt im Fünfseenland am östlichen Ufer des Ammersees unterhalb des weithin bekannten Klosters Andechs im oberbayerischen Landkreis Starnberg ca. 40 Kilometer südwestlich von München. Die Gemeinde ist über die 15 Kilometer entfernte Autobahnabfahrt Inning der A 96 von Lindau nach München mit dem Pkw gut zu erreichen. Herrsching ist an das Netz der Münchner S-Bahn angeschlossen. Im Ort legen die Schiffe der Bayerischen Seenschifffahrt an.

Herrsching verfügt mit einer Seepromenade von 10 Kilometer Länge entlang des Ammersees über die längste See-Uferpromenade Deutschlands.

Sehenswürdigkeiten

Wahrzeichen von Herrsching ist das Kurparkschlösschen im schön angelegten Kurpark direkt am See. Zu den sehenswerten Kirchen gehören die St. Martins-Kirche mit dem im Barockstil gestalteten Innenraum und die St. Nikolaus-Kirche mit einem beeindruckenden Fresko im Altarraum.

Freizeit und Sport

Herrsching liegt in einer landschaftlich reizvollen Umgebung des Voralpengebietes umgeben von ausgedehnten Wäldern und Seen.

Neben den wassersportlichen Möglichkeiten, die der See bietet, können Aktivurlauber die Region auf vielen Wander- und Radwegen erkunden.

Veranstaltungen

Im Herrschinger Veranstaltungskalender findet man Feste, Märkte und Kulturevents mit Konzerten und Ausstellungen. Zu den Höhepunkten gehört das beliebte Schlossgartenfest am letzten Wochenende im Juli.

Wichtige Adressen und Telefonnummern

Gemeinde Herrsching
Bahnhofstraße 12
D-82211 Herrsching a. Ammersee
Tel. +49 (0)8152 3740
info@herrsching.de
www.herrsching.de

Herrschinger Bucht
(Bild Gemeinde Herrsching)

Der „Heilige Berg“ am Ammersee

Kloster Andechs

Durch seine Lage auf einer Höhe von 700 m ü.M. ist der „Heilige Berg“ mit seinem Kloster schon von Weitem zu sehen. Schon im frühen 12. Jh. waren die Herrenreliquien der Andechser Burg, d.h. Reliquien, die in Verbindung mit Jesus Christus stehen, das Ziel der Wallfahrer. Das Kloster Andechs zählt damit zu den ältesten Wallfahrten in ganz Bayern. Seit Anfang des 15. Jahrhunderts steht die Wallfahrskirche auf dem „Heiligen Berg“, heute ein Juwel des Rokoko. Lichtdurchflutet zeigt sich der Charakter des Innenraumes, der von dem berühmten Maler und Stukkateur Johann Baptist Zimmermann um 1755 geschaffen wurde. Für die Benediktinermönche, die die Wallfahrt betreuen, steht die Gastfreundschaft an erster Stelle. Schließlich heißt es in der Regel des hl. Benedikt, „... dass alle Fremden, die kommen, aufgenommen werden sollen wie Christus...“ An diesem Leitmotiv hat sich bis heute nichts geändert. Nachdem Klöster schon immer spirituelle, kulturelle und ökonomische Zentren waren, ist auch das

Kloster Andechs ein Ort der Geselligkeit. So ist die Klosterbrauerei die größte, von einer existierenden Ordensgemeinschaft geführte Brauerei in Deutschland. Bier gilt als Botschafter benediktinischer Gastfreundschaft und mit den Bierspezialitäten aus dem Kloster Andechs lässt sich barocke Kultur und bayerische Lebensart „verkosten“.

Speis und Trank im Bräustüberl

Neben dem Klostergasthof ist im gemütlich und urig bayerisch eingerichteten Andechser Bräustüberl die jahrhundertealte Tradition der Pilgergaststätte bis heute lebendig.

Eine Vielzahl bayerischer Brotzeiten und regionaler Schmankerl findet sich auf der Speisekarte, zu denen die süffigen Andechser Klosterbiere vorzüglich munden. Doch nach altem Pilger-Brauch kann sich der Gast seine Brotzeit auch selber mitbringen, die er zu einem frisch gezapften Bier verspeist.

Auf den Bräustüberl-Terrassen wird er darüber hinaus mit einem herrlichen Ausblick auf die Voralpenlandschaft verwöhnt. Zur Tradition einer Pilgergaststätte gehört es auch, dass der klösterliche Tagesrhythmus die Schankzeiten im Bräustüberl bestimmt. So endet der Ausschank mit dem Nachtgebet der Mönche um 20 Uhr.

Kloster Andechs

Bergstraße 2
D-82346 Andechs
Tel. +49 (0)81 52-3760
Fax +49 (0)81 52-37 61 43
info@andechs.de
www.andechs.de

Traumhafte Lage an Deutschlands längster Strandpromenade

Seehof Ammersee

Kaum zu glauben, aber im Seehof Ammersee wohnt man direkt an der längsten Strandpromenade Deutschlands. Das 3-Sterne-Hotel überzeugt Individualgäste und Gruppen durch seine traumhafte Lage, hervorragende Gastronomie und bayerische Herzlichkeit.

Komfortable Zimmer

Die 43 Zimmer sind ausgestattet mit Dusche/WC, Föhn, Fernseher, Radio und WLAN. Alle Zimmer zur Seeseite verfügen über einen sonnigen Balkon mit Blick auf den Ammersee. Im Seehof Ammersee wird die Nacht besonders erholsam: Ein Teil der Zimmer ist mit sehr bequemen Boxspring-Betten ausgestattet.

Purer Genuss

Ob im Restaurant mit vier gemütlichen und stilvoll gestalteten Gaststuben, auf der die herrlichen Terrasse mit Blick auf den Ammersee, im Biergarten mit alten Kastanienbäumen oder in der Seeliebe Bar: Im Seehof lässt es sich einfach herrlich schlemmen. Morgens starten die Gäste ihren Tag mit einem leckeren Frühstück vom reichhaltigen Buffet. Frisch zubereitete Speisen, leckere Käse- und Wurstspezialitäten und andere Köstlichkeiten lassen keine Wünsche offen.

Was liegt am Ammersee näher, als sich, neben vorzüglicher bayerischer Küche, auf Fisch zu spezialisieren?

Das Restaurant im Seehof Ammersee verwöhnt Gäste mit Fisch aus heimischen Gewässern, frisch und lecker zu-

bereitet. Und auch die "Süßen" machen große Augen, wenn feine Desserts und herzhafte Mehlspeisen aufgefahren werden. Dabei wird viel Wert auf regionale Zutaten, die der Saison entsprechen, gelegt. Im bedienten Biergarten lässt sich bei einem kühlen Bier mit etwas Glück ein herrlicher Sonnenuntergang direkt am Seeufer genießen. Hier werden alle Spezialitäten, die auch im Restaurant erhältlich sind, serviert. Der Selbstbedienungs-Biergarten überzeugt mit typisch bayerischen Spezialitäten und Pizza frisch aus dem Steinofen.

Vielfältiges Freizeitvergnügen

Rund um das Hotel bietet sich ein schier unendliches Angebot an Freizeitmöglichkeiten. Aktivurlauber kommen bei Fahrradtouren oder Wanderungen ebenso auf ihre Kosten wie Gäste, die lieber eine entspannte Fahrt mit einem nostalgischen Raddampfer auf dem Ammersee genießen. Oder wie wäre es mit einem Ausflug in die bayerische Landeshauptstadt? Mit der S-Bahn fährt man direkt und unkompliziert ins nur 30 Kilometer entfernte München.

Seehof Ammersee

Seestraße 58
D-82211 Herrsching am Ammersee
Tel. +49 (0)81 52-93 50
info@seehof-ammersee.de
seehof-ammersee.de

Feines Bier inmitten der Ammerseegemeinde

Brauhaus Herrsching

Bereits am Eingang wird dem Besucher klar, dass hier feine Bierspezialitäten ausgeschenkt werden. Die Kupferkessel, in denen hier das Bier gebraut wird, geben auch die kulinarische Richtung vor. Herzhafte Speisen warten auf den hungrigen Gast, der das edle Ambiente in der historischen Architektur der Räumlichkeiten ebenso genießt wie die Köstlichkeiten, die auf den Tisch kommen.

In dem gemütlichen Bierlokal fühlt sich der Gast wie im bayerischen Gasthof von früher. Lange Tische laden zu geselligen Stunden ein und viel Holz sorgt für eine behagliche Atmosphäre. Während des Winters bullert das Feuer im Kachelofen.
Die Küche präsentiert sich herzhaft bayerisch.

Welchem Feinschmecker läuft das Wasser nicht im Munde zusammen, wenn zur Vorspeise eine „Würzige Kartoffel-Biercremesuppe" gereicht wird, der eine „Krosse Schweinshaxe in Starkbiersoße mit Kartoffelknödel und Krautsalat" folgt. Und zum Abschluss wird als Dessert eine „Grießflammerie mit Waldbeerenkompott und Sahne" serviert. Als Getränke bieten sich die eigenen Biere wie das Herrschinger Helle, der Kloster Urtrunk oder das Starkbier an, das vor Ort gebraut wird.

Nicht umsonst lauten die Kommentare in den Sozialen Netzwerken wie "Ein nettes und uriges Gasthaus mit sehr gutem Essen und leckerem Bier..." oder "Sehr lecker gegessen und getrunken, total freundliches Personal..."

Bei schönem Wetter bietet der Biergarten den passenden Rahmen für die feinen Speisen und Getränke, mit denen der Gast verwöhnt wird.

Für private Feierlichkeiten und geschäftliche Anlässe ist die heimelige Atmosphäre des Brauhaus Herrsching die passende Adresse, werden die Events doch von dem zuvorkommenden Service des Hauses begleitet, der schon bei der Planung behilflich ist.

Brauhaus Herrsching

Mühlfeld 13, D-82211 Herrsching
Tel. +49 (0) 81 52-9 98 76 00
info@brauhaus-herrsching.de
www.brauhaus-herrsching.de

Schondorf – Eching – Greifenberg

Das Gemeinde-Dreieck am Ammersee

Die Gemeinden Schondorf, Eching und Greifenberg im oberbayerischen Landkreis Landsberg am Lech am nordwestlichen Ende des Ammersees bilden die Verwaltungsgemeinschaft Schondorf.

Das Gemeinde-Dreieck liegt in der idyllischen Landschaft des Ammersees und zählt zu den attraktivsten Ausflugs- und Erholungszielen in Bayern. Es liegt etwa 40 Kilometer westlich von München und 40 Kilometer südöstlich von Augsburg.

Durch die nahe Anschlussstelle Greifenberg der Autobahn 96 von München nach Landsberg am Lech sind die Gemeinden mit dem Auto sehr gut erreichbar.

Durch die günstige Verkehrslage und die hervorragenden Freizeitmöglichkeiten am Ammersee gehören die Gemeinden zu den beliebten Wohnorten in der Region.

Für Gäste stehen im Gebiet der drei Gemeinden gastfreundliche Unterkünfte vom Hotel bis zur Ferienwohnung zur Verfügung. Zahlreiche Gaststätten und Biergärten sorgen für das leibliche Wohl.

Die wunderschöne Umgebung der drei Gemeinden am nördlichen Ammersee bietet vielfältige Möglichkeiten für aktive Erholung.

Radler finden in der Region zahlreiche schöne Radwanderwege an den Ufern des Sees.

Der Veranstaltungskalender des Gemeinde-Trios wird geprägt von beliebten Brauchtumsfesten der kirchlichen Institutionen und der aktiven Vereine, die von Gästen aus Nah und Fern besucht werden.

Bootshäuser am Ammersee
(Bilder Verwaltungsgemeinschaft Schondorf)

Schondorf

Der Luftkurort Schondorf am Ammersee (rund 4.000 Einwohner) wird Einwohnern und Gästen gleichermaßen geschätzt.

Zu den Bildungsangeboten in Schondorf gehören Kindergärten, Grundschule und Realschule.

Die weithin bekannte Internatschule Gymnasium Landheim Ammersee bildet viele Schüler aus.

Der Bahnhof Schondorf liegt an der Bayerischen Regiobahn, die von Augsburg über Geltendorf bis Schongau fährt. In Geltendorf haben Sie Anschluss an die S-Bahnstrecke nach München.

Kurzer Blick ins Geschichtsbuch

In Schondorf wurden Hügelgräber aus der Hallstattzeit (750 bis 450 v. Chr.) gefunden.

Außerdem wurde eine große Badeanlage einer römischen Villa aus dem 3. Jahrhundert n. Chr. ausgegraben. Auch aus der Zeit nach den Römern zwischen 500 und 700 n. Chr. gibt es archäologische Funde.

Erstmals erwähnt wurde Schondorf im Jahr 751 in einer Schenkungsurkunde an das Kloster Benediktbeuern. Nach wechselnden Besitzern im Lauf der Jahrhunderte wurde 1803 der Bayerische Staat Grundherr in Schondorf. Mit dem Gemeindeedikt im

St. Anna in Schondorf
(Bild Gliwi)

Jahr 1818 entstanden die Gemeinden Oberschondorf und Unterschondorf, die 1970 zu einer Gemeinde zusammengefasst wurden. Aus der Siedlung von Fischern und Bauern entwickelte sich im 20. Jahrhundert ein beliebter Luftkurort mit prachtvollen Villen.

Sehenswürdigkeiten

St. Anna Kirche

Die weithin sichtbare Pfarrkirche St. Anna auf dem Berg im Norden von Schondorf wurde 1499 als im spätgotischen Stil vom Kloster Dießen errichtet. Im 17. und 18. Jahrhundert wurde der Innenraum im barocken Stil umgestaltet. Sehenswert sind ein Deckenfresko und eine historische Zugorgel aus dem 18. Jahrhundert. Die Kirche ist von einem Friedhof mit sehr alten Grabsteinen umgeben.

St. Jakobs Kirche

Die romanische Kirche aus dem 12. Jahrhundert steht auf einem hohen Sockel am Westufer des Sees. Das beeindruckende Beispiel romanischer

St. Jakob
(Bild Verwaltungsgemeinschaft Schondorf)

Baukunst zählt zu den bedeutendsten hochmittelalterlichen Kleinkirchen in Südbayern. Sie gehört zu den Pilgerkirchen am so genannten „Münchener Jakobsweg“. Die Hauptfigur des barocken Hochaltars aus der Zeit von 1660/70 ist der Hl. Jakobus.

Ausstellungen

Das „Gestalt-Archiv Hans Herrmann e.V.“ geht zurück auf den Kunstpädagogen Hans Herrmann (1899 – 1981). Es präsentiert wechselnde Ausstellungen aus dem Bereich der Kunsterziehung und bietet Kurse an.

Das „Studio Rose“ erinnert an das Malerbrüderpaar Walter (1903 – 1964) und Heinz Rose (1902 – 1971) aus Schondorf. Es bietet zeitgenössischen Künstlern Möglichkeiten, ihre Werke zu zeigen.

Freizeit und Sport

Am Ufer des Ammersees lädt das Strandbad im Sommer zu Badespaß und erfrischender Erholung. Am Seeuferweg von Schondorf nach Utting findet man auch zwei Freibadeplätze. Ein Segelclub und eine Schule für Surfen und Stand-Up-Paddling bieten weitere sportliche Aktivitäten.

Ausdauernde Wanderer genießen den aussichtsreichen, insgesamt 20 km langen Ammersee-Höhenweg Richtung Dießen. Für den Rückweg kann man an verschiedenen Stationen ein Schiff oder die Bayerische Regiobahn in Anspruch nehmen.

Ein besonderes Erlebnis ist eine Wanderung im Winter durch die reizvolle, idyllische Landschaft am Ammersee. Ein aussichtsreicher 14 km langer Weg führt von Schondorf Richtung Süden im Bogen nach Utting und am Seeufer zurück.

Zu einem Urlaub am Ammersee gehört natürlich auch eine romantische Schifffahrt mit den nostalgischen Schaufelraddampfern - in Schondorf gibt es eine Anlegestelle.

Eching

Die Gemeinde Eching (rund 1.700 Einwohner) hat sich in den vergangenen Jahren stark entwickelt. Sie verfügt neben einem Sportzentrum über ein Einkaufs- und Gesundheitszentrum mit mehreren Fachärzten.

Eching war Teil der geschlossenen Hofmark Greifenberg des Kurfürstentums Bayern. 1818 entstand die heutige Gemeinde.

Am Ammersee
(Bild Verwaltungsgemeinschaft Schondorf)

St. Peter und Paul
(Bild Verwaltungsgemeinschaft Schondorf)

Kirche St. Peter und Paul

Die Saalkirche mit spätgotischem Turm in Eching, die 1766 vom Münchner Hofbaumeister Matthäus Gießl errichtet wurde, ist vor allem wegen der prächtigen barocken Innenausstattung einen Besuch wert.

Eching grenzt direkt an das große Naturschutzgebiet „Ampermoos" und das bewaldete Erholungsgebiet „Weingarten". Wo der Fluss Amper den See verlässt, haben sich Versumpfungsmoore gebildet, die vielen seltenen Pflanzen und Tieren Lebensraum bieten. Auf einer Ruderpartie mit einem ausgeliehenen Boot auf dem Fluss kann man das Gebiet entdecken.

Durch Eching führt der Münchener Jakobsweg. Von Eching aus folgt man dem Muschelsymbol Richtung Schondorf und weiter auf dem Seeuferpfad von Utting bis nach Dießen.

Alle 5 Jahre im September zieht die beliebte Festwoche der Echinger Traditionsvereine mit buntem Programm und großem Festzelt zahlreiche Besucher an. Die nächsten Festwochen finden 2021 (verschoben von 2020) und 2025 statt.

Greifenberg

Die Gemeinde Greifenberg (rund 2.250 Einwohner) gehörte zu der Hofmark am Ammersee, die von Schloss Greifenberg verwaltet wurde. Das imposante Schloss wird seit 1478 von den Freiherren von Perfall bewohnt und ist der Öffentlichkeit nicht zugänglich.

Sehenswert ist auch die katholische Pfarrkirche St. Michael, die 1725 vom Baumeister Joseph Schmuzer im Barockstil errichtet wurde.

Schloss Greifenberg
(Bild Ordercrazy)

Im Ortskern sorgt ein Einkaufszentrum mit kleinem Discounter, Getränkemarkt, Bäckerei, Metzgerei, Allgemeinarzt, Frauenarzt, Hautarzt, Zahnarzt, Apotheke und Raiffeisenbank für den täglichen Bedarf. Das Warmfreibad Greifenberg wurde 2018 geschlossen und soll in den nächsten Jahren neu errichtet werden.

Die verkehrsgünstige Lage mit eigener Anschlussstelle an der A 96 macht Greifenberg zu einem bevorzugten Wohnort.

Durch Greifenberg führt ein schöner Rundwanderweg über Wiesen und Äcker durch das Windachtal nach Schondorf und zurück.

Wichtige Adressen und Telefonnummern

Verwaltungsgemeinschaft Schondorf
Rathausplatz 1
D-86938 Schondorf am Ammersee
Tel. +49 (0)8192 93 35-0
vg@schondorf.de
www.schondorf.de

Tourist Info Schondorf
Bahnhofstraße 44
D-86938 Schondorf am Ammersee
Tel. +49 (0)8192 88 99
tourismus@schondorf.de
www.tourimus-schondorf.de

Idyll am Ammersee
(Bild Verwaltungsgemeinschaft Schondorf)

Utting

Attraktives Ausflugs- und Ferienziel am Ammersee

Die Gemeinde Utting am Ammersee (rund 4.500 Einwohner) im oberbayerischen Landkreis Landsberg am Lech besteht außer dem Hauptort aus den Ortsteilen Achselschwang und Holzhausen.

Der idyllische Luftkurort ist als fünftgrößte Gemeinde einer der wichtigsten Orte im Landkreis. Utting wird vom Mühlbach durchflossen, der in den Ammersee mündet.

Die Gemeinde hat schon seit langer Zeit durch die einzigartige Atmosphäre am See eine große Anziehungskraft für Künstler gehabt, die hier die Inspiration für ihre Werke gefunden haben.

Holzhausen zählt zu den bekanntesten Künstlerkolonien. In Ateliers und Galerien kann man noch heute einen Eindruck vom aktiven Künstlerleben am Ammersee erhalten.

Die kulturellen Attraktionen und Veranstaltungen tragen ebenso wie die vielseitigen Freizeitmöglichkeiten der Gemeinde am See zu der Beliebtheit bei Ferien- und Ausflugsgästen bei. Die Ammerseeregion gehört zu den bevorzugten Reisezielen im bayerischen Voralpenraum.

In Utting finden Gäste eine breite Auswahl an Geschäften aller Art, die den Einkaufsbummel zu einem genussvollen Erlebnis machen. Von Mai bis Oktober lädt jeden Samstagmorgen der beliebte Wochenmarkt zum Besuch. Angeboten werden Brot und Semmeln, Gemüse und Obst, Griechische Spezialitäten, Honig und Marmeladen, Käse und Wurst, Kuchen und Torten sowie Sträuße und Kränze.

Utting
(Bilder Gemeinde Utting)

Bauernhof in Holzhausen

Hochwertige Übernachtungsmöglichkeiten vom Hotel bis zur Ferienwohnung und eine Gastronomie mit bayerischer Gastfreundschaft tragen zur Beliebtheit des Ortes bei.

Kurzer Blick ins Geschichtsbuch

Das Uttinger Gebiet war bereits im 2. Jahrhundert v. Chr. besiedelt. Das zeigen die Überreste einer spätkeltischen Viereckschanze außerhalb des Dorfes. Solche Schanzen mit Wall und Graben dienten als Einfriedungen von Gutshöfen oder Kultstätten.

Auch die Römer haben sich in der Region niedergelassen. Die wichtige Römerstraße Via Raetia führte von Rom über den Brenner an Utting vorbei nach Augsburg.

Reihengräber aus dem 6. und 7. Jahrhundert bestätigen die Ansiedlung von germanischen Stämmen im Gebiet von Utting.

Erstmals urkundlich erwähnt wurde Utting im Jahr 1122. Seit 1458 gehörte Utting zum Kloster Andechs und bildete eine geschlossene Hofmark des Kurfürstentums Bayern bis zur Aufhebung des Klosters im Jahr 1803. Im Zuge der Verwaltungsreformen in Bayern entstand mit dem Gemeindeedikt von 1818 die selbstständige Gemeinde Utting.

Die landschaftlich reizvolle Lage am Ammersee und die geringe Entfernung zu München führte Ende des 19. und Anfang des 20. Jahrhunderts zur Ansiedlung von zahlreichen Schriftstellern, Malern und Bildhau-

Künstlerhaus Gasteiger in Holzhausen

ern der 1899 in München gegründeten Künstlervereinigung „Scholle" in Utting und im Ortsteil Holzhausen. Zu ihnen gehörten Leopold Durm, Reinhold Max Eichler, Erich Erler, Fritz Erler, Clara Ewald, Matthias Gasteiger und Anna Sophie Gasteiger, Walter Georgi, Kurt Kühn, Adolf Münzer, Paul Neu und der Simplicissimus-Zeichner Eduard Thöny.

Sehenswürdigkeiten

Keltenschanze

Die gut erhaltene Viereckschanze aus dem 2. Jahrhundert v. Chr. liegt etwa 1,5 km westlich des Ortes und kann bei einem Spaziergang Richtung Achselschwang besichtigt werden.

Via Raetia

Die Trasse der ehemaligen Römerstraße von Augsburg Richtung Brenner ist an einigen Stellen im Gemeindegebiet noch gut zu erkennen.

Wallfahrtskirche St. Leonhard

Die St. Leonhardskirche am Ortseingang in der Dießener Straße ist ein barocker Saalbau, der von 1707 bis 1812 vom Klosterbaumeister Michael Natter aus der Vorarlberger Bauschule an der Stelle einer mittelalterlichen Kapelle errichtet wurde. Im Innenraum kann man Wessobrunner Stuck in großer Vielfalt bewundern. Sie ist Ziel des alljährlichen Leonhardiritts im November.

Pfarrkirche Mariä Heimsuchung

Die Pfarrkirche Mariä Heimsuchung hat ihren Ursprung in einer mittelalterlichen romanischen Kirche, die mehrfach umgestaltet wurde. Nachdem der Turm im Jahr 1770 bei einem Erdbeben eingestürzt war, wurde er Ende des 18. Jahrhunderts wieder aufgebaut. Die Kirche wurde 1819 vom Landsberger Baumeister Joseph Knöpfle im Barockstil neu errichtet.

St. Ulrich in Holzhausen

Die St. Ulrich Kirche steht weithin sichtbar auf einer Anhöhe oberhalb von Holzhausen. Sie hat ihre Ursprünge in romanischer Zeit und wurde mehrfach umgestaltet. Im Innenraum ist vor allem der barocke Hochaltar aus dem Jahr 1676 sehenswert. Auch die Bohlentür aus dem 17. Jahrhundert mit einem seltenen Riegelkorb, für den ein riesiger Schlüssel erforderlich ist, verdient Aufmerksamkeit.

Kapellen

Zu den sehenswerten Kapellen im Ort gehören die Kapelle St. Kastulus in Utting, die Gedächtniskapelle am Mühlbach in Utting, die dem Erzengel Michael geweihte Pestkapelle in Holzhausen vom Ende des 17. Jahrhunderts und die Gedächtniskapelle am Schmiedberg in Holzhausen.

Mahnmal

In Utting wurde 1944 ein Arbeitslager des Konzentrationslagers Dachau errichtet, in dem 500 Männer interniert waren, die beim Bau von

unterirdischen Flugzeugfabriken bei Landsberg eingesetzt wurden. Ein Mahnmal erinnert in Utting an die Verstorbenen eines Todesmarsches dieser Internierten in den letzten Kriegstagen von 1945.

Seeschlössl

1890 ließ der Maler Eduard Selzam am Seeufer das pittoreske Seeschlössl, eine Villa im neugotischen Stil errichten. Heute wird das Anwesen für exklusive Ferienwohnungen genutzt.

Künstlerhaus Gasteiger und Künstlergarten

Im Ortsteil Holzhausen lohnt ein Besuch des Künstlerhauses Gasteiger, das von einem wunderschönen, weitläufigen Künstlergarten umgeben ist. Das Haus auf einem Seegrundstück in der Eduard-Thöny-Str. 43 wurde 1913 von dem Künstlerehepaar Mathias Gasteiger (1871-1934) und Anna Sophie Gasteiger (1877-1954) errichtet und als Wohnhaus genutzt. Das Haus ist ein prächtiges Beispiel für die Jugendstilarchitektur.

Es wurde von der Tochter des Ehepaars dem Freistaat Bayern überlas-

Trauzimmer im Künstlerhaus Gasteiger

sen und wird heute als Museum und für Veranstaltungen sowie als Standesamt genutzt.

Mathias Gasteiger war einer der namhaften Münchner Künstlerpersönlichkeiten der Jahrhundertwende und ein bedeutender Bildhauer, der ausdrucksstarke Skulpturen in unterschiedlicher Größe geschaffen hat. Sein berühmtestes Werk ist das „Brunnenbuberl" auf dem Münchener Stachus. Anna Sophie Gasteiger widmete sich der Blumenmalerei.

Im Museum kann man die Jugendstilausstattung bewundern. Es zeigt historische Fotografien sowie Skulpturen von Mathias Gasteiger und eine Gemäldesammlung mit Blumenbildern seiner Frau.

Der Garten wurde nach Vorgaben von Anna Sophie Gasteiger angelegt. Sie nutzte den Garten als Inspiration für ihre Blumenstillleben. Viele ihrer im Gegenlicht geschaffenen Blumen-

Utting vor dem Alpenpanorama

bilder sind vom Erkerfenster mit Blick auf den Ammersee entstanden.

Kulturspaziergang

Kunstfreunde sind eingeladen, nach dem Besuch des Künstlergartens einen Spaziergang zum Haus des Simplicissimus-Zeichners Eduard Thöny zu unternehmen. Weiter geht es auf der Uttinger Uferpromenade zum früheren Haus von Bertold Brecht auf einer Anhöhe, der über seinen Aufenthalt in Utting sagte. „Sieben Wochen meines Lebens war ich reich."

Das Uttinger Labyrinth Ex Ornamentis

Seit 1999 entsteht in Utting auf einem Hanf- und Blumenfeld jedes Jahr im Sommer ein neu angelegter Irrgarten mit spannenden Themen. Das Labyrinth hat sich zu einem beliebten Ausflugsziel entwickelt. Am 1. und 2. Samstag im September verwandelt sich der Irrgarten in ein Horrorlabyrinth, in dem Kinder auf Schatzsuche gehen können, sie müssen aber mit erschreckenden Überraschungen rechnen.

Sprungturm im Strandbad

Freizeit und Sport

Utting als drittgrößte Gemeinde am Ammersee ist mit seinen Freizeitmöglichkeiten vor allem im Wassersportbereich natürlich das perfekte Ziel für Aktivurlauber mit einem großen Freizeitgelände. Zum Freizeitangebot auf dem See gehört der Verleih von Ruder- und Tretbooten oder Elektrobooten und Stand-Up-Paddling.

Im schattigen, wunderschön angelegten Minigolfplatz finden Besucher entspannte Unterhaltung.

Segelschulen

Bei mehreren Segelschulen in Utting können angehende Segler in Wochenend- oder Wochenkursen die Grundlagen des Segelsports erlernen.

Strandbad

Das Strandbad Utting mit einem sehenswerten 10 Meter hohen alten Sprungturm aus Holz öffnet von Mitte Mai bis Ende September. Die große Liegewiese lädt zum Sonnenbaden ein. Ein Strandbad-Biergarten sorgt für das leibliche Wohl.

Campingplatz

Auf dem Freizeitgelände bietet der malerisch gelegene Campingplatz ein hochwertiges Urlaubsdomizil mit viel Komfort. Er wurde vom ADAC mit 5 Sternen ausgezeichnet. (siehe auch Seite 374)

Klettergarten

Die „Wilde Gretel", ein altes Piratenschiff, bietet als Klettergarten der besonderen Art auf dem Freizeitgelände spannende Kletterabenteuer in verschiedenen Schwierigkeitsgraden. (siehe auch Seite 376)

Badeplatz am Ammersee

Ammersee-Schifffahrt

Zu einem Urlaub am Ammersee gehört natürlich ein beschaulicher Schiffsausflug auf dem malerischen See mit den nostalgischen Schaufelraddampfern.

Vereine in Utting

Neben diversen Segelclubs und dem Tennisclub bietet der TSV Utting als größter Sportverein des Ortes vielfältige Möglichkeiten für sportliche Aktivitäten, die er in den Abteilungen Badminton, Basketball, Eisstockschiessen, Fußball, Skifahren, Tischtennis, Turnen (Breitensport) und Wassersport anbietet.

Summerpark

Im Summerpark, einem wunderschön am See gelegenen Landschaftspark mit großen Rasenflächen, Spazierwegen und altem Baumbestand finden Besucher Erholung und Entspannung. In den Sommermonaten ist er Schauplatz von zahlreichen Veranstaltungen.

Naturschutzgebiet „Seeholz“

Das Naturschutzgebiet „Seeholz“ zwischen Holzhausen und Riederau ist ein Paradies für Naturfreunde. Das Besondere an diesem Urwald ist der große Totholzanteil, der zahlreichen Tieren, wie sechs Spechtarten, Wohnung und Nahrung bietet.

Rad- und Wanderwege

Die reizvolle Landschaft rund um Utting kann auf den ausgeschilderten Wanderwegen erlebt werden.

Infos und Karten zu den Wegen gibt es bei der Tourist-Information Utting. Durch die Gemeinde führen schöne Radwege wie die Rad-Wanderwege Ammersee-Lech und Ammersee-Amper.

Summerpark

Zu den lohnenden Wanderungen gehört die 9 km lange, leichte Premiumtour am Seeufer entlang nach Dießen. Für den Rückweg bietet sich eine Bahn- oder Schifffahrt an.

Auch die 90-minütige Große Dorfrunde, die am Dorfbrunnen beginnt, oder der 80-minütige Spaziergang durch die Uttinger Flur, der am Raiffeisenparkplatz beginnt, sind lohnende Touren.

Tal des Lebens

Die 14 km lange Rundtour von Utting durch das Tal des Lebens und am Seeufer zurück ist etwas für ausdauernde Wanderer. Der Weg durch das Tal des Lebens führt durch das Waldgebiet nach Hübschenried und Entraching und durch das schluchtartige Tal des Mühlbachs.

Orts- und Infrastruktur

Bildung

Die Lage am See macht Utting zu einem Ort mit hoher Wohnqualität und sehr gut entwickelter Infrastruktur.

Vor allem Familien mit Kindern finden hier alle gewünschten Bildungseinrichtungen von der Kinderkrippe über Kindergärten bis zur Grund- und Hauptschule und dem Gymnasium St. Alban. Im nahen Landsberg am Lech findet man vielfältige weiterführende und berufsbegleitende Schulen.

Die bayerische Verwaltungsschule, die von den bayerischen Gemeinden, Landkreisen, Bezirken und vom Freistaat Bayern getragen wird, unterhält im Uttinger Ortsteil Holzhausen eine weithin geschätzte Tagungsstätte mit jährlich rund 3.000 Lehrgangs- und Seminarteilnehmern.

Verkehr

Die Anschlussstelle Greifenberg der A 96 von München nach Landsberg ist nur 6 km entfernt. Zwei Buslinien verbinden Utting mit Dießen und Landsberg am Lech.

Utting hat einen Bahnhof an der eingleisigen Ammerseebahn von Geltendorf an der S-Bahn-Strecke München - Landsberg am Lech nach Peißenberg. Die Bahn verkehrt während der Hauptreisezeit im Halbstundentakt.

Wirtschaft und Ausbildung

Die zahlreichen Geschäfte aller Art, die Dienstleistungsbetriebe, Handwerksbetriebe sowie Land- und Forstwirtschaft bieten in Utting eine breite Auswahl an Arbeits- und Ausbildungsplätzen.

Senioren in Utting

Die Gemeinde hat ein seniorenpolitisches Konzept entwickelt und umgesetzt mit den Bereichen Wohnen, Soziales, Pflege und Nachbarschaft. Es wurde vom bayerischen Sozialministerium ausgezeichnet.

Am Ammersee

Veranstaltungen

Das vielfältige Uttinger Jahresprogramm bietet eine Fülle von hochwertigen kulturellen Veranstaltungen, Festen und Märkten.

Die Seebühne Utting zieht im Juli und August zahlreiche Besucher an. Jedes Jahr wird ein neues Stück inszeniert, ein Erlebnis, das man sich nicht entgehen lassen sollte. Das Ensemble von Profis und Laiendarstellern führt meist klassische Stücke von Shakespeare über Goldoni bis Kleist auf.

Seebühne

Im Sommer lockt das Klassik- und Artfestival AMMERSEE-renade viele Kunst- und Musikfreunde nach Utting.

Zum kulturellen Veranstaltungsprogramm gehören auch die beliebten Blasmusik- und Jazzkonzerte in Gaststätten, Biergärten und auf öffentlichen Plätzen.

Bei den Uttinger Ateliertagen im Sommer haben Kunstbegeisterte die Möglichkeit, Künstler aus der Region zu entdecken und deren Werke zu bewundern. Künstlerinnen und Künstler aus Utting öffnen an zwei Wochenenden ihre Ateliers und zeigen ihre aktuellen Arbeiten.

Im schön gelegenen Summerpark in Utting am Dampfersteg präsentieren rund 40 Aussteller beim Kunsthandwerkermarkt am zweiten Wochenende im Juli ihre Arbeiten aus den

Bereichen Textil, Schmuck, Keramik, Holz, Leder, Malerei und Bildhauerkunst.

Auch beim Tanz in den Mai und beim Seefest im Juni auf dem Campingplatz finden sich Besucher aus Nah und Fern ein.

Die Segelregatten auf dem Ammersee gehören zu den beliebten Sportevents in Utting.

Auch zu den sportlichen Wettbewerben im Reitsportzentrum Achselschwang kommen viele Besucher.

Zu den von Tradition geprägten Veranstaltungen in Utting gehören das Pfarrfest der katholischen Kirchengemeinde im Juli im Ortsteil Holzhausen, der Leonhardiritt im November und der Fackelzug zur Wintersonnenwende am 21. Dezember.

Der Christkindlmarkt am alten Feuerwehrhaus am ersten Adventswochenende beginnt mit Musik der Blaskapelle Utting und erfreut Jung und Alt mit Ständen, die weihnachtlichen Schmuck und Kulinarisches anbieten.

Wichtige Adressen und Telefonnummern

Tourist-Information
Utting am Ammersee
Eduard-Thöny-Str. 1
D-86919 Utting am Ammersee
Tel. +49 (0)8806 920 213
verkehrsamt@utting.de
www.utting.de

Vor der herrlichen Kulisse des Ammersees

Seebühne Utting

Die Seebühne Utting ist ein eingetragener gemeinnütziger Verein. Der Spielort ist der Summerpark in Utting direkt am Ammersee. Mal wird die Bühne nahe dem Ufer ins Wasser gebaut, mal auf das Ufer, ganz nach den Erfordernissen des jeweiligen Stücks.

Aber immer wird vor der herrlichen Kulisse des Ammersees gespielt. Die Stückauswahl reicht von der Komödie bis zum klassischen Drama. Ziel dabei ist, dass professionelle Theaterleute und Amateure einander ergänzend zusammenarbeiten. Seit 1997 konnte Jahr für Jahr eine neue Inszenierung herausgebracht werden. Immer mehr Zuschauer kommen, im besonders schönen Sommer 2018 waren es über 6000. Solche Erfolge sind nicht nur dem Ensemble und einem Kreis von Unentwegten zu verdanken, sondern der Mithilfe anderer Vereine und heimischer Betriebe, der Spendenbereitschaft vieler Bürger, der Tatkraft Einzelner und nicht zuletzt der Gemeinde Utting.

Weitere Informationen:
www.seebuehne-utting.de

Blick von der Seebühne auf den Ammersee

Erholung und Freizeitvergnügen direkt am Seeufer

Campingplatz Utting am Ammersee

Mit seiner Lage direkt am See ist die familiengeführte und gepflegte Anlage des Campingplatzes Utting am Ammersee der ideale Ausgangspunkt für Familien- oder Aktivurlaub. Am Westufer gelegen, zwischen Schondorf und Dießen, bietet der Platz zahlreiche Möglichkeiten zur abwechslungsreichen Freizeitgestaltung, aber auch einfach zum Entspannen und Abschalten vom Alltag.

Neben Stellplätzen für Wohnmobile oder Wohnwägen und einer große Zeltwiese bietet der Campingplatz gemütliche Schlaffässer an. Die kleinen "Naturhotels" für bis zu 4 Personen sind gerade einmal 50 Meter vom Seeufer entfernt und verfügen über einen Tisch, Strom und Außenbestuhlung. An kälteren Tagen sorgt die Infrarotheizung für eine kuschelige Wohlfühlatmosphäre.

Das besondere Ambiente und der intensive Geruch nach Holz ermöglichen ein naturnahes Schlaferlebnis.

Moderne sanitäre Einrichtungen, bei denen viel Wert auf Sauberkeit gelegt wird, sind auf der Campinganlage selbstverständlich. Kostenloses WLAN für die Gäste sowie Lademöglichkeiten für E-Bikes runden das Angebot ab. Der Campingplatz arbeitet seit 2018 übrigens klimafreundlich mit 100% Ökostrom.

Wer seinen Urlaub auf dem Campingplatz in Utting am Ammersee verbringt, muss sich um seine Verpflegung keine Sorgen machen: Gleich zwei Restaurants und ein idyllischer Biergarten in unmittelbarer Nähe bieten eine abwechslungsreiche Auswahl an schmackhaften Speisen und Getränken. Der platzeigene Tante-Emma-Laden

versorgt die Camper mit frischen Brötchen, Wurstwaren, Obst und Gemüse sowie Waren des täglichen Bedarfs. Weitere Supermärkte sind fußläufig erreichbar.

Rund um den Campingplatz befinden sich zahlreiche Möglichkeiten zur Freizeitgestaltung: Das Uttinger Strandbad mit Zehn-Meter-Sprungturm ist nur fünf Gehminuten entfernt. Direkt neben dem Platz befindet sich zudem das Freizeitgelände Utting mit kostenfreier Liegewiese und flachem Seezugang. Ob Tretboot- oder Dampferfahrten, Stand-Up-Paddling, Surfen oder einfach nur Schwimmen – zahlreiche Wassersportmöglichkeiten warten darauf, ausprobiert zu werden. Sollte das Badewetter nicht mitspielen, bieten der 18-Loch-Minigolfplatz, der im einzigartigen Piratenschiff-Design angelegte Hochseilgarten oder das Maislabyrinth in unmittelbarer Umgebung willkommene Alternativen. Hunde sind, ausgenommen in den Schlaffässern, auf dem Platz willkommen.

Öffnungszeiten:

Gründonnerstag bis Mitte Okt. geöffnet; Dauercamping ist ganzjährig möglich.

Campingplatz Utting am Ammersee
Inh. Familie Pickl, Im Freizeitgelände 5
D-86919 Utting am Ammersee
Tel. +49 (0) 88 06-72 45
info@ammersee-campingplatz.de
www.ammersee-campingplatz.com

Kletterspaß an Bord der "Wilden Gretel"

Hochseilgarten Ammersee

Der Hochseilgarten Ammersee im einzigartigen Design eines Piratenschiffs bietet Klettervergnügen pur von 2 bis 99 Jahren. Ob im Bambiniparcours, im Kinderparcours oder beim Klettern bis in den Mastkorb auf 13 Meter Höhe: Verschiedene Alters- und Schwierigkeitsstufen sorgen dafür, dass für keinen Piraten Langeweile aufkommt. Beim Klettern von Mast zu Mast, beim Schaukeln oder beim Balancieren auf bis zu fünf Ebenen haben alle die Möglichkeit, sich einmal richtig auszupowern und einen Tag voller Action und Spaß zu erleben.

Bambiniparcours: Ebene 1

Bereit zum Entern: Für die kleinen Besucher ab zwei Jahren steht die Ebene 1 zum Klettern und Kraxeln zur Verfügung. Spannende Übungen, wie "das Krokodil", "die lange Schlange" oder das "Fahren mit der Muschel" sorgen für kindgerechte Erfolgserlebnisse. Im Bambiniparcours ist eine Begleitung durch eines Erwachsenen erforderlich.

Kinderparcours: Ebene 1 bis 2

Der Kinderparcours für alle Klettermatrosen ab sechs Jahren und Anfänger bietet auf den Ebenen 1 und 2 optimale Bedingungen zum Balancieren, Klettern und Hangeln. Auch Anfänger und Einsteiger können sich hier an ihr erstes Klettererlebnis herantasten. Das moderne Umlauf-Sicherungssystem im Kinderparcours sorgt dafür, dass eigenhändiges Umhängen der Sicherung überflüssig wird. So können auch schon kleine Matrosen ohne die Begleitung eines Erwachsenen selbstständig in den Ebenen 1 und 2 losklettern.

Fünf Kletter-Ebenen ab 8 Jahren

In Zweier- oder Dreierteams stellen sich Kletterfreunde ab 8 Jahren den insgesamt fünf Ebenen der "Wilden Gretel" und überwachen sich gegenseitig beim Sichern. Vertrauen, Teamgeist und gegenseitige Hilfe sind zentrale Elemente im Klettersport. Für Kinder ab acht Jahren, Gruppen oder Familien lässt es sich hier nach Herzenslust klettern. Speziell geschulte Trainer sorgen für die nötige Sicherheit und Motivation. Bei schwierigen Aufgaben stehen sie mit Rat und Tat zur Seite. Auch bei Höhenangst ist auf ihre einfühlsame Art Verlass – denn mal ehrlich, der Gewinn an Selbstvertrauen, wenn man seine eigenen Grenzen überwindet und die Höhenangst besiegt, ist einfach einmalig.

Ob man an seine eigene körperlichen Grenzen geht oder nicht, kann man immer wieder individuell entscheiden. Nach jeder beendeten Route lässt sich festlegen, ob man die nächsthöhere Ebene beginnen möchte oder nicht. Kinder unter zwölf Jahren müssen in den beiden höchsten Ebenen von einem erwachsenen Mitkletterer begleitet werden.

Wer ein echter Pirat werden will, sucht beim Klettern die versteckten Stationen mit Piratenstempeln. Als Belohnung für die verschiedenen Tattoos winkt am Ende ein piratiges Geschenk!

Für das Klettern im Hochseilgarten sind keine besonderen Vorkenntnisse nötig. Wichtig sind feste geschlossene Schuhe, bequeme Kleidung und eine gute körperliche Verfassung.

Zu Beginn erfolgt jeweils eine Sicherheitseinweisung und ein Sicherheitstraining am Boden, damit alle Kletterer für ihren Aufenthalt gerüstet sind. Großen Wert wird auf die Sicherheit gelegt. Als Drei-Sterne-Hochseilgarten erfüllt der Hochseilgarten Ammersee die höchsten Sicherheitsstandards, die derzeit für Hochseilgarten in Deutschland gelten.

Tipp: Das Ufer des Ammersees ist nur einen Steinwurf entfernt. Nach einem ereignisreichen Tag im Hochseilgarten Ammersee lässt sich bei einem Picknick oder bei einem Bad im erfrischenden Nass herrlich entspannen. Ebenfalls nur 200 Meter entfernt findet sich das überaus beliebte Labyrinth Ex Ornamentis,

geöffnet von ca. Mitte Juli bis Ende September (www.exornamentis.de).

Gruppenbuchungen sind im Hochseilgarten auf Anfrage auch außerhalb der regulären Öffnungszeiten möglich.

Der Hochseilgarten kann grundsätzlich auch bei schlechterem Wetter beziehungsweise Regen begangen werden. Die Internetseite informiert tagesaktuell, ob sich aufgrund der Wetterlage Änderungen in den Öffnungszeiten ergeben.

Hochseilgarten Ammersee
Fahrmannsbachstr. 2
D-86919 Utting am Ammersee
Tel. +49 (0)8806 9234 920
info@hochseilgarten-ammersee.de
www.hochseilgarten-ammersee.de

Das Blaue Land

Eine Region wie gemalt

Mit Blick über Moor und Seen bis hin zur Zugspitze liegt das Blaue Land rund um Murnau am Staffelsee. Schon die Maler der berühmten Künstlerbewegung des Blauen Reiter fanden in dieser bayerischen Voralpenidylle ihre Inspiration. Heute ist die Region ein idealer Ausgangspunkt für Touren zu bekannten Sehenswürdigkeiten in Bayern und beliebtes Ziel für Kulturinteressierte, Genießer, Wanderer und Radfahrer.

Die gesamte Urlaubsregion, bestehend aus den Gemeinden Murnau, Seehausen, Uffing, Ohlstadt, Spatzenhausen, Großweil, Schwaigen-Grafenaschau, Riegsee und Eglfing lädt zu Wanderungen auf einen Berg, einer Auszeit inmitten unberührter Natur oder einer Runde mit dem Tourenrad - beispielsweise zum Freilichtmuseum Glentleiten ein. Gemütlichkeit, Bewegung, Inspiration und Genuss lassen sich im Blauen Land perfekt miteinander verbinden.

Kultur im Blauen Land

Inspiriert von der Farbgewalt der Berge, Hügel und Seen gründeten berühmte Künstler hier vor mehr als 100 Jahren die Künstlervereinigung „Der Blaue Reiter“. Sie bannten ihre Eindrücke auf Leinwände und erkoren das heutige Blaue Land zu ihrer neuen Heimat. Auf Fahrradtouren und Wanderungen begegnet man ihren Motiven auf Schritt und Tritt.

Im „Münter-Haus“ (heute Gedenkstätte und Museum) in Murnau lebten und arbeiteten von 1908 bis 1914 Wassily Kandinsky und Gabriele Münter und trafen sich mit Künstler-

Blick vom Blauen Land ins Wettersteingebirge samt Zugspitze
(Bild Simon Bauer)

Münter-Haus
(Bild Wolfgang Ehn)

freunden des Blauen Reiters. Dabei fanden sie den Weg zur gegenstandlosen Malerei des Expressionismus. Ihre Bildmotive entdeckten sie im von Emanuel von Seidl gestalteten Murnauer Ober- und Untermarkt, der heute Kulisse für eine der schönsten Fußgängerzonen in Oberbayern ist oder in der umliegenden Landschaft mit Staffelsee und im Murnauer Moos.

Murnaus reiches Kunsterbe wird am besten im Schlossmuseum sichtbar, das eine bedeutende Werkschau an Münter-Bildern und anderer Maler des „Blauen Reiter" beherbergt. Die einzige museale Würdigung des Schriftstellers Ödön von Horváth, der von 1923-1933 in Murnau lebte, ist die Sammlung internationaler Hinterglasmalerei mit regelmäßigen Sonderausstellungen, die einen Besuch im Schlossmuseum abrunden.

Die Natur von ihrer wohl schönsten Seite

Vor dem Alpenpanorama der Zugspitze präsentiert sich die Natur von ihrer wohl schönsten Seite. Entschließt man sich für das Blaue Land als Urlaubsdestination, erwartet einen viel Sehenswertes wie die Flora und Fauna des größten Alpenrandmoores in Mitteleuropa bei einer Wander- oder Radtour.

Urlaub im Blauen Land
(Bild Wolfgang Ehn)

Fußgängerzone in Murnau
(Bild Simon Bauer)

Das Murnauer Moos, ist ein Refugium für Pflanzen und Tiere, von denen einige andernorts bereits ausgestorben sind. Seen und Bachläufe akzentuieren das mehr als 7000 Hektar große Naturschutzgebiet, das übrigens auch das größte Vogelbrutbiotop Süddeutschlands ist. Eine Moosführung kann direkt bei der Tourist Information Murnau gebucht werden.

Staffelsee
(Bild Simon Bauer)

Die facettenreichen Wanderungen erschließen die malerische Kulturlandschaft und ermöglichen entspannte Wandertouren für Familien und Genusswanderer ebenso wie Bergtouren für sportlich ambitionierte Outdoor-Fans.

Auch für Radfahrer bietet die Region jede Menge Abwechslung. Ob Rennradler, Genussradler oder Mountainbiker, hier findet jeder den richtigen Radweg, der keine Wünsche offen lässt.

Kulinarische Highlights im Blauen Land

Ob bayerischer Biergarten mit regionalen Gerichten, gemütliches Café oder internationales Restaurant - im Blauen Land kommen alle Gourmets auf den Geschmack.

Die Murnauer „Kunstwirte" verbinden Kunst mit Genuss – zwei Passionen, die einfach gut zusammenpassen. Sie laden alljährlich von Mai bis Oktober zu „Kunstkulinarischen Reisen" ein. Dabei verwandeln Murnauer Gastronomen, die sich der authentischen, regionalen Küche verschrieben haben, ihre Lokale in ungewöhnliche Ausstellungsräume. Einzigartig ist das Projekt schon deshalb, weil die Künstler allesamt aus Murnau und Umgebung stammen.

Unter dem Motto „Gesund genießen im Blauen Land" haben die „Staffelseewirte" ihre Speisekarten auf eine Vielfalt an frischen und möglichst regionalen Produkten ausgerichtet. Dort stehen Wild und Pilze aus heimischen Wäldern, Fisch aus dem Staffelsee und Gemüse aus der Region auf dem Programm. Damit verbinden die Wirte gesunde Küche, hohe Qualität der Speisen und Getränke,

Urlaub im Blauen Land
(Bild Wolfgang Ehn)

freundlichen Service und ein gepflegtes Ambiente miteinander.

Wichtige Adressen und Telefonnummern

Das Blaue Land
Untermarkt 13
D-82418 Murnau am Staffelsee
Tel. +49 (0)8841 47 62 40
Fax +49 (0)8841 47 62 48
info@dasblaueland.de
www.dasblaueland.de

Urlaub im Blauen Land
(Bild Wolfgang Ehn)

Starnberger See mit Alpenpanorama
(Bild franke 182, fotolia.com)

StarnbergAmmersee

STARNBERGER SEE
Traubing
Perchting
Frieding
PILSENSEE
Herrsching
Güntering
WÖRTHSEE
Steinebach

Kochel
Seeshaupt
Wielenbach
Pähl
Ammer
Raisting
Fischen
Diessen a. A.
St. Alban
Bierdorf
M M E R
S E E
Riederau
Rieden
Holzhausen
Entraching
Utting a. A.

StarnbergAmmersee

Urlaubs- und Freizeitparadies zwischen München und den Alpen

Die Region StarnbergAmmersee wird von Seen geprägt und wird deshalb auch Fünfseenland genannt. Zwischen den beiden großen Seen Ammersee und Starnberger See fügen sich der Wörthsee, der Pilsensee und der kleine Weßlinger See in die Landschaft ein.

Die wunderschöne Region, die einen Blick auf die Alpenkette am südlichen Horizont bietet, ist bevorzugtes Naherholungsgebiet für München, das nur eine halbe Stunde entfernt ist.

Die traumhafte Landschaft mit romantischen Dörfern und herrschaftlichen Residenzen bietet nicht nur 150 schöne Uferkilometer, sondern auch eine Fülle von attraktiven Sehenswürdigkeiten, ein reiches Kulturleben und vielfältige Möglichkeiten für aktive Freizeitgestaltung.

Schlösser und prachtvolle Villen am Starnberger See zeugen davon, dass die Region schon immer eine große Anziehungskraft für Adel und Großbürgertum ausgeübt hat.

Der Märchenkönig Ludwig II. und seine Großcousine Sisi, die spätere Kaiserin von Österreich, residierten hier.

Für Urlaubsgäste stehen zahlreiche Übernachtungsmöglichkeiten vom Urlaub auf dem Bauernhof über Ferienwohnungen bis zum Sternehotel zur Verfügung.

Eine Vielzahl von Gasthöfen und Restaurants sorgen mit einer großen Auswahl an kulinarischen Köstlichkeiten bestens für hungrige Gäste.

Fahrt mit der Zille auf die Roseninsel
(Bilder gwt Starnberg GmbH, Thomas Marufke)

Marienmünster in Dießen

Tagungen

Die Region Starnberg Ammersee ist ein starker Wirtschaftsstandort. 50% aller touristischen Gäste sind Geschäftsreisende, die die natürliche Umgebung und die Nähe der bayerischen Landeshauptstadt schätzen. Das sind perfekte Bedingungen für Tagungen, Seminare und Events. Eine Reihe von großen Hotels der Region tragen diesem Bedürfnis Rechnung und bieten erstklassige Voraussetzungen für erfolgreiche Tagungen.

Sehenswürdigkeiten

Die StarnbergAmmersee Region ist reich an Sehenswürdigkeiten und zieht viele kulturinteressierte Besucher aus Nah und Fern an.

In der Wallfahrtskirche im Kloster Andechs hoch über dem Ostufer des Ammersees kann man im Innenraum die barocke Pracht bewundern.

Das Marienmünster in Dießen am Ammersee ist mit prächtigen Deckenmalereien geschmückt und gehört zu den schönsten Barockkirchen in Deutschland. Highlight ist der berühmte „Dießener Himmel" in der Kuppel über dem Altarraum.

Die schöne Rokokokirche St. Josef in Starnberg ist einen Besuch wert. Der Hochaltar stammt von Ignaz Günther, einem der bedeutendsten Kirchenbildhauer Oberbayerns.

Der sehenswerte Schlossgarten des ehemaligen Starnberger Schlosses lohnt den Besuch mit dem Überblick auf die Stadt und den See.

Auch das traumhafte Parkgelände des Kurparkschlösschens in Herrsching direkt am Ufer des Ammersees, das der Maler Ludwig Scheuermann im Stil italienischer Adelspaläste als Sommerresidenz erbaute, lädt zu genussvollen Spaziergängen ein.

Das Schloss Berg am Starnberger See ist als der Ort bekannt, in dem König Ludwig II. seine letzten Stunden vor seinem mysteriösen Tod verbrachte.

Die spätere Kaiserin Elisabeth lebte in ihrer Kindheit in den Sommermonaten im Schloss Possenhofen in Pöcking.

Die idyllische Roseninsel im Starnberger See bezaubert mit einem Schlösschen inmitten einer Parkanlagen, wo der Märchenkönig auch Kaiserin Elisabeth empfing.

Orte

Schloss Possenhofen

Museen

Kulturinteressierte haben in der Region eine große Auswahl an Museen mit unterschiedlichen Themen.

Das Buchheim Museum direkt am Starnberger See in Bernried ist vor allem bekannt durch die Expressionisten Sammlung des Schriftstellers, die Werke der Maler der „Brücke" zeigt. Daneben kann man auch völkerkundliche Sammlungen bewundern.

Das Museum Starnberger See in Starnberg entführt die Besucher in die Lebens- und Arbeitswelt der Bevölkerung am Starnberger See im 19. und 20. Jahrhundert. Weitere Themenschwerpunkte sind die prachtvollen Seefeste der Wittelsbacher und die Sommerresidenzen des Münchner Großbürgertums.

In Pöcking präsentiert das Kaiserin Elisabeth Museum Objekte aus dem Leben und über das Leben der österreichischen Kaiserin, die ihre Kindheit in den Sommermonaten im Schloss Possenhofen verbrachte.

Auch das Ortsmuseum im ehemaligen Schulhaus in Tutzing ist einen Besuch wert. Es zeigt Exponate aus 3000 Jahren Kulturgeschichte.

In Dießen am Ammersee findet man einige Museen, die das Lebenswerk von Künstlern gewidmet sind, die in Dießen gelebt haben.

Hierzu gehören das Fritz-Winter-Atelier, das der Maler Fritz Winter,

Votivkapelle_Berg

einer der bedeutendsten modernen deutschen Künstler, im Bauhaus-Stil errichten ließ.

Im Carl Orff Museum werden die Besucher mit Leben und Werk des berühmten Komponisten vertraut gemacht.

Das Kupfermuseum in Fischen am Ammersee präsentiert Kunstwerke der Kupferschmiede aus Europa und Asien.

Orte

Freizeit und Sport

Die einmalige Seenlandschaft der Region bietet für Wassersportfreunde vielfältige Möglichkeiten mit zahlreichen Badestellen und paradiesischen Bedingungen für Segler und Surfer.

Der Starnberger See glänzt mit attraktiven Strandbädern. Auf dem See werden Segelkurse angeboten. Unter anderem kann man im Tutzinger Nordbad die Trendsportart Stand Up Paddling ausprobieren. Gäste können mit einem ausgeliehenen Boot auf dem See paddeln oder eine beschauliche Schifffahrt unternehmen.

Der romantische Ammersee punktet mit viel unberührter Natur und der längsten Seepromenade Deutschlands in Herrsching. Neben anderen Freizeitangeboten lockt auch hier eine gemütliche Schifffahrt auf dem See. In Dießen kann man von April bis Oktober im Englischen Garten des beliebten Schacky-Parks promenieren.

Der drittgrößte See ist der nur 34 Meter tiefe Wörthsee, der als der wärmste See in der Region gilt. Er ist deshalb bei Familien mit Kindern sehr beliebt. Der flache See friert im Winter schnell zu und ist dann Tummelplatz für begeisterte Schlittschuhläufer.

Der stille Pilsensee ist mit seinem Campingplatz in Seefeld eine Top-Adresse für Outdoorfreunde.

Der Weßlinger See als kleinster der fünf Seen ist ein Geheimtipp, im Winter ein angesagter Treffpunkt für Eishockeyspieler.

Radeln

Radler haben in der Region eine breite Auswahl an schönen Radwegen von kürzeren Strecken für den Familienausflug bis zu anspruchsvolleren Touren.

Ammersee

Weßlinger See

Eine besonders schöne Radtour ist der 18 km lange Rundweg zu den drei kleineren Seen, der am S-Bahnhof in Weßling beginnt.

Lohnend sind die längeren Rundtouren um den Ammersee und den Starnberger See, die zahlreiche Bade- und Einkehrmöglichkeiten bieten.

Wandern

Die herrliche Landschaft ermöglicht genussvolle, aussichtsreiche Touren im Wander- und Nordic-Walking-Park.

Zu den leichten Wanderungen gehört der 3 km lange Weg vom Tutzinger Bahnhof auf die Ilkahöhe, die einen wunderbaren Blick auf den Starnberger See gewährt.

Auch der 5 km lange Starnberger Kulturspaziergang, ein Rundweg durch die Stadt mit Infotafeln an interessanten Stellen, lohnt sich.

Der 9 km lange Maisinger Schlucht Rundweg bietet ein landschaftliches Erlebnis zwischen Starnberg und Pöcking.

Die sportliche, 14 km lange Deixlfurther Seen-Runde startet in Feldafing und führt durch ein Landschaftsschutzgebiet mit Schluchten und Weihern.

Orte

Kulinarisches

In der Region kommen Feinschmecker und Gourmets voll auf ihre Kosten. Hier kann man Bier von höchster Qualität genießen, frisch zubereitete Fischgerichte probieren, sich von traditionell hergestellten süßen Leckereien verwöhnen lassen oder selbst gebrannte Obstschnäpse aus der Klosterdestillerie kosten.

Neben der berühmten Klosterbrauerei Andechs hoch über dem Ammersee, die man bei einer Führung besichtigen kann, bietet auch das Brauhaus in Berg am Starnberger See bestes bayerisches Bier. In weiteren Hausbrauereien, wie in Dießen, Herrsching oder Wörthsee, lassen sich regionale Craftbiere probieren.

In Herrsching am Ostufer des Ammersees wird auf 60 Hektar Obst angebaut, das von einem Bio-Hersteller zu hochwertigen Säften ohne Zusatz von Zucker verarbeitet werden. Diese Säfte dürfen als einzige das bayerische Biosiegel tragen.

Wer süßen Köstlichkeiten nicht widerstehen kann, beobachtet den Chocolatier durch die große Fensterfront in der mehrfach ausgezeichneten Schokoladenmanufaktur im historischen Bahnhof in Bernried bei der Herstellung von Pralinen und Schokowunderwerken, die in traditioneller Handarbeit entstehen.

In der Andechser Kaffeerösterei in Herrsching können Besucher die vielfältige Welt des Kaffees kennen lernen und probieren.

Freunde von leckeren Fischgerichten haben in der Region StrarnbergAmmersee zu den jeweiligen Saisonzeiten die Auswahl an frischem Fisch wie Renke, Hecht, Barsch oder Zander aus den heimischen Seen.

Kloster Andechs

Pilsensee

Zu den Top-Adressen gehören ein prämiertes Fischrestaurant in Starnberg sowie der Fischladen in Herrsching, der lecker garnierte Fischsemmeln anbietet. In der Fischerei im Pöckinger Ortsteil Possenhofen kann man von April bis September interessante Räucherworkshops mit Verkostung besuchen.

Im Gourmetrestaurant Aubergine genießen die Gäste Michelin-Stern-prämierte Küche.

Besonders beliebt sind zwei schmackhafte Angebote für Urlaubsgäste in der Region. Bei der eineinhalbstündigen Genuss-Wanderung am Westufer des Starnberger Sees in der Region von Münsing bieten mehrere Stationen Köstlichkeiten von der Fischsuppe bis zu heißem Punsch.

Einen weiteren Höhepunkt für Gaumen und Augen bieten ganzjährig einmal im Monat an einem Freitagnachmittag die Starnberger Schmankerlspaziergänge, bei denen der Führer nicht nur Wissenswertes über die Starnberger Geschichte anbietet, sondern auch die regionalen Schmankerl zum Probieren anbietet. Die beliebten Spaziergänge werden auch in Herrsching von April bis Oktober angeboten.

Orte

Wörthsee

Veranstaltungen

Das vielfältige Veranstaltungsprogramm in der Region StarnbergAmmersee bietet hochwertige Kulturveranstaltungen wie Konzerte, Theateraufführungen und Ausstellungen sowie beliebte Märkte.

Zu Christi Himmelfahrt zieht der internationale Töpfermarkt in Dießen am Ammersee zahlreiche Besucher an.

Eine Reihe von stimmungsvollen Weihnachtsmärkten in der Region erfreuen die Besucher.

Die lebende Krippe am Heiligen Berg bei Kloster Andechs mit Tieren und Laiendarstellern fasziniert die Kinder, während die Erwachsenen die umfangreiche Krippenausstellung besuchen. In Dießen am Ammersee findet der Christkindlmarkt vor dem Marienmünster am zweiten Adventswochenende nur mit Naturlicht statt.

Am 13. Juni bzw. am Sonntag danach ist Berg am Starnberger See Schauplatz einer Gedenkmesse von Königstreuen vor der Votivkapelle zur Erinnerung an den Todestag des Märchenkönigs Ludwig II..

Zu den kulturellen Höhepunkten im Jahr gehört das Fünf Seen Filmfestival in Starnberg Anfang September.

Das Projekt „Natur erleben“ verfolgt mit einem abwechslungsreichen Jahresprogramm das Ziel, die Naturschätze in der Region erlebbar zu machen. Biologen und Geologen, Pilzexperten, Förster oder eine Kräuterpädagogin bieten vieles von der Forschungsexpedition für Kinder über Floß bauen bis zur Wildkräutersammlung.

Orte

Wichtige Adressen und Telefonnummern

gwt Starnberg GmbH
Gesellschaft für Wirtschafts- und Tourismusentwicklung im Landkreis Starnberg mbH
Kirchplatz 3
D-82319 Starnberg
Tel. +49 (0)8151 9060 80
info@starnbergammersee.de,
www.starnbergammersee.de

Tourist Information Starnberg
Hauptstraße 1
D-82319 Starnberg
Tel. +49 (0)8151 9060 0
touristinfo@starnbergammersee.de
www.starnbergammersee.de

Tourist Information Herrsching
Bahnhofsplatz 3
D- 82211 Herrsching
Tel. +49 (0)8152 90 60 40
touristinfo@starnbergammersee.de
www.starnbergammersee.de

Tourist Information Dießen
Bahnhofstraße 15
D-86911 Dießen am Ammersee
Tel. +49 (0)8151 90 60 10
touristinfo@starnbergammersee.de
www.starnbergammersee.de

Segeln auf dem Starnberger See

Golfregion StarnbergAmmersee

Höchste Golfplatzdichte Deutschlands

Die bayerische Region StarnbergAmmersee ist das Traumziel vieler Golffreunde. In der herrlichen Voralpenlandschaft bieten neun anspruchsvolle Top-Golfanlagen in einem Umkreis von 25 km Golf Fans ein unvergessliches Erlebnis. Sie können hier nicht nur ihre Freude am Sport auf unterschiedlichen Golfplätzen leben, sondern auch das Alpenpanorama oder den Blick auf einen See genießen, und das nur eine halbe Stunde von der Landeshauptstadt München entfernt.

Der hohe Freizeitwert an den fünf Seen der Region mit attraktiven Sehenswürdigkeiten und kulturellen Angeboten bietet perfekte Rahmenbedingungen für einen gelungenen Golfurlaub.

Durch die hohe Dichte an Plätzen ist für jeden das Richtige dabei und einem genussvollen Golfurlaub steht nichts mehr im Wege. Die exklusiven Golfclubs in der Region sind meist international bekannt und weisen eine lange Tradition auf. Die modernen Anlagen bieten allen wünschenswerten Komfort. Sogar das Golfen mit Hund ist möglich. Feinschmecker können in den hochklassigen Clubrestaurants kulinarische Spezialitäten genießen.

Ergänzt werden diese einzigartigen Möglichkeiten durch vielfältige Angebote rund um den Golfsport. Golfurlauber haben eine große Auswahl an Golfunterkünften, die auf die Bedürfnisse von Golfern ausgerichtet sind. Bei Buchung einer der erstklassigen Premium-Partnerunterkünfte vom Vier-Sterne-Superior-Hotel bis zum Wohnmobilstellplatz erhalten die Urlauber eine persönliche Golfcard, mit der sie 20% Ermäßigung auf das tagesaktuelle Greenfee erhalten.

Wer eins der beliebten Rundum-Sorglos-Pakete bucht, braucht sich nicht um die Auswahl der besten Plätze bemühen. Die Gastgeber stellen ein Best Off der Plätze zusammen, buchen Startzeiten oder kümmern sich um Schnupper- oder Platzreifekurse. Zum Programm der Golfregion StarnbergAmmersee gehören regelmäßige Golfevents. Angeboten werden erstklassige Golfturniere, Schnupperkurse sowie musikalische Veranstaltungen wie „Golf meets Klassik" und vieles mehr.

Golfplätze

Golfplatz Iffeldorf . . . . Seite 83
Golfclub Hohenpähl . . . . . Seite 102
Golfclub Starnberg e.V. . . . Seite 454
Golfclub Tutzing . . . . Seite 460

Wichtige Adressen und Telefonnummern

gwt Starnberg GmbH
Tourist Information Starnberg
Hauptstr. 1
D-82319 Starnberg
Tel. +49 (0)8151 90 60-0
golf@starnbergammersee.de
www.golfeninstarnbergammersee.de

Krailling

Willkommen in einer der schönsten Gemeinden des Würmtals

Auf 548 m ü. M. liegt Krailling mit seinen Ortsteilen Pentenried, Frohnloh und Gut Hüll im landschaftlich reizvollen Würmtal. Nur vier Kilometer sind es von hier aus zur Stadtgrenze Münchens und 14 km trennen den Ort von Starnberg im Süden. Die 7.900 Einwohner von Krailling leben in einer wirtschaftlich erfolgreichen und intakten Gemeinde. Zum wirtschaftlichen Wohlergehen trägt vor allem das Gewerbegebiet KIM bei, das wohnortnahe Arbeits- und Ausbildungsplätze anbietet.

Die Infrastruktur ist mit der Verkehrsanbindung nach München durch den S-Bahn-Anschluss, ein Netz von Busverbindungen sowie die Nähe zu Autobahnen und Schnellstraßen ausgezeichnet. Außerdem sind im Ort alle Einkaufsmöglichkeiten gegeben. Für Kinder und Senioren ist gesorgt und ein reges Vereinsleben sowie ein vielseitiges Kultur- und Freizeitangebot bieten eine hohe Lebensqualität.

Kurzer Blick ins Geschichtsbuch

Wohl schon um 100 v.Chr. war die Region um Krailling besiedelt. Zunächst von den Kelten, später von den Bajuwaren, was Funde beweisen. In den Eichen- und Buchenwäldern an der Würm entlang, wurden lukrative Gehöfte mit Schweinezucht und Fischerei betrieben, die um die Jahrtausendwende in den Besitz geistlicher Grundherren gelangten. Im 13. Jh.

Krailling
(Bild Gemeinde Krailling)

entwickelten weltliche Grundherren die Hofmark „Crailling" mit eigener Handelshoheit und Gerichtsbarkeit. Für die Münchener Bürger hatte die Hofmark eine große Bedeutung wegen ihres hohen Erholungswertes. Im 19. Jh. endete die Geschichte der Hofmarkherren, die in Krailling ein repräsentatives Schloss unterhielten. Eine rasante Entwicklung erfuhr Krailling zum Ende des 19. Jh., in der Zeit der Wohnungsnot nach dem 2. Weltkrieg und der Heimatverteibung, als die Einwohnerzahl auf über 3.000 Menschen wuchs.

Sehenswürdigkeiten

Das Wahrzeichen von Krailling ist die Margaretenkirche mit ihrem markanten Zwiebelturm. Sie wurde 1315 erstmals erwähnt und erhielt im Jahr 1747 ihr heutiges Erscheinungsbild. Bei archäologischen Grabungen

Margaretenkirche
(Bild Gemeinde Kraillling)

stieß man auf die Fundamente des Hofmarkschlosses, die freigelegt und mit einer Überdachung konserviert wurden. Eine Informationstafel, nahe der Würm, auf dem Gelände der Gemeindebibliothek erzählt die Geschichte des Hofmarkschlosses und Steinbegrenzungen machen die einstige Ausdehnung des Anwesens deutlich.

Berger Weiher
(Bild Edgar Huth)

Mit einer reizvoll barockisierenden Jugenstilfassade wartet die sehenswerte Villa des Architekten Martin Dülfer, einem Wegbereiter des Jugendstils, auf.

An den Todesmarsch tausender Häftlinge aus dem KZ Dachau im April 1945 erinnert eine Bronze-Skulptur des Bildhauers Hubertus von Pilgrim an der Gautinger Straße. An der gesamten Marschroute wurden 20 identische Plastiken erstellt und eine Kopie des Denkmals schenkte die Gemeinde Gauting im Jahr 1992 der Shoa-Gedenkstätte Yad Vashem in Jerusalem.

Freizeit und Sport

Den hohen Freizeitwert verdankt Krailling dem 800 ha großen Waldstück Forst Kasten im Osten und dem Kreuzlinger Forst im Westen. Durch den Wald verlaufen gepflegte Rad- und Wanderwege. Der Forst ist Teil des Landschaftsschutzgebietes rund um München. Außerdem sind Starnberger- und Ammersee sowie der Wesslinger See, Wörth- und Pilsensee lohnende Ausflugsziele für Radwanderer.

Orts- und Infrastruktur

Durch die günstige Verkehrsanbindung ist Krailling ein beliebter Wohn- und Gewerbestandort vor den Toren Münchens. Die Gemeinde bietet ein intaktes Gemeinwesen, gute Einkaufsmöglichkeiten und Einrichtungen für Jung und Alt. Mehrere Biergärten sind für die Region im Sommer ein bekanntes Ausflugsziel.

Verkehrswege

Krailling liegt zwischen den Autobahnen A96 München-Lindau und A95 München-Garmisch-Partenkirchen. Die durch den Ort laufende Staatsstraße St2063 verbindet München mit Starnberg. Die S-Bahn nach München verkehrt im 20-Minuten-Takt.

Schule

In Krailling gibt es genügend Kinderbetreuungseinrichtungen sowie eine Grundschule mit Ganztagesangebot, Hort und Mittagsbetreuung. Außerdem verfügt der Ort über einen aktiven Jugendtreff.

Wirtschaft und Ausbildung

Die KIM – die Kraillinger Innovations Meile – ist ein modernes Gewerbegebiet mit einer kurzen Verbindung zur Autobahn. Auf dem ehemals von der Bundeswehr genutzten Gelände siedelten sich seit 1997 Unternehmen unterschiedlichster und höchst innovativer Branchen an, die Krailling zu ortsnahen Arbeits- und Ausbildungsplätzen verhalfen.

Die Gebäude in der KIM werden zentral über ein Biomasse-Heizkraftwerk mit Wärme versorgt.

Altersgerecht wohnen

Einrichtungen und Wohnmöglichkeiten für Senioren sowie das vielseitige Kultur- und Freizeitangebot sorgen auch im Alter für eine hohe Lebensqualität in Krailling.

Wichtige Adressen und Telefonnummern

Gemeinde Krailling
Rudolf-von-Hirsch-Str. 1
D-82152 Krailling
Tel. +49 (0)89 85 70 60
Fax +49 (0)89 85 76 656
rathaus@krailling.de, www.krailling.de

Bibliothek Krailling
(Bild Gemeinde Krailling)

Traditionsreiche Gaststätte an der Würm

Alter Wirt Krailling

Ein frisch gezapftes Bier aus dem Holzfass, saisonale Speisen wie Schwammerl, Kürbis, Spargel und Wild – bayerisch-traditionell erlebt der Gast das gemütliche Wirtshaus an der Würm.

Wenn das Wetter nicht so schön sein sollte, stehen die großzügigen Räumlichkeiten für eine Einkehr parat. So punktet das Stüberl mit einer denkmalgeschützten Kassettendecke und einer urigen Schwemme mit altem Kachelofen. Für Festlichkeiten jeder Art, ob privat oder geschäftlich, bietet der Saal den passenden Rahmen, in dem die Gäste von einem freundlichen und aufmerksamen Service bedient werden. Verwöhnt werden die Gäste mit traditioneller Wirtshausküche und internationalen Gerichten, die kreativ vom Küchenteam in Szene gesetzt werden.

Während des Sommers lockt der Biergarten inmitten alter Kastanienbäume zu urig gemütlichen Stunden. Bayerisch-traditionell geht es auch hier zu – einerseits wird der Gast bedient, andererseits gibt es in der Selbstbedienung mit einer Außenküche leckere Köstlichkeiten wie Hendl vom Grill und Rollbraten. Dort sind nach alter Tradition auch selbst mitgebrachte Brotzeiten erlaubt.

Alter Wirt Krailling

Einen abwechslungsreich gestalteten Mittagstisch finden die Gäste ebenso wie hin und wieder Festivitäten, bei denen für kulinarische Genüsse und Unterhaltung gesorgt ist.

Florian Egner
Margaretenstr. 31
D-82152 Krailling
Tel. +49 (0)89-89 19 84 44
info@alterwirtkrailling.de
www.alterwirtkrailling.de

Seefeld

Am Ufer des Pilsensees

Am nördlichen Ufer des Pilsensees liegt die Gemeinde Seefeld (570 m ü. M.), in der etwa 7.200 Menschen wohnen. Zur Gemeinde gehören die Ortsteile Oberalting-Seefeld, Hechendorf, Drößling, Unering und Meiling, die im Rahmen der Gebietsreform in den Jahren 1972 bis 1978 zur Gemeinde Seefeld zusammengeschlossen wurden. Nur 30 km von München entfernt, stehen den Einwohnern wie auch den Gästen zahlreiche Erholungs- und Sportmöglichkeiten sowie ein vielfältiges Kulturangebot für Freizeitaktivitäten zur Verfügung.

Der Pilsensee, der der zweitkleinste See in der StarnbergAmmersee-Region ist, und dessen Ufer zum großen Teil als Naturschutzgebiet ausgewiesen sind, entstand am Ende der letzten Eiszeit. Zunächst war er ein Teil des Ammersees, bevor dessen fortschreitende Verlandung zur Trennung der beiden Seen führte. Die Fläche des fischreichen Gewässers beträgt etwa zwei Quadratkilometer und die tiefste Stelle wurde mit 15 m gemessen.

Kurzer Blick ins Geschichtsbuch

Im Jahr 804 tauchte Seefeld-Oberalting in einem Schenkungsvermerk im ältesten Freisinger Traditionsbuch auf. Einer Notiz zufolge vererbten zwei Oberaltinger Priester ihr Erbgut dem Hochstift Freising. Im Hochmittelalter war Seefeld im Besitz der Herren von Seefeld und der Herren von Gundelfing, die als Andechser Ministerialen und Grundherren von Bedeutung waren. Seit 1472 ist Seefeld der Sitz der Grafen Toerring, eines der ältesten Adelsgeschlechter Bayerns.

Kirche Hechendorf
(Bild © Josef Schneider)

Schloss Seefeld
(Bild © Schloss Seefeld)

Sehenswürdigkeiten

Schloss Seefeld

Das bedeutendste Bauwerk in Seefeld ist das Gräflich Toerring'sche Schloss. Erstmals wurde es als Feste Schlossberg im Jahr 1302 erwähnt und erhielt im 18. Jh. seine heutige barocke Form. Seit dem 15. Jh. befindet sich das Schloss im Eigentum der Grafen Toerring und wurde im Lauf der vergangenen Jahrhunderte zahlreichen Aus- und Umbauarbeiten unterzogen. In der jüngsten Vergangenheit ließ der heutige Eigentümer, Hans Caspar Graf zu Toerring-Jettenbach, das Anwesen vollständig renovieren. Im Schlossensemble wurde eine Plattform für Künstler, Dienstleister und Gewerbetreibende geschaffen, auf der sie eine bunte Produktpalette präsentieren können. Außerdem ist Schloss Seefeld eine gute Adresse für Events und kulturelle Veranstaltungen im Sudhaus sowie im Schlosspark.

Pfarrkirche St. Martin in Unering

Die katholische Filialkirche ist ein Zentralbau des Rokoko, der um 1732 von Johann Michael Fischer erbaut wurde. Fischer war ein bedeutender Baumeister aus der Oberpfalz, der während des Umbruchs vom Spätbarock zum Rokoko tätig war.

Pfarrkirche St. Michael in Hechendorf

Im 14. Jhr. wurde die Hechendorfer Kirche erstmals urkundlich erwähnt. Die als Chorturmanlage erbaute Kirche barockisierte man im Jahr 1772.

Pfarrkirche St. Peter und Paul in Oberalting

Bild © Klaus Kögel

Direkt am Marienplatz in Oberalting liegt diese Kirche, die als „barockisiertes, neugotisches Gebäude“ bezeichnet wird und auf eine Geschichte von mehr als 1200 Jahren zurückblickt.

Eichenallee

Zwischen 1770 und 1780 ließ Graf Anton Clemens zu Toerring Hunderte von Eichen entlang des Weges von Schloss Seefeld zu seinen Gütern bei Meiling pflanzen. Einerseits als Zeichen seines gestaltenden Schaffens und Symbol seiner Herrschaft, andererseits zur wirtschaftlichen Nutzung, dienten doch die Früchte der Bäume als Tierfutter. So entstand die erste Allee Bayerns und eine der prächtigsten Eichenalleen Europas. Dank nachhaltiger Bewirtschaftung besteht sie heute noch, mittlerweile denkmalgeschützt, und säumt mit einem Großteil der rund 700 Eichen die Staatsstraße 2068 zwischen Seefeld und Weßling.

Kulturelles und Veranstaltungen

Zahlreiche Veranstaltungen warten in Seefeld mit einem vielfältigen Programm auf. Konzerte, Theateraufführungen und Kabarett im Sudhaus von Schloss Seefeld oder eine Filmvorführung in dem prämierten Kunstkino „Breitwand“ im Schlosshof begeistern jedes Jahr eine Vielzahl von Besuchern und Zuschauern.

Daneben begehen die örtlichen Vereine den Jahreslauf mit traditionellen Festen und Feierlichkeiten, über die man sich auf der Website der Gemeinde www.seefeld.de informieren kann.

Freizeit und Sport

Die Nähe zum Pilsensee, der am östlichen und westlichen Ufer mit Stränden zum Baden einlädt, macht Seefeld so attraktiv für Freizeitaktivitäten und Naturliebhaber. Dem Wanderer und Radfahrer erschließen sich die Schönheiten der Natur rund um den Pilsensee und den nahegelegenen Wörthsee.

Auf einer Fahrtstrecke von 30 km lässt sich auf der „Denkmal-Radltour“ die geschichtsträchtige Vergangenheit der Region rund um den Sitz der Grafen Toerring mit einer Vielzahl von denkmalgeschützten Gebäuden und kirchlichen Bauten erfahren. Entlang der Strecke liegen zahlreiche gastronomische Betriebe, die mit ihren Biergärten für eine Stärkung der Fahrradfahrer sorgen.

Natürlich finden auch Nordic Walker ein bestens gepflegtes und gut ausgeschildertes Wegenetz vor, das auch im Winter für Wanderungen oder Langlaufaktivitäten genutzt werden kann.

Pilsensee
(Bild Gemeinde Seefeld)

Wassersportler kommen am Pilsensee ebenso auf ihre Kosten. Ist der See im Winter zugefroren, locken günstige Windverhältnisse zum Eissurfen und -segeln. Während des Sommers lädt der See mit verschiedenen öffentlichen Badeplätzen zu einem erfrischenden Bad, einer Surf-, Segel- oder Rudertour auf dem Wasser ein.

Orts- und Infrastruktur

In Seefeld wird viel Wert auf Bürgernähe gelegt. Die Gemeinde mit ihren malerischen und geschichtsträchtigen Ortsteilen lebt vom Für- und Miteinander der engagierten Bewohner. Für lebendige und abwechslungsreiche Freizeitgestaltung sorgen die verschiedensten Vereine und Einrichtungen für Jung und Alt, die zur hohen Lebensqualität in Seefeld beitragen. Wirtschaftlich starke Unternehmen, zukunftsfähige Gewerbebetriebe sowie eine gute Infrastruktur im Gastgewerbe stärken die Gemeinde für Einwohner und Gäste.

Verkehrswege

Neben dem S-Bahnanschluss Hechendorf, der Seefeld mit der Münchner Innenstadt und dem Flughafen verbindet, verläuft die A96 München-Lindau. Die Staatstraße St2056 führt nach Weilheim, die St2070 nach Starnberg.

Weltoffen wohnen

Seefeld bietet mit Kinderkrippe und -hort, mit Kindergärten und Kindertagespflege jungen Familien Entlastung und die Senioren fühlen sich mit einem Seniorenstift sowie der ärztlichen Versorgung am Ort wohl aufgehoben. Die Vereine Nachbarschaftshilfe Seefeld und Hechendorf bieten weitere hilfreiche Unterstützung für Familien in jeder Lebensphase an.

Wichtige Adressen und Telefonnummern

Gemeinde Seefeld
Technologiepark 16
D-82229 Seefeld
Tel. +49 (0)8152 79 14-0
Fax +49 (0)8152 98 418-0
info@seefeld.de
www.seefeld.de

Idyll am Pilsensee
(Bild Gemeinde Seefeld)

Dem Paradies ganz nah

Paradieswinkel Gasthof Woerl am Wörthsee

Wenn die Sonne über dem Wörthsee versinkt, sitzt man auf der Terrasse oder im Biergarten des Gasthof Woerl in der ersten Reihe. Verwöhnt wird man dort mit den Köstlichkeiten, die Küche und Keller zu bieten haben.

Aber auch aus den gemütlich eingerichteten Gasträumen genießen die Gäste einen unvergesslichen Ausblick auf den See. Als ideales Urlaubsziel erweisen sich im Paradieswinkel die behaglichen und komfortablen Gästezimmer des Hauses, die mit einem herrlichen Blick auf den See aufwarten. Gleich nebenan bietet der Campingplatz das passende Areal für Gäste, die mit Wohnmobil, Caravan oder Zelt anreisen. Eine Liegewiese, zwei Badestege und ein Bootssteg direkt am Platz runden das Angebot dieser Urlaubsoase ab. Hier kann Urlaub so schön sein.

Paradieswinkel Gasthof Woerl

Wörthseestr. 25
D-82229 Seefeld
Tel. +49 (0) 81 52-7 64 45
Fax +49 (0) 81 52-3 96 24 68
info@paradieswinkel.de
www.paradieswinkel.de

Uffing

am Staffelsee

Die Gemeinde Uffing am Staffelsee (rund 3.000 Einwohner) im oberbayerischen Landkreis Garmisch-Partenkirchen gehört zur Tourismusregion „Das Blaue Land“ und liegt ca. 70 km südlich von München.

Der Bahnhof von Uffing wird von Zügen des Regionalverkehrs auf der Bahnlinie München-Garmisch-Partenkirchen bedient. Die Kreisstraße GAP 3 führt durch den Ort. Uffing ist auch durch die Buslinien des Regionalverkehrs Oberbayern erreichbar.

Die Gemeinde liegt in einer einzigartigen Kulturlandschaft direkt am idyllischen Staffelsee und bietet Ausblicke auf die Alpenkette.

Sehenswürdigkeiten

Zu den Sehenswürdigkeiten in Uffing gehört die katholische Pfarrkirche St. Agatha, die im 15. Jahrhundert im gotischen Stil erbaut und im 17. Jahrhundert umgestaltet wurde. Der Innenraum beeindruckt mit prächtiger barocker Ausstattung.

Lohnend ist der Besuch des Heimatmuseums, das 1989 anlässlich der 1250-Jahr-Feier eingerichtet wurde. Die Ausstellungsstücke wurden in liebevoller Arbeit gefertigt oder von Dorfbewohnern gesammelt. Zu sehen sind handwerkliche und bäuerliche Geräte aus vergangenen Zeiten sowie ein Dorfmodell, das Uffing im Jahr 1706 zeigt.

Freizeit und Sport

Der Staffelsee ist ein beliebter Badesee mit mildem, moorhaltigem Wasser, Ruderboote können gemietet werden. Zwischen Uffing, Murnau und Seehausen verkehren im Sommer zwei Fahrgastschiffe. Ein Rundwanderweg von 22 km Länge führt durch die herrliche Umgebung.

Wichtige Adressen und Telefonnummern

Gemeinde Uffing
Hauptstr. 2
D-82449 Uffing a. Staffelsee
Tel. +49 (0)8846 92 02-0
gemeinde@uffing.de
www.uffing.de

Uffing
(Bild Wikipedia, Dave Dunford, CC BY-SA 3.0)

Fantasievolle Unterhaltung

Bauer Sepp's Märchenbühne

"Vorhang auf" heißt es auf dem Blaslhof, nicht weit entfernt vom Staffelsee, wenn "Bauer Sepp" mit seiner Märchenbühne Groß und Klein begeistert. Gemeinsam mit seiner Frau Claudi führt Sepp Taffertshofer dort seine selbstgeschriebenen, fantasievollen und kindgerechten Märchen auf. Das Besondere daran ist das Erzählfenster: Darüber nimmt Bauer Sepp Kontakt mit dem Publikum auf. Direkt daneben befindet sich die Puppenbühne, auf der die Inszenierungen mit Handpuppen gespielt werden. Für das Publikum sind die Märchenerzählungen ein riesen Spaß, der für glänzende Kinderaugen sorgt. Man merkt, dass Bauer Sepp seine Sache mit Leidenschaft und Herzblut macht.

Mittlerweile geht er mit seiner Puppenbühne auch auf Tournee und erfreut seine kleinen Zuschauer in Schulen und Kindergärten. Gefragt ist er zudem auf Festen und Kleinkunstbühnen. Mit den liebevoll illustrierten Büchern mit Abenteuer- und Tiergeschichten lässt sich gar ein Stück "Bauer Sepp" mit nach Hause nehmen (vor Ort oder online erhältlich). Auf dem Blaslhof ist aber noch mehr geboten: Tiere laden zum Streicheln, Schmusen und Reiten ein. Beim Ponyreiten nimmt "Bauer Sepp" die Teilnehmer mit zum Fluss der Indianer, in den Hexen- oder Eichhörnchenwald. Nach dem Ausritt lädt der große Abenteuerspielplatz auf dem Blaslhof zum Spielen ein.

Und ein Kindergeburtstag auf dem Blaslhof ist für alle Kinder ein Ereignis, das in Erinnerung bleibt!

Blaslhof • Bauer Sepp's Märchenbühne
Kalkofen 10, D-82499 Uffing
Tel. +49 (0)88 46-921 54 17
info@bauer-sepps-maerchenbuehne.de,
www.bauer-sepps-maerchenbuehne.de

Weßling

am Weßlinger See

Die Gemeinde Weßling (rund 5.500 Einwohner) am Weßlinger See im oberbayerischen Landkreis Starnberg liegt ca. 25 Kilometer südwestlich von München nördlich von Ammersee und Starnberger See im Fünfseenland.

Weßling ist mit dem Pkw über die Ausfahrten Wörthsee und Oberpfaffenhofen der Autobahn 96 gut zu erreichen. Der Bahnhof in Weßling ist an das Münchner S-Bahnnetz angeschlossen. Die Buslinien des Münchner Verkehrsverbundes verbinden Weßling mit Herrsching, Starnberg, München und anderen Orten.

Sehenswürdigkeiten

Die Gemeinde präsentiert sich als „Künstlerdorf", da viele bekannte Maler den reizvoll gelegenen Ort und See besucht haben. Von einem Bildhauer-Wettbewerb stammen die Skulpturen am Seeufer.

Zu den sehenswerten Kirchen in Weßling gehört als Wahrzeichen des Ortes die 1938 erbaute Pfarrkirche Christkönig und die Pfarrkirche St. Mariä Himmelfahrt mit Ursprüngen aus dem 15. Jahrhundert.

Am Seeufer zeugen zahlreiche Villen aus dem 19. Jahrhundert von vergangenen Zeiten.

Freizeit und Sport

Der idyllische Weßlinger See wird vom Ort komplett umschlossen und wird von verschiedenen Laubbäumen malerisch umsäumt. Er lässt sich auf einem drei Kilometer langen Fußweg umrunden.

Wichtige Adressen und Telefonnummern

Gemeinde Weßling
Gautinger Str. 17
D-82234 Weßling
Tel. +49 (0)8153 4040
info@gemeinde-wessling.de
www.gemeinde-wessling.de

Weßling
(Bild Gemeinde Weßling)

Ruhe und Erholung direkt am See

Seehof Weßling

Das Hotel Seehof Weßling liegt direkt am idyllischen Weßlinger See. Ein knapp einstündiger Rundweg lädt zum Schlendern und Verweilen ein. Ruhesuchende können die Idylle und die Natur genießen. Familien nutzen im Sommer den See entweder zum Baden, Plantschen oder Paddeln. Im Winter kann man hier Schlittschuh laufen oder Eisstock schießen.

Das Seerestaurant bietet frische und regionale Köstlichkeiten. Gespeist wird in den lichtdurchfluteten Gasträumen oder auf der Seeterrasse. Von dort genießt man einen schönen Ausblick auf den See.
Für geschäftliche Anlässe und private Feierlichkeiten steht ein Tagungsraum für bis zu 40 Personen zur Verfügung, der mit einer passenden Tagungsinfrastruktur ausgestattet ist.

Seehof Weßling
Hotel & Restaurant
Seeweg 4
D-82234 Weßling
Tel. +49(0)81 53-9 35-0
post@seehof-wessling.de

Wörthsee

Wörthsee (rund 5.000 Einwohner) ist eine Gemeinde am gleichnamigen See im nördlichen Landkreis Starnberg, Oberbayern. Die Gemeinde liegt am nordöstlichen Ufer des gleichnamigen Sees etwa 15 Kilometer nordwestlich der Kreisstadt Starnberg. Im Norden führt die Autobahn A 96 durch das Gemeindegebiet.

Durch die günstige zentrale Lage zwischen Landsberg und München bieten sich attraktive Ausflugs- und Freizeitmöglichkeiten, auch zu den nahe gelegenen Pilsensee, Ammersee und Starnberger See.

Sehenswürdigkeiten

Sehenswert sind die Barockkirchen St. Martin aus dem Jahr 1735 und St. Nikolaus im Ortsteil Etterschlag von 1758 mit prächtiger Innenausstattung. Die Uferpromenaden am Wörthsee ziehen mit Badestränden und Restaurants zahlreiche Besucher an.

Freizeit und Sport

Der Wörthsee ist einer der wärmsten und saubersten Seen in Oberbayern und bietet herrliche Bademöglichkeiten. Rund um den See findet man Badeplätze und Freibäder, viele ohne Eintritt. Auch bei Seglern und Surfern ist der See beliebt.

Rund um den See führt ein 12 km langer Wanderweg mit zahlreichen Informationstafeln über den See und die Landschaft. Lohnend ist auch die Begehung des abwechslungsreichen Naturlehrpfades durch die Ortsteile Steinebach, Auing und Waldbrunn und der Besuch des Naturschutzgebietes Schluifelder Moos.

Veranstaltungen

Die aktiven Vereine in der Gemeinde sorgen mit ihren bunten Veranstaltungsprogrammen für Abwechslung im Jahreslauf.

Wichtige Adressen und Telefonnummern

Gemeinde Wörthsee
Seestr. 20, 82237 Wörthsee
Tel. +49 (0)8153 9858 0
info@woerthsee.de
www.gemeinde-woerthsee.de

Wörthsee
(Bild Johann Belle)

Mit kroatischem Flair

Gasthaus Dietrich

Das Gasthaus Dietrich wird seit vielen Jahren von Familie Matic aus Kroatien geführt. Frische Zutaten und ein gutes Preis-Leistungs-Verhältnis sind bei der Zubereitung der Speisen wichtige Kriterien. Frische sorgt für Qualität, die man schmeckt.

Zu den Klassikern zählen Cevapcici (Hackfleischröllchen) mit Djuvecreis, Grillteller (Spieß, Schweinefilet, Wammerl, 2 Cevapcici, Lende) mit Pommes und Salat oder Kalbsleber „Diokletian" mit Röstkartoffeln, gebratener Ananas und Salat. Liebhaber von Fisch schätzen während des ganzen Jahres die Auswahl an Süßwasser- und Meeresfischen. Je nach Saison wird auch frischer Spargel in kreativen Variationen angeboten oder Wildgerichte mit Pilzen.

Ein erlesener Tropfen aus kroatischen, italienischen oder österreichischen Anbaugebieten rundet den Geschmack ab.

An warmen Tagen genießt man den Aufenthalt auf der einladenden Terrasse oder im gemütlichen Biergarten. Für Familien- oder Betriebsfeiern stehen passende Räumlichkeiten für bis zu 60 Personen zur Verfügung.

Gasthaus Dietrich
Familie Gerstlauer-Matic
Hauptstraße 49
D-82237 Wörthsee/Auing
Tel. +49 (0) 81 53-79 25
www.gasthaus-dietrich.de

Rudern und Segeln vor der Roseninsel
(Bild gwt Starnberg GmbH – Thomas Marufke)

Rund um den Starnberger See

Berg

am Starnberger See

Die Gemeinde Berg (rund 8.400 Einwohner) am Ostufer des Starnberger Sees im oberbayerischen Landkreis Starnberg liegt ca. 30 km südwestlich von München. Starnberg ist rund 6 km entfernt.

Sehenswürdigkeiten

Das Schloss Berg am Ostufer des Starnberger Sees wurde 1640 fertig gestellt und Mitte des 19. Jahrhunderts umgestaltet. Der bayerische König Ludwig II. nutzte das Schloss als Sommerresidenz.

Das Schloss wurde bekannt durch den ungeklärten Tod von Ludwig II. Das Schloss ist nicht zu besichtigen.

Zu Ehren von Ludwig II. wurde oberhalb der Stelle, wo die Leiche des Königs 1886 gefunden wurde die Gedächtniskapelle St. Ludwig im neuromanischen Stil errichtet.

Sehenswert ist auch die katholische Filialkirche St. Stephan im Ortsteil Mörlbach aus der Zeit der Frühgotik. Die Kirche ist für ihre reiche spätgotische Ausstattung bekannt.

Freizeit und Sport

Die Ortsteile Berg (am See) und Leoni sind Anlegepunkte der Fahrgastschiffe der Bayerischen Seenschiffahrt.

Durch beide Gemeindeteile führen schöne Wander- und Radwege.

Wichtige Adressen und Telefonnummern

Gemeinde Berg
Ratsgasse 1. D-82335 Berg
Tel. +49 (0)8151 508 0
info@gemeinde-berg.de
www.gemeinde-berg.de

Starnberger See
(Bild Gemeinde Berg)

Boote auf dem Starnberger See
(Bild gwt Starnberg GmbH – Thomas Marufke)

Handgefertigte Pralinen und Schokoladen

Walter Cordes Pralinen

Bereits seit 1932 stellt die Manufaktur Walter Cordes feinste Pralinen und Schokoladen her. Zunächst in München, später dann in Berg am Starnberger See, entstehen inzwischen in 4. Generation die süßen Köstlichkeiten. Kunden können nun schon seit beinahe 90 Jahren aus einem reichen Angebot von über 140 handgefertigten Sorten wählen.

Alle Produkte von Walter Cordes werden bis heute ausschließlich in liebevoller Handarbeit nach den Rezepturen von Gründer Walter Cordes hergestellt. Vor allem das breitgefächerte Pralinensortiment bietet für jeden Geschmack etwas. Neben Klassischen Sorten wie Champagner-trüffel in Bitter, Vollmilch und Weißer schokolade, Rumtrüffel oder Schichtnougat, gibt es auch deutlich ausgefallenere, wie Irish Coffee, Dark Curacao, und Erdbeer Surprise.

Knackige Schokoladenbrüche, Handgegossene Tafelschokoladen und Hauchdünne Täfelchen sind neben dem umfangreichen Pralinensortiment übrigens ebenfalls Teil der Produktpalette von Walter Cordes.

Der besondere Genuss – Ruby Schokolade

Die pinke Schokolade, die nicht nur die Herzen von weiblichen Naschkatzen höherschlagen lässt, ist eine eigenständige Schokoladensorte. Aus den einzigartigen Ruby Kakaobohnen gewonnen, erhält sie durch Röstung und Fermentie-

rung, ihre rosa Farbe. Das einzigartige intensiv fruchtige Geschmackserlebnis mit einer leicht sauren Note, überzeugt nicht nur Schokoladenliebhaber. Natürlich ist diese ebenfalls in den verschiedensten Formen im Sortiment von Walter Cordes vertreten. Bei den Trüffeln liegt beispielsweise die Qual der Wahl zwischen Sorten wie Red Champagne, Rubinio und Ruby Rosentrüffel. Oder man entscheidet sich erst einmal für eines der niedlichen Ruby Einhörner.

Die feinen Schokoladen und zarten Pralinen sind sowohl in den Filialen in München Am Harras und in Waldtrudering als auch im Onlineshop erhältlich.

Walter Cordes Pralinen e.K.

Inhaber: Ingeborg Ruchner
Hirschbergstraße 4, D-82335 Berg
Tel. +49 (0) 81 51-5 00 69
Fax +49 (0) 81 51-4 01 96 00
service@waltercordes.de
www.waltercordes.de

Bernried am Starnberger See

Natur, Tradition und Moderne

Der See als traumhafte Kulisse für erholsame Tage, vielfältige Kulturtupfer während des ganzen Jahres, anregende Atmosphäre für erfolgreiche Seminare und Tagungen, ein Ort, wo Sport und Kunst nicht zu kurz kommen, und eine Landschaft zum Träumen: Dieses malerische Paradies findet der Feriengast in Bernried am Starnberger See (600 m ü. M., 2348 Einwohner) mit den Gemeindeteilen Adelsried, Gallafilz, Hapberg, Höhenried und Gut Unterholz im Landkreis Weilheim-Schongau vor. Für Tagesbesucher aus der Region ist der Stiftungspark im Süden von Bernried erholsames Terrain für Spaziergänge. Wassersportler genießen in Bernried einen unvergesslichen Aufenthalt. Ein zauberhafter Ort, ja, im wahrsten Sinne des Wortes wird der Feriengast verzaubert von den Parkanlagen und vom aktiven Dorf- und Vereinsleben, die u. a. dazu beigetragen haben, dass dem Ort 2007 im Bundeswettbewerb „Unser Dorf hat Zukunft“ die Goldmedaille verliehen wurde.

Im Mai 2001 wurde auf dem Hirschgartengelände in Höhenried das „Buchheim-Museums der Phantasie“ eröffnet, das heute den Namen Bernried a. S. in alle Welt trägt.

Bernried
(Bilder Gerhard Schubert)

Kurzer Blick ins Geschichtsbuch

Bereits 1120 wurde ein Augustiner-Chorherrenstift gegründet. Graf Otto und Adelheid von Valley aus dem Hause Wittelsbach hatten den Augustiner Chorherren das Stift überlassen.

Die Entwicklung von Bernried a. S. hängt untrennbar mit der wechselvollen Geschichte des Klosters zusammen. 1852 erwarb August Freiherr von Wendland das Stift und die Ländereien. Der Südflügel wurde unter seiner Federführung zu einem Schloss umgestaltet. Ihm ist es auch zu verdanken, dass das Seeufer zwischen Bernried a. S. und Seeseiten unbebaut blieb, da er landwirtschaftlich genutzte Fläche vom königlich bayerischen Hofgärtner Carl von Effner zum Landschaftspark umgestalten ließ.

Außerdem wurde in Bernried a. S. auf sein Betreiben hin im Jahre 1865 eine Station der Eisenbahnstrecke Tutzing-Penzberg eingerichtet, was Bernried a. S. zu einem aufstrebenden Aufenthaltsort für Künstler und Sommerfrischler werden ließ. Im Bernrieder Bahnhof hat sich heute eine Schokoladenmanufaktur niedergelassen.

1914 erwarb das Ehepaar Busch-Scharrer die ehemaligen Gründe des Klosters und das Schlossgut, wo eine Landwirtschaft mit Pferdezucht betrieben wurde. Auch entsprechende Handwerksberufe siedelten sich hier an.

Schloss Höhenried

Wilhelmina Busch ließ sich auf dem Gelände ein Schloss erbauen, das im Sommer 1939 fertiggestellt wurde. Im Laufe der Jahre wurde der 600.000 Quadratmeter große Park umgestaltet und um ein Gehege mit weißen Damhirschen erweitert.

Das Hofgut mit seinen Frescomalereien und Kunstschmiedearbeiten beherbergt heute einen Hofladen mit regionalen und qualitativ hochwertigen Lebensmitteln.

Sehenswürdigkeiten

Aus der Zeit der Augustinerchorherren stammen zahlreiche denkmalgeschützte Bauwerke.

Heute gehört das Kloster Bernried den Missionsbenediktinerinnen mit Mutterhaus in Tutzing. Von 1122 bis 1803 war St. Martin Stiftskirche der Augustinerchorherren von Bernried. Sie steht auf romanischen Fundamenten. 1803 wurde sie im Zuge der Säkularisation Pfarrkirche des Ortes. Die Kirche wurde 1659 von dem Wessobrunner Baumeister Caspar Feichtmayr errichtet. Der monumentale Hochaltar und die Seitenaltäre sind mit Gemälden des Münchners Franz Kirzinger ausgestattet (1795/96) Beeindruckend ist vor allem der spätgotische Flügelaltar der Münchner Schule (um 1510).

In der Klostermauer zur Seeseite hin befindet sich die Seekapelle mit der „liab woanatn Frau". Sie wird alljährlich am 15. August, Maria Himmelfahrt, mit Blumen geschmückt. Eine ganz besondere Atmosphäre verbreitet der Barocksaal des Klosters, der auch einen würdigen Rahmen für kulturelle Veranstaltungen bietet.

Das Torbogengebäude diente einst dem „Torwart“ als Wohnung. Von 1806 bis 1825 war hier das Schulhaus untergebracht. Marstall und Wagenremise lagen auf der anderen Seite des Torbogens.

Die Hofmarkskirche ist einer der liebenswertesten Sakralbauten in Oberbayern. Der gotische Bau wurde 1382 geweiht und Ende des 17. Jahrhunderts (1695) barockisiert. Aus dieser Zeit stammt auch der Hochaltar. Die Seitenaltäre sind ländliches Rokoko (Paul Zwink 1769) mit den Bauernheiligen Notburga und Isidor. Beeindruckend sind die Altarbilder von Franz Kirzinger und die bemalte Kanzel über dem Durchgang zur Gruftkirche sowie die gotische Pieta aus dem Jahre 1382 „die Muttergottes von Bernried“, eines der wichtigsten Kulturgüter im Dorf.

Beim Sommerkeller handelt es sich um den Bierlagerkeller der ehemaligen Brauerei mit ca. 1500 m². Das Bierbrauen wurde 1912 eingestellt. Er wird heute für Großveranstaltungen genutzt.

Der Klosterrichter war für die niedere Gerichtsbarkeit zuständig. Das Haus des Klosterrichters (ehemalige Gemeindeverwaltung) beherbergte u. a. Johannes Brahms und Franz Lachner als Gäste.

Das Gstupperhaus (Reitweg 2) wurde nach dem verheerenden Dorfbrand 1685 gebaut. Dabei handelt es sich um ein denkmalgeschütztes ehem. Kleinbauernhaus in zweigeschossiger Blockbauweise mit Flachsatteldach, Laube und Zierbund.

Das Haus Willroider (Bahnhofstraße 12) ist ein gutes Beispiel für die Vil-

Stubberhaus

lenkultur um die Jahrhundertwende. Der Bauherr Ludwig Willroider war ein bekannter Landschaftsmaler.

Die „Villa del Fabbro", erbaut 1892 bis 1894, zeigt deutlich den Einfluss italienischer Baukultur. Das Haus wurde bis 2007 von den Nachkommen des Baumeisters als Pension betrieben.

Klinik Höhenried – Interdisziplinäres Therapiezentrum

1967 als kardiologische Reha-Klinik gegründet, haben sich hier heute neben der kardiologischen Abteilung auch eine orthopädische Abteilung und eine psychosomatische Abteilung auf hohem fachlichem Niveau etabliert. Das parkähnliche Klinikgelände mit seiner wohltuenden Ausstrahlung unterstützt die Genesung.

Stieleiche - Quercus robur

Am Ortsausgang Richtung Tutzing, am neuen Hofgut in Bernried am Starnberger See, steht eine Eiche, deren Alter auf 500 bis 700 Jahre geschätzt wird. Der Stammumfang misst 9,30 m, die Höhe ca. 15 m und der Durchmesser der Krone ca. 15 Meter.

Bernried nennt sich Baumdorf. Mehr als 1000 überwiegend Eichen und Buchen haben einen Stammumfang von mehr 4 Metern.

Museen

Am 23. Mai 2001 wurde auf dem Gelände von Schloss Höhenried das „Museum der Phantasie - Sammlung Buchheim" feierlich eröffnet. Der Park mit seinen alten Baumgruppen, verwunschenen Teichen, Pagoden, Skulpturen und anderen Kunstwerken unterstreicht die Besonderheit dieses Museums. Der Bau umfasst 4.000 Quadratmeter und ist einem Schiff nachempfunden. Auch der Außenbereich mit seinen verschiedenen Skulpturen ist in die Kunstsammlung mit einbezogen. Namhafte Expressionisten mit Werken der Brücke-Maler Erich Heckel, Emil Nolde, Ernst Ludwig Kirchner, Max Pechstein, aber auch Gegenstände, die Buchheim auf seinen Reisen gesammelt hat, werden im Museum der Phantasie präsentiert. Öffnungszeiten: April - Oktober: Dienstag bis Sonntag sowie Feiertage:

10 - 18 Uhr, November - März: Dienstag bis Freitag: 10 - 17 Uhr, Wochenende u. Feiertage: 10 - 18 Uhr.
Buchheim Museum der Phantasie, Am Hirschgarten 1, 82347 Bernried, Tel. 08158 99700 info@buchheimmuseum.de, www.buchheimmuseum.de

Ausstellungen

Handwerk und Kunst

Ein- oder mehrmals jährlich ist Bernried am Starnberger See Schauplatz für das Kunsthandwerk. Die Ausstellungen bieten heimischen Künstlern eine wichtige Plattform für ihre stilvollen Arbeiten aus den Bereichen Keramik, Schmuck, Fotografie, Patchwork, Kloster- und Kürschnerarbeiten, Holzverarbeitung, Stricken, Nähen sowie Trachtenarbeiten. Der Eintritt zu den Ausstellungen ist frei. Zum Teil können die gezeigten Arbeiten erworben werden. Sommer-Ausstellung jährlich an Maria Himmelfahrt, d. h. am 15.08.; Frühjahrs-Ausstellung unregelmäßig.

Künstlerausstellungen

An drei Ausstellungsorten – im denkmalgeschützten Sommerkeller unterhalb des Gemeindezentrums, einem Ausstellungsraum mit ganz besonderer Ausstrahlung, dem Torbogengebäude im Klosterhof und dem Glashaus der Gärtnerei Steiger – inspiriert die Sommerausstellung „Bernrieder Künstler", die es seit 40 Jahren gibt, Besucher zu einem Spaziergang durch den alten Ortskern.

Kulturelles

Das Kloster mit seinem barocken Musiksaal und dem neuen Gartensaal ist beeindruckender Rahmen für hochkarätige Konzerte und Lesungen.

Musik

Die örtliche Blaskapelle demonstriert mit ihren Konzerten aktives Brauchtum und sorgt für die feierliche Umrahmung vieler Veranstaltungen.

Kirchenchöre, Bernrieder Dreigesang, der Klosterdorf Zwoagsang und die Hofmarksmusik sind wichtige Säulen bei verschiedenen Anlässen rund ums Jahr.

Bücherei

Eine öffentliche Bücherei ist auch Gästen zugänglich (s. Beschilderung). Öffnungszeiten: Montag: 16.00 – 17.30 Uhr, Dienstag: 09.00 – 12.00 Uhr und 15.00 – 17.30 Uhr, Donnerstag: 09.00 – 11.00 Uhr, Sonntag: 10.00 – 11.30 Uhr, während der Schulferien nur sonntags von 10.00 bis 11.30 Uhr! (außer Neujahr und Ostersonntag)

Volkstümliche Bräuche

Die Brauchtumsfeste der Bernrieder Vereine wie z. B. das Öffnen des Martinsbrunnens, das Maibaumaufstellen sowie das Johannifeuer locken eine Vielzahl von Gästen an.

Kirchliches Brauchtum

Ein hoher Festtag ist der 15. August, Maria Himmelfahrt, mit dem abendlichen Festgottesdienst und der Lichterprozession durch den Ort. Der feierliche Gottesdienst am Morgen in der Hofmarkskirche wird vom Bernrieder Dreigesang und von der Hofmarksmusik gestaltet.

Kurioses und Originelles

Fischerstechen in Bernried am Starnberger See

Ein weit verbreiteter Brauch ist in Bayern das Fischerstechen, in Bernried a. S. alle zwei Jahre (in geraden Jahren) im August. Der Ursprung liegt wohl 500 Jahre zurück, als einer Sage nach Fischer eine Art „Ritterturnier" auf ihren Booten veranstaltet haben. Bei diesem traditionellen Kräftemessen treten zwei Mannschaften mit jeweils drei Männern auf einem Boot gegeneinander an. Das Ziel ist es, die Mitglieder der gegnerischen Mannschaft mit Hilfe eines Speers von ihrem Boot ins Wasser zu stoßen. Verloren hat natürlich, wer zuerst ins Wasser fällt.

Freizeit und Sport

Schwimmen, Surfen, Segeln, Rudern, Angeln – der Starnberger See bietet für aktive Freizeitgestaltung vielfältige Möglichkeiten.

Zum Hotel Marina gehört ein großer Segelhafen.

Badespaß

Am Ende des Bernrieder Parks liegt das Strandbad Hubl mit Bootsverleih und Liegewiese. Auch wegen der hausgemachten Kuchen kommen die Gäste gerne hierher.

Nordic Walking

Rund um den Ort oder im Höhenrieder Park lädt ein Parcours zum Nordic Walking ein. Wer möchte, kann dafür medizinische Betreuung in Anspruch nehmen.

Wandern

Der Bernrieder Park wurde 1853 als Englischer Landschaftsgarten angelegt. Gestalter war Carl Effner und dessen Sohn, der u.a. bei Lenné studiert hatte und ab 1873 königlicher Hofgartendirektor war. Die harmonische Komposition von Anpflanzungen, eine abwechslungsreiche Gestaltung der weitläufigen Landschaft, alter Baumbestand von seltener Erhabenheit, der Blick übers Dorf auf den See oder vom Park zur Benediktenwand laden zum Spaziergang oder Fahrradausflug ein. Im Laufe der Jahrzehnte hat sich der Bernrieder Park zum Reservat seltener Tier- und Pflanzenarten entwickelt.

Der unbebaute Uferbereich am Starnberger See stellt mit seinen jahrhundertealten Bäumen für jeden Naturfreund eine paradiesische Idylle dar. Eine bequeme Uferwanderung führt von Bernried a. S. nach Seeshaupt.

Westlich von Bernried a. S. laden – auch im Winter – zahlreiche Wege dazu ein, die Umgebung kennen zu lernen. Kleine Weiher und Hochmoore prägen die Landschaft.

Seit ein paar Jahren gibt es den „Klosterweiherweg" (ca. 4 Std.), ein Themenweg auf der Schleife der „spiegelnden Wasser" des Pilger-Wanderweges „Heilige Landschaft Pfaffenwinkel". Pilger und Wanderer werden an einzelnen Stationen durch anschauliche Tafeln historisch und spirituell begleitet. Sanft führt der Klosterweiherweg über eine Strecke von 13,3, km durch die typische Moränenlandschaft an fünf Fischweihern vorbei, die ursprünglich in wirtschaftlicher Verbindung zum ehemaligen Augustiner-Chorherrenstift in Bernried standen.

Bernried a. S. hat auch Anbindung an den Jakobsweg, Variante B, und bietet mit dem Bildungshaus St. Martin eine pilgerfreundliche Unterkunft (Tel. 08158/2550).

Radfahren

Idyllische Fahrt von Bernried a. S. nach Seeshaupt (ungefähr 6 km):
Vom Ortseingang von Bernried a. S. geht es auf der Straße, die zum Hotel Marina führt, und weiter bis zum See, Richtung Dampferanlegestelle. Malerisch am See entlang, vorbei am Kloster Bernried durch den Bernrieder Park, kommt man auf einen Fußweg nach Seeshaupt. Schilfgürtel und alter Baumbestand begleiten die Strecke. Wer den Ausflug noch erweitern möchte, fährt Richtung Penzberg oder zu den Osterseen, wo man einen einmaligen Blick auf die Alpenkette genießen kann.

Ebenso zu empfehlen und erlebnisreich ist der Fahrradweg von Bernried a. S. nach Unterzeismering und

Weiherweg

weiter nach Tutzing. Besonders hinzuweisen ist auf die Lindenallee unterhalb von Höhenried bis zum FFH-Schutzgebiet Starnberger See kurz vor Unterzeismering.

Orts- und Infrastruktur

Verkehrswege

Bernried a. S. liegt an der Staatsstraße 2063 Starnberg–Tutzing–Seeshaupt, Autobahnanschluss A95, Ausfahrt St. Heinrich.

Die Bahnlinie der Kochelseebahn München–Tutzing–Kochel verbindet im Stundenrhythmus den Ort mit der Landeshauptstadt München.

Der RVO-Bus 9614 Tutzing–Penzberg macht in Bernried a. S. Halt.

Von der Bayerischen Seenschifffahrt wird Bernried a. S. seit 1852 angesteuert.

Ländlich wohnen

Bei der Bebauung des Ortes wurde stets im Auge behalten, den Charakter des alten Ortskerns zu erhalten. Zahlreiche Fußgängerwege, verschwiegene Gässchen und private und öffentliche Grünflächen schaffen für Einheimische und Gäste einen idyllischen Wohlfühlort.

Wichtige Adressen und Telefonnummern

Tourismusbüro Bernried a. S.
Bahnhofstraße 4
D-82347 Bernried am Starnberger See
Tel. +49 (0)8158 8040
tourist-info@bernried.info
www.bernried.de

Traumhafte Lage am Starnberger See

Marina Resort

Das Marina Resort liegt malerisch am Westufer des Starnberger Sees. Das Areal erstreckt sich sich auf 50.000 qm und harmonisch fügt sich die Architektur in den weitläufigen Park. Der Blick in die Natur, aufs Wasser, auf die Wiesen und alten Bäume lässt die Gäste schnell zur Ruhe kommen.

Der Zauber dieser Hotelanlage liegt in der traumhaft schönen Umgebung und dem gemütlichen Komfort und bestem Service der die Gäste umgibt. Hier lassen sich die Ferientage aktiv gestalten oder man findet seinen persönlichen Rückzugsort. Die sieben Häuser der Hotelanlage und des Seerestaurants bilden einen Ort, der Ruhe und Erholung ausstrahlt.

Die Räumlichkeiten präsentieren sich mit geschmackvoller Einrichtung. Farblich aufeinander abgestimmte Details, harmonische Formen und stilvolles Ambiente ergänzen den modernen und zeitgemäßen Komfort für die Hotelgäste. Raumhohe Fenster sorgen nicht nur für eine ungetrübte Aussicht, sondern auch für eine lichtdurchflutete Atmosphäre und von den Balkonen und

Terrassen erleben die Gäste eindrucksvolle Ausblicke auf den See.

Wohlfühl-Oase

Im Wellnessbereich des Hauses mit Indoor-Pool, Sauna und vielfältigen Massageanwendungen finden die Gäste ihre innere Ruhe. Ebenso zum Wohlfühlen trägt der Fitnessraum bei, in dem man Körper und Geist wieder in Einklang bringen kann. Die weitläufige Liegewiese mit hauseigenem Strand lädt zum Sonnen und Baden ein und gleich am Ufer findet sich neben der Segelschule eine SUP-Station. Von dort lässt sich der Starnberger See schließlich von der Seeseite her erkunden. Für jene Gäste, die lieber festen Boden unter den Füßen haben, steht im Marina Resort ein Fahrrad- und Pedelec-Verleih zur Verfügung.

Kulinarische Köstlichkeiten

Die Küche des Hauses verwöhnt mit frischen und saisonal zusammengestellten Spezialitäten. Regionale Speisen werden von dem Küchenteam kreativ in Szene gesetzt. Von dem gemütlich eingerichteten Seerestaurant oder der Sonnenterrasse genießt man während des Essens einen herrlichen Ausblick auf den See.

Am Abend bildet die Bar des Hauses mit seinem offenen Kamin einen beliebten Treffpunkt um den Tag ausklingen zu lassen.
Für private oder geschäftliche Events bietet das Marina Resort helle Konferenzräume an, in denen bis zu 130 Personen Platz finden. Modernste Kommunikationstechnik und der professionelle Service des Hauses tragen zu einer gelungenen Veranstaltung bei.
Nachhaltigkeit beweist das Marina Resort durch seine Infrastruktur für alternative Mobilität: Für Reisende, die mit dem Elektrofahrzeug unterwegs sind, stehen auf dem hauseigenen Parkplatz Ladestationen zur Verfügung.

Marina Resort

Am Yachthafen 1
D-82347 Bernried
Tel.+49 (0)81 58-93 20
Fax +49 (0)81 58-71 17
info@marina-bernried.de
www.marina-bernried.de

Kunst und Natur am Ufer des Starnberger Sees

Café & Restaurant BUFFI im Buchheim Museum

Sinnliche Verführungen bietet das CAFÉ BUFFI im Buchheim Museum der Phantasie in Bernried.

Vom Gourmet Menue bis zum Fingerfood

Das Ziel der Gastgeber ist, die Gäste mit hochwertigen und frisch zubereiteten Gerichten und Menüs zu verwöhnen. Dabei wird viel Wert auf die saisonale und regionale Küche gelegt, in der die Speisen kreativ zubereitet werden.

Die Speisekarte ist abwechslungsreich gestaltet und erfüllt die Wünsche der Gäste. Lassen Sie sich von veganen und vegetarischen sowie den wechselnden bayerischen Schmankerln und Gourmetgerichten verwöhnen.
Für den Nachmittag sind die köstlichen selbstgemachten Kuchen und Kaffee-Spezialitäten zu empfehlen, die in der angenehmen Atmosphäre von Kunst und Natur direkt am Ufer des Starnberger Sees genossen werden können.

Ein Ort der Inspiration

Das in einem wunderschönen Park gelegene Buchheim Museum der Phantasie bietet mit seinen außergewöhnlichen Sammlungen und Sonderausstellungen das anspruchsvolle Ambiente für Familienfeste, Firmenveranstaltungen, Seminare oder Events.

Es bieten sich verschiedene Locations drinnen wie draußen für Veranstaltungen aller Art an.

Ein besonderes Highlight ist dabei ein Sektempfang auf dem über dem Starnberger See schwebenden Steg. Eine Veranstaltung im Buchheim Museum kann in der Sommersaison auch mit einer Schifffahrt über den Starnberger See kombiniert werden. Der kompetente Service vom BUFFI im Buchheim Museum bietet professionelle Unterstützung bei der individuellen Planung des Events.

Café & Restaurant BUFFI
im Buchheim Museum der Phantasie

Am Hirschgarten
D-82347 Bernried
Tel. +49 (0)81 58-99 70 14
Fax +49 (0)8 1 58-99 70 61
cafe-buffi@buchheimmuseum.de
www.cafe-buffi.de

Regionale und qualitativ hochwertige Produkte

Bernrieder Hofladen

Umrahmt von dem eindrucksvollen Ambiente des Schlossgutes Bernried hat sich Gabriele Schuller mit ihrem Hofladen einen Traum erfüllt: „Ich lege Wert auf regionale und qualitativ hochwertige Produkte die einfach gut schmecken, weil sie aus natürlichen Zutaten hergestellt sind."

Und der Erfolg gibt ihr recht. Neben dem Einkauf von Nudelspezialitäten aus eigener Herstellung finden sich Käseköstlichkeiten und Eier von glücklichen freilaufenden Hühnern ebenso wie Räucherfisch und naturbelassene Mehle.

Dass alles aus der Region kommt, versteht sich hier von selbst. Das Hofgut Bernried, die Bernrieder Fischräucherei oder die Off-Mühle in Sindelsdorf beliefern Gabriele Schuller mit den lokalen, naturbelassenen Köstlichkeiten. Darüber hinaus finden sich in dem einladend eingerichteten Geschäft Clement Schokolade, Kräutermischungen aus dem Tölzer Land sowie Essig, Öl und Liköre die sich die Kunden abfüllen lassen können. Und nach dem Einkauf lädt der gemütliche und schöne Außenbereich im Schlossgut Bernried zur gemütlichen Einkehr bei einer Tasse feinem Kaffee mit einem Stück Kuchen oder einem leckeren Eis aus der Leveni-Manufaktur,das nur mit natürlichen Zutaten nach alter Tradition hergestellt wird.

Bernrieder Hofladen
Tutzinger Str. 12 d
D-82347 Bernried
Tel +49 (0)8158-9048777
info@bernrieder-hofladen.de
www.bernrieder-hofladen.de

(Bild Jorda)

Pöcking

Von Tradition geprägt

Die Gemeinde Pöcking (rund 5.600 Einwohner) liegt am Westufer des Starnberger Sees, vier Kilometer südlich von Starnberg. Zur Gemeinde gehören die Ortsteile Aschering, Maising, Niederpöcking, Pöcking, Possenhofen und Seewiesen.

Unter Erhaltung der dörflichen Struktur verbindet Pöcking harmonisch Tradition und Fortschritt.

Der sehenswerte Ort bietet zahlreiche attraktive Freizeitmöglichkeiten mit mehreren Badeplätzen am See und reizvollen Rad- und Wanderwegen. In Possenhofen ist eine Anlegestelle der Flotte der Bayerischen Seenschifffahrt und lädt zum gemütlichen Schiffsausflug. Über die Bundesstraße 2 von Starnberg nach Weilheim ist Pöcking gut zu erreichen.

Für Urlaubsgäste stehen eine Reihe von gastfreundlichen Ferienwohnungen zur Verfügung.

Die traditionell bayerischen Gasthöfe und Biergärten und Biergärten laden zum Verweilen ein.

Sehenswürdigkeiten

Schloss Possenhofen, in dem die Kaiserin Elisabeth einen Teil ihrer Jugend verbrachte, ist heute in Privatbesitz.

Im denkmalgeschützten Bahnhof in Possenhofen, der im 19. Jahrhundert vom Hochadel genutzt wurde, ist heute das Kaiserin Elisabeth Museum untergebracht. (siehe Seite 442)

Vom Bahnhof (beschildert) gelangt der Besucher durch den Wald direkt

Pöcking
(Bilder Gemeinde Pöcking)

Blick vom Yachthafen

zu dem Possenhofener Kalvarienberg samt Kreuzweg und Ölberggruppe, welcher erst kürzlich aufwändig renoviert wurde. Ebenfalls befindet sich in diesem Ortsteil neben dem neu zum Leben erweckten Gasthof Schauer „Zum Fischmeister" die Fischerkapelle.

Zu den sehenswerten Kirchen in der Gemeinde gehören die im Barockstil errichtete Kirche St. Ulrich in Pöcking, die Filialkirche St. Bartholomäus in Maising aus dem 12. Jahrhundert mit beeindruckenden spätromanischen Fresken, die 1838 von Herzog Max in Possenhofen erbaute Fischerkapelle sowie die Kirche St. Sebastian in Aschering mit Ursprüngen im 13. Jahrhundert mit einem prachtvollen Deckenfresko im Stil des bayerischen Rokoko.

Freizeit und Sport

Der Schlosspark „Paradies" mit Badestrand, Sport- und Freizeitanlagen ist im Sommer ein beliebter Treffpunkt.

Wandern

Prinzenweg
Der Prinzenweg, benannt nach dem bayerischen Feldmarschalls Prinz Karl von Bayern (1795 – 1875), verläuft im Schatten eines Buchenmischwaldes auf dem Höhenkamm Richtung Prinzeneiche (nahe Villa Almeida) und Oberer Seeweg in Starnberg.

Elisabethweg
Der Elisabethweg (kulturhistorischer Rundwanderweg) führt auf Sisis Spuren vom Kaiserin Elisabeth Museum zum Schloss Possenhofen in ca. 10 Gehminuten und zur Überfahrt Ro-

Maisinger See

seninsel in ca. 30 Gehminuten. Der Rundweg geht in Feldafing über den Kaiserin-Elisabeth-Weg weiter über die Wolfsschlucht mit Naturlehrpfad zum S-Bahnhof Possenhofen zurück – oder verkürzt zum S-Bahnhof Feldafing.

Romantisch verläuft dieser kulturhistorische Rundwanderweg: ein weißes Schloss hinter Hecken, urwüchsige Bäume in den Parks und eine Insel mit duftenden Rosen. Der Spaziergänger spürt noch heute den Zauber der Orte, die von Sisis Kindheitstagen geprägt sind.

Maisinger Rundweg
Das Maisinger Moor ist ein geschütztes Brutgebiet seltener Vogelarten. Reizvoll ist eine Wanderung zur Maisinger Schlucht. Ein gepflegter Weg führt entlang des Maisinger Bachs. Abwechslungsreich gestaltet sich der Maisinger Rundweg zwischen Pöcking und Maising, vorbei an den Weideflächen der Pöckinger Alm, entlang des Maisinger Bachs und des alten Sägewerk-Stausees zum Ortskern von Maising. Über einen kleinen Fußweg geht es am Waldrand entlang wieder zurück nach Pöcking.

König-Ludwig-Weg
Auf Schritt und Tritt begegnet man hier dem bayerischen „Märchenkönig". Der Weg beginnt in Berg am Starnberger See und führt nach Neuschwanstein und Hohenschwangau im Allgäu. Seeufer und Moore, Schluchten und Wälder, historische Bauernhöfe und einladende Gasthäuser, Kapellen und Kirchen und der Blick in die Alpen lassen diesen Fern-

wanderweg, der auch über Pöckinger Gebiet führt, zu einem unvergesslichen Erlebnis werden.

Villenweg

Der Villenweg nimmt seinen Anfang an der Gemeindebücherei und führt vorbei an interessanten Villen- und Landhausbauten. Manche dieser alten Villen sind nahezu im Originalzustand erhalten und geben ein Beispiel der Architektur des 19. Jahrhunderts. Empfehlenswert ist die Wanderung, solange die Bäume nicht belaubt sind und der freie Blick in die Gärten möglich ist.

Jakobsweg

Zu Fuß oder mit dem Fahrrad, die gesamte Strecke oder nur eine Etappe – der Jakobsweg hat eine ganz besondere Ausstrahlung und lässt zur Ruhe kommen, Ballast des Alltags abwerfen. Diese Sommerroute kommt von München und Kloster Schäftlarn her. Sie führt von Pöcking weiter über Aschering nach Andechs/Herrsching und Stegen – mit Endziel Santiago de Compostela.

Radfahren

Wahrlich märchenhaft erleben Radwanderer die königlich-bayerische Radltour. Die Strecke führt von Landsberg am Lech über das Starnberger Fünf-Seen-Land in den Pfaffenwinkel bis Schloss Neuschwanstein. Zwischen Starnberg und Raisting – der weltweiten Erdfunkstelle – geht's von Maising, an See und Moor vorbei, nach Aschering, weitab von Lärm und Hektik.

Wichtige Adressen und Telefonnummern

Gemeinde Pöcking
Feldafinger Str. 4
D-82343 Pöcking
Tel. +49 (0)8157 9306 0
rathaus@poecking.de
www.poecking.de

Kaiserin Elisabeth Museum

Spuren einer facettenreichen Frau

Der ehemals königliche Bahnhof Possenhofen an der S-Bahnstrecke S6 von München nach Tutzing, hat eine große Geschichte. Viele bekannte Persönlichkeiten sind hier bereits im 19. Jahrhundert mit der Dampfeisenbahn angekommen und abgefahren. Eine dieser Persönlichkeiten war die Kaiserin von Österreich – Elisabeth Amalia Eugenie Herzogin in Bayern, kurz Sisi genannt. Ihr zu Ehren wurde das Erdgeschoß des Bahnhofs in ein Museum umgewandelt, das ihren Namen trägt. Die junge Elisabeth verbrachte im Schloss Possenhofen mit ihren Eltern und Geschwistern die Sommerzeit. Sie und ihre Familienmitglieder sowie Könige, Kaiser und Adel benutzten für ihre An- und Abreise den Prunkwartesalon, einer der heutigen Museumsräume. Hier werden die Besucher mitgenommen auf eine Reise – auf eine Zeitreise, die man nicht so schnell vergisst, die nachhaltige Eindrücke vermittelt, auf eine Reise durch Stationen ihres Lebens:

Im September 1828 wird in Schloss Tegernsee bei München eine große Hochzeit gefeiert: Prinzessin Ludovika von Bayern heiratet ihren Cousin zweiten Grades, Herzog Max in Bayern. Dieser Ehe sind zehn Kinder beschieden. Am 24. Dezember 1837, an einem Sonntag, kommt Sisi zur Welt. Das Neugeborene hat schon bei der Geburt einen Zahn im Mund, ein „Glückszahn", heißt es im Volksmund.

Das Mädchen bewundert ihren Vater, hängt an ihrer Mutter, liebt abgöttisch ihren jüngeren Bruder Carl Theodor („Gackel") und genießt eine unbeschwerte Kindheit. Die Familie lebt ansonsten im sehr punkvollen Palais von Herzog Max in der Münchner Ludwigsstraße.

Die Erinnerung an die ungezwungene Atmosphäre ihrer Kindheitstage und die enge Verbundenheit mit ihrer Mutter und den Geschwistern blieb für Elisabeth zeitlebens eine wichtige Stütze.

Ab 1868 hat sie fast jährlich ihre geliebte Heimat als Kaiserin besucht. Die Liebe zur Natur, zum See und zur bayerischen Landschaft spielte in ihrem Leben eine tragende Rolle.

Kindliche 15 Jahre war sie erst alt, als sie im Sommer 1853 im oberösterreichischen Kurort Ischl dem 23-jährigen Kaiser Franz Joseph begegnete, der zu diesem Zeitpunkt nicht ahnte, dass er sich buchstäblich auf den ersten Blick in sie verlieben würde.

Elisabeth galt als Traumfrau ihrer Zeit. „Sisi" – Märchen und Rätsel ranken sich um diese schöne Frau, die bis heute von ihrem Nimbus nichts verloren hat, fast möchte man sagen, ganz im Gegenteil. Nach wie vor stoßen die Historienfilme, die das Leben der Kaiserin Elisabeth erzählen, auf großes Interesse, lassen den Zuschauer eintauchen in die Welt der jungen Sissi und des österreichischen Kaisers Franz Joseph I.

Das Kaiserin Elisabeth Museum erstreckt sich ebenerdig, barrierefrei über insgesamt 4 Räume. Das Museum wurde 1998 begründet und basiert auf der Sammlung des Ehepaares Heinemann. Heute ist es im Eigentum der Gemeinde Pöcking und eine Attraktion der internationalen Sisi Straße (www.sisi-strasse.info). Seit der Renovierung 2009/2010 erstrahlt das Museum in neuem Glanz. Die Dauerausstellung umfasst Erinnerungsstücke der Kaiserin sowie dokumentierendes Bildmaterial des Kaiserpaares und ihrer Familie, sowie Bilder und Plastiken der verschiedenen Lebensphasen. Er werden aber auch Ausstellungsstücke zu König Ludwig II. und dem Starnberger See gezeigt. In Deutschland ist es das einzige Museum dieser Art. Wahre Schätze sind hier in würdigem Rahmen bei individuellen Führungen der Öffentlichkeit zugänglich gemacht. Auch Kinder kommen ins Staunen, wenn ihnen das Leben einer „echten" Kaiserin und Königin näher gebracht wird. Die Ausstellung ist durch Neuerwerbungen laufend im Wandel. Es lohnt sich daher immer mal wieder auf Entdeckungsreise zu gehen. Jährlich eine kleine Sonderausstellung mit Diashow und ein Selbststudiums Bereich runden das Ganze ab.

Die Besucher können auch eigenständig mit einem Audio Guide, der kostenlos auf das eigene Smartphone als App geladen werden kann, den Rundgang durch das Museum erleben. Für Kinder gibt es einen eigenen Audio Guide, der von Kindern für Kinder gestaltet wurde. Auch Gehörlose und Gehörgeschädigte können einen Video Guide in deutscher Gebärdensprache kostenlos herunterladen.

Doch der historische Bahnhof in Possenhofen hat auch seine eigene interessante Geschichte: Der bayerische König Maximilian II. Joseph hat 1849 den Bau einer Eisenbahn von München nach Starnberg angeordnet. Bereits am 24. November 1854 fuhr der erste Zug. Die Verlängerung der Bahnstrecke bis Tutzing und Penzberg hat wohl besonders den Vater von Elisabeth, Herzog Max in Bayern, sehr gefreut, da er nur allzu gern der Residenzstadt München den Rücken kehrte und mit seiner Gattin Herzogin Ludovika und den gemeinsamen Kindern auf Schloss Possenhofen weilte.

Baumeister und Architekt war Georg von Dollmann (1830 bis 1895), der zu seiner Zeit als Star unter den Architekten in Bayern galt und einige Jahre später auch die Schlösser Linderhof und Herrenchiemsee sowie das Königshaus am Schachen baute. Außerdem leitete er die Baumaßnahmen in Schloss Neuschwanstein.

Öffnungszeiten: Mai bis Mitte Oktober Freitag, Samstag und an Sonn- und Feiertagen jeweils 12.00 bis 18.00 Uhr. Für Gruppen können während des ganzen Jahres Termine vereinbart werden. Das Museum ist mit der S6 München – Tutzing, Halt Possenhofen barrierefrei zu erreichen

Kaiserin Elisabeth Museum
Schlossberg 2
D-82343 Pöcking
Tel. +49 (0)8157 925932
www.kaiserin-elisabeth-museum-ev.de

Schloss Possenhofen
(Bild Gemeinde Pöcking)

Seeshaupt

am Starnberger See

Die Gemeinde Seeshaupt (rund 3.300 Einwohner) im oberbayerischen Landkreis Weilheim-Schongau liegt in der Region Oberland malerisch am Südende des Starnberger Sees. Der anerkannte Erholungsort erstreckt sich vom Seeufer nach Süden bis zu den Osterseen, die teilweise verlandet und vermoort sind und einen reizvollen Kontrast zur Alpenkette bilden.

Seeshaupt ist mit dem Auto über die Staatsstraße 2064 von Weilheim nach Bad Tölz gut zu erreichen. Der Seeshaupter Bahnhof liegt an der Bahnstrecke von Tutzing nach Kochel, die in der Hauptverkehrszeit nach München verlängert wird. Die Gemeinde ist Station der Regionalbuslinien des Oberbayernbus und wird im Sommer von den Schiffen der bayerischen Seenschifffahrt auf dem Starnberger See angelaufen.

Sehenswürdigkeiten

Die bedeutendste Sehenswürdigkeit in Seeshaupt ist die katholische Pfarrkirche St. Michael mit Ursprüngen aus dem 15. Jahrhundert. Der im Barockstil prächtig gestaltete Innenraum lohnt den Besuch.

Freizeit und Sport

Seeshaupt hat sich von der Sommerfrische zum Naherholungsgebiet von München entwickelt, das mit dem Pkw auf der Autobahn München-Garmisch nur 30 Minuten entfernt ist.

Urlaubsgäste schätzen die schönen Badestrände und die waldreiche Voralpenlandschaft, die zum Wandern und Radeln einlädt.

Wichtige Adressen und Telefonnummern

Gemeinde Seeshaupt
Weilheimer Str. 1 -3
D-82402 Seeshaupt
Tel. +49 (0)8801 90 71-0
Gemeinde@seeshaupt.de
www.seeshaupt.de

Seeshaupt
(Bild Gemeinde Seeshaupt)

Schlossgaststätte Hohenberg

Essen wie bei Fürsten

Gediegene bayerische Gemütlichkeit erwartet den Gast in der Schlossgaststätte Hohenberg. Die Gastwirtschaft, nur 3 km von Seeshaupt entfernt, wurde bereits 1873 gegründet und lädt mit ihrem historischen Glanz zum Verweilen ein. Der Herrgottswinkel, ein Kachelofen in der Ecke, das Holztäfer, die Schützenscheiben über der Bank und der liebevoll eingedeckte Tisch – da sieht man, dass hier Gastfreundschaft und bayerische Tradition zu Hause sind.

Die gepflegte Atmosphäre, der unverfälschte Stil und der Charme der Vergangenheit geben dem Haus seine unwiderstehliche Anziehungskraft. Eine abwechslungsreiche Speisekarte verspricht Ess-Erlebnis mit Niveau. Die Auswahl an Wildgerichten, verschiedene Suppen, knackige Salate, fleischlose Schmankerl, Tafelspitz oder Böfflamott, Forelle oder Saibling und Kaiserschmarrn oder Topfenknödel als süße Krönung – der Chef steht selbst in der Küche und zaubert aus frischen heimischen Zutaten regionale oder internationale Spezialitäten. Dabei kann er aus einer reichen Erfahrung schöpfen und verbindet gerne herkömmliche Rezeptkunst mit eigener Kreativität.

Das Restaurant gibt zudem jedem feierlichen Anlass den passenden Rahmen und ist bei Wanderern und Radfahrern ein beliebtes Ausflugsziel.

Bei entsprechenden Temperaturen genießt man gerne den Aufenthalt im

Biergarten (100 Sitzplätze), trifft sich mit Freunden zum Grillfest oder sitzt im Pavillon und schaut ganz entspannt den Kindern zu, die im Garten spielen, abseits von Autos. Den Erwachsenen steht währenddessen die historische Holzkegelbahn zur Verfügung. Alle Neune – ein Spaß für Groß und Klein.

Öffnungszeiten:

Mittwoch, Donnerstag, Freitag

Warme Küche: 11:30 – 14:00/17–21 Uhr
Gaststätte: 11:30 –14:30/17–22 Uhr

Samstag, Sonntag, Feiertage

Warme Küche: 11:30 Uhr bis 21:00 Uhr
Gaststätte: 11:30 Uhr bis 22:00 Uhr

Wohnen im Jägerhaus

In den Jahren 2010 und 2011 wurde das dreistöckige Jägerhaus sehr achtsam denkmalgerecht restauriert, mit dem Ziel vor Augen, den Charakter des Gebäudes zu erhalten. Heute dient es mit geschmackvoll eingerichteten Ferienwohnungen unterschiedlicher Größe als Gästehaus.
Flachbild-Fernseher, Telefon, kostenfreies deutsches Festnetz und kostenfreier W- LAN Internetzugang gehören zur standardmäßigen Ausstattung. Vor dem Gebäude steht eine Terrasse zur allgemeinen Nutzung zur Verfügung.

Schlossgaststätte Hohenberg

Hohenberg 3, D-82402 Seeshaupt
Tel. +49 (0)8801 626
Fax +49 (0)8801 913844
stievstoll@t-online.de
www.schlossgaststaette-hohenberg.com

Starnberg

Die Stadt am See

Starnberg (rund 23.000 Einwohner) ist die Kreisstadt des gleichnamigen Landkreises am Nordende des Starnberger Sees ca. 25 km südwestlich von München. Der Ausflugs- und Erholungsort ist über die ausgebaute B 2 von München nach Weilheim-Schongau gut zu erreichen, das Verkehrsaufkommen durch die Stadt ist hoch. Der Bahnhof der Strecke von München liegt am Seeufer, was das Umsteigen in die Ausflugsschiffe erleichtert.

Kurzer Blick ins Geschichtsbuch

Die erste urkundliche Erwähnung der Siedlung Starnberg stammt aus dem Jahr 1226. Die Burg der Andechser Grafen wurde 1246 von den Wittelsbacher Herzögen erobert. Eine Umgestaltung zur prunkvollen Sommerresidenz der Münchener Hofgesellschaft erfolgte im 15. Jahrhundert. Sie war bis zur Mitte des 18. Jahrhunderts Schauplatz glänzender Feste. Durch die 1854 eröffnete Eisenbahnstrecke München-Starnberg entwickelte sich die Gemeinde zum bedeutenden Ort am See und wurde 1912 zur Stadt erhoben.

Sehenswürdigkeiten

Das weithin sichtbare Schloss hoch über der Stadt, heute Sitz des Finanzamtes, liegt in einem im Renaissancestil angelegten Schlossgarten mit schöner Aussicht auf Stadt und See.

Lohnend ist der Besuch der denkmalgeschützten Rokokokirche St. Josef mit hochwertiger Ausstattung und einem bedeutenden Hochaltar von Ignaz Günther.

Ein Spaziergang an der Seepromenade und eine Dampferrundfahrt auf dem See machen den Besuch in Starnberg zum perfekten Erlebnis.

Starnberg
(Bild Stadt Starnberg)

MS Starnberg
(Bild gwt Starnberg GmbH – Thomas Marufke)

Das kulturgeschichtliche Museum Starnberger See ist eine der touristischen Attraktionen der Stadt. Zahlreiche Exponate informieren über die vielfältige Nutzung des Starnberger Sees im Lauf der Jahrhunderte von den höfischen Festen, in deren Mittelpunkt das ab 1662 erbaute Prachtschiff „Bucentaur" stand, bis hin zum Leben der Fischer und Bauern.

Freizeit und Sport

Ein großer Teil der Sportvereine Starnbergs bezieht sich auf Aktivitäten auf dem See. Öffentliche Freizeitflächen oder das Seebad Starnberg laden im Sommer zum Baden ein.

Golfliebhaber haben die Auswahl an zwei 18-Loch-Plätzen. Auch der Pferdesport ist in Starnberg beliebt. Radler und Wanderer finden schöne Wege in das Mühltal oder entlang des Sees.

Veranstaltungen

Die Stadt Starnberg bietet ihren Gästen ein ganzjähriges Kultur- und Freizeitprogramm. Im Sommer können Besucher Open-Air-Konzerten lauschen oder in der Innenstadt an einer weiß gedeckten langen Tafel dinieren, im Winter im Herzen der Stadt, dem Starnberger Kirchplatz, Schlittschuhlaufen oder über den Christkindlmarkt schlendern. Der historische Bahnhof wird heute als Kulturbahnhof genutzt, in dem Ausstellungsreihen und Konzerte stattfinden.

Wichtige Adressen und Telefonnummern

Stadt Starnberg
Vogelanger 2
D-82319 Starnberg
Tel. +49 (0)8151 772 0
stadtverwaltung@starnberg.de
www.starnberg.de

Der See und die Menschen.

Museum Starnberger See

Hervorgegangen aus bürgerschaftlichem Engagement vor über 100 Jahren, steht das Museum Starnberger See heute in Trägerschaft der Stadt Starnberg. Gegründet wurde es 1914 auf einem historischen Anwesen und Siedlungsursprung der Stadt. Heute umfasst das Museum ein Ensemble von Gebäuden und einen wunderbaren Garten mit Museumscafé. Das Herz des Geländes aber ist noch immer das historische Anwesen – das sogenannte "Lochmannhaus".

Seit spätestens 1520 ist es in situ nachweisbar, befindet sich also nach wie vor am Ursprungsort. Vor dem Bau der Eisenbahnlinie im 19. Jahrhundert stand es direkt am Seeufer und wurde erst durch die Aufschüttung des Bahndamms vom See abgeschnitten. Einzigartig ist das denkmalgeschützte Haus in seiner historischen Doppelfunktion als Adelssitz, sowie Bauern- und Fischerhaus. Im Obergeschoß residierte eine Münchner Patrizierfamilie, die ihe Wohnstube mit einer reich verzierten Wandvertäfelung versah. Im Untergeschoß herrschte mühsames Bauernleben. Das "Lochmannhaus" ist zugleich Exponat und Museumsgebäude. Die historischen Räume stehen ganz für sich und laden zum Verweilen ein oder sie beherbergen Ausstellungen.

Die "Mona Lisa" von Starnberg

Das Museum Starnberger See pflegt eine historisch gewachsene Sammlung regionalen Alltagsguts und bildender Kunst. Ein ganz besonderes Sammlungsobjekt ist die "Starnberger Heilige". Diese herausragende Skulptur des bedeutendsten bayerischen Rokoko-Bildhauers Ignaz Günther aus dem Jahr 1755 kann wohl mit einiger Überzeugung als die "Mona Lisa" von Starnberg bezeichnet werden. In zeitloser Eleganz wehen ihre Gewänder während sie schwerelos zu schweben scheint. Doch die berühmte Figur birgt auch ein Geheimnis. Welche Heilige sie darstellt ist nicht bekannt, denn ihr fehlt das klärende Attribut. So ist sie in der Welt als "Starnberger Heilige" bekannt geworden. Ein Modell der Figur befindet sich gar in der Sammlung des Metropolitan Museum in New York.

Ein königlicher "Delphin"

Im Neubau des Museums ist das Boot "Delphin" aus dem Jahr 1835 ausgestellt. Es ist das letzte erhaltene Fahrzeug aus der Prunkflotte der bayerischen Herzöge und Könige und steht damit für die jahrhundertelange höfische Schifffahrt auf dem Starnberger See. Darüber hinaus finden im Museum Starnberger See regelmäßig Wechselausstellungen zu Themen zwischen Geschichte, Kunst und Natur statt. Der Museumsgarten lädt zum Schlendern ein und das Museumscafé bietet sehr guten Kaffee und einen Blick auf das historischen Gebäudeensemble.

Museum Starnberger See

Possenhofener Str. 5
D-82319 Starnberg
Tel. +49 (0)81 51-44 77 57-0
Di. bis So. 10 bis 17 Uhr
An Feiertagen geöffnet

Einer der besten Plätze Deutschlands

Golfclub Starnberg

Als Perle Oberbayerns wird der Golf Club Starnberg bezeichnet. Das Gelände, das zwischen sanften Mulden und Hügeln unter zum Teil mehr als 100 Jahre alten Bäumen liegt, gehört seit 2016 der Leistungs- und Wertegemeinschaft "Leading Golf Clubs of Germany" an.

Mit dieser Auszeichnung zählt der Golfclub zu den besten Deutschlands. Der gepflegte 18-Loch-Meisterschaftsplatz, nur wenige Kilometer nordwestlich von Starnberg, bietet neben ganzjährigen Sommerspielbedingungen auch ein großes Trainingsgelände. Dort finden sich Abschlagsbunker, Flutlicht, Pitch- und Putt-Areal.

Doch das Golfspiel unter Freunden im privaten Rahmen oder mit der Familie ist nur einer der Aspekte des Park Land Course, denn hier kann man Golf lernen, seinen Schwung verbessern oder das Spiel optimieren. Dafür steht das Golfschulteam des GC Starnberg mit seinen fachlich versierten Mitarbeitern. Die PGA Premium Golfschule GC Starnberg besteht aus Professionals, die nach dem höchsten Standards der PGA of Germany ausgebildet sind.

Von April bis Oktober können Anfänger jeden Samstag von 12 bis 13 Uhr bei einem Schnupperkurs einen Einblick in die faszinierende Welt des Golfsports werfen. Und wer auf den Geschmack gekommen ist, dem sei der Platzreifekurs empfohlen, mit dem in die Golfkarriere gestartet werden kann. Aber auch dem professionellen Spieler wird auf dem Golfareal des Golf Club Starnberg einiges geboten: Hier findet Unterricht auf höchstem Niveau statt, ob man das Course Management verbessern möchte oder Strategiekurse für den Platz sucht – hier findet jeder das Passende.

Und für Firmenevents bietet sich der Golf Club Starnberg ebenfalls an, um mit den Mitarbeitern außergewöhnliche Stunden zu erleben und somit zur Teambildung beizutragen. Abgerundet wird das Event mit einem Besuch des platzeigenen Restaurants, das seine Gäste mit italienischen Köstlichkeiten verwöhnt.
Wer sich für den Golfclub interessiert, kann sich jederzeit über die verschiedensten Modelle einer Mitgliedschaft informieren.

Golfclub Starnberg e.V.

Uneringerstr. 1, D-82319 Starnberg
Tel. +49 (0)81 51-1 21 57
club@gcstarnberg.de
www.gcstarnberg.de

Bayrische Herzenswärme an der Promenade

Hotel Starnberger See

Das Hotel Starnberger See im Seehof liegt nur zwei Minuten von der malerischen Promenade des Starnberger Sees und vom Dampfersteg entfernt.

Behaglich eingerichtete Zimmer

Die 36 liebevoll und mit Stil eingerichteten Zimmer, zum Teil mit Seeblick, wurden kürzlich renoviert und verfügen über insgesamt 70 Betten in Einzel-, Doppel- und Mehrbettzimmern.
Ein Frühstücksraum und eine Lounge stehen ebenso zur Verfügung wie ein Lift und, je nach Verfügbarkeit, kostenfreie Parkplätze.

Herzliches Personal

Das Haus bietet eine gemütliche Atmosphäre, in der man sich sofort wohlfühlt. Das überaus freundliche und engagierte Personal kümmert sich mit ganzem Herzen um die Belange der Gäste. Die Geschäftsführung hat erkannt, dass ein innovatives und starkes Team ein wichtiger Grundpfeiler für einen rundum gelungenen Hotelbetrieb ist, und dies spüren auch die Gäste.

Optimal Lage für alle Interessen

Das "Hotel Starnberger See" bietet die perfekte Ausgangslage für Geschäftsreisende oder Tagungsgäste, die von der kurzen Entfernung nach München profitieren. Mit der S-Bahn ist man in kurzer Zeit in der bayerischen Landeshauptstadt. Die Autobahnverbindungen Richtung Garmisch-Partenkirchen, München und Lindau sorgen für eine unkomplizierte Anreise.
Gäste schätzen die malerische Landschaft des Fünf-Seen-Landes und die unzähligen Rad- und Wanderwege. Den kulturell Interessierten bietet der Landkreis Starnberg viele geschichtliche Entdeckungen wie z. B. wunderschöne Kirchen, Klöster und Schlösser.

Von Frühstück bis Abendessen

Das reichhaltige Frühstücksbüffet am Morgen mit hausgemachten und gesunden Produkten sorgt für einen guten und entspannten Start in den Tag. Liebhaber von herzhaft, bayerischen und internationalen Spezialitäten finden im Wirtshaus Starnberg im Tutzinger Hof, nur 10 Gehminuten entfernt, genau das Richtige!
Das Restaurant im denkmalgeschützten Tonnengewölbe ist weit über die Grenzen von Starnberg bekannt. Im Biergarten sorgen schattenspendende Kastanienbäume für ein gemütliches, typisch bayrisches Ambiente.

Hotel Starnberger See
Bahnhofplatz 6
D-82319 Starnberg
Tel. +49 (0) 81 51-9 08 50-0
office@hotelstarnbergersee.de
www.hotelstarnbergersee.de

Tutzing

Am Starnberger See

Die Gemeinde Tutzing (rund 9.900 Einwohner) liegt am Westufer des Starnberger Sees im oberbayerischen Landkreis Starnberg.

Die schöne Lage von Tutzing am malerischen See, sowie die Nähe zur Landeshauptstadt München machen Tutzing zum beliebten Wohnort, attraktiven Ausflugsziel und bevorzugten Urlaubsort.

Tutzing bietet vielfältige Freizeitmöglichkeiten und ein breites Kulturangebot mit interessanten Angeboten und Veranstaltungen über das ganze Jahr. Veranstaltungen und Tagungen zu aktuellen politischen und gesellschaftlichen Themen finden in der Akademie für Politische Bildung und der Evangelischen Akademie Tutzing statt.

Der Bahnhof Tutzing liegt an der Bahnstrecke München-Garmisch-Partenkirchen und ist an das S-Bahn-Netz des Münchener Verkehrsverbundes angeschlossen. In den Sommermonaten fahren Schiffe der Bayerischen Seenschifffahrt Tutzing an.

Kurzer Blick ins Geschichtsbuch

Der Name Tutzing stammt von der Familie Tozzi und Tuzzo aus dem Adelsgeschlecht der Huosi, was vermuten lässt, dass der Ort bereits im 6. Jahrhundert bestand.

Erstmals urkundlich erwähnt wurde Tutzing im Jahr 742 anlässlich einer Schenkung an das Kloster Benediktbeuern. Vom 16. bis zum 19. Jahrhundert war Tutzing Hofmark. Der Ort war bis ins 19. Jahrhundert ein kleines und einfaches Fischerdorf, das änderte sich erst 1865 durch den Bau der Bahnstrecke nach Tutzing.

Das im 17. Jahrhundert von Maximilian von Götzengrien errichtete Schloss gehört heute der Evangelischen Landeskirche und ist Sitz der Evangelischen Akademie Tutzing. Im Juli und August besteht die Möglichkeit „Ferien im Schloss" zu verbringen.

Voraussichtlich im Jahr 2025, wird in Tutzing „Die Fischerhochzeit" gefei-

Brahmspromenade
(Bild Regina Fischer-Jech)

Schloss Tutzing
(Bild Angelika Mrozek-Abraham)

ert, ein historisches Spiel, das an den Ursprung des Ortes als Fischersiedlung anknüpft und alte Bräuche und Traditionen bewahren möchte.

Das Tutzinger Ortsmuseum in der alten Schule am See dokumentiert die Geschichte Tutzings im Lauf der Jahrhunderte. Zusätzlich präsentiert das Museum wechselnde Sonderausstellungen.

Sehenswürdigkeiten

Bei einem Spaziergang durch Tutzing kann man viele prächtige Villen bewundern, die vor allem Ende des 19. Jahrhunderts und Anfang des 20. Jahrhunderts erbaut wurden.

Zu den schönsten gehört das Midgardhaus mit Parkanlage zum Seeufer, das 1853 als Gästehaus des Schlosses errichtet wurde. Sehenswert sind auch die Kirchen im Gemeindegebiet.

Sport und Freizeit

Tutzing bietet umfangreiche Sport- und Freizeitmöglichkeiten und lädt zu Aktivitäten, wie Nordic Walking, Golf, Beachvolleyball, Segeln, Tennis oder Stand-Up-Paddling ein. Für Radtouren ist Tutzing ein idealer Ausgangspunkt. Es gibt mehrere Strandbäder mit Badestegen und Liegeflächen, Bootsverleih und vieles mehr. Im Winter ist bei entsprechender Schneelage eine 12 km lange Loipe für Skilangläufer gespurt.

Ein großer Teil des Seeufers ist öffentlich zugänglich. Spaziergänge entlang des Kustermannparks, der Brahmspromenade, des Johannishügels, Thomaplatzes oder Bleicherparks bieten einen einmaligen Blick auf den See und das Alpenpanorama.

Die Deixlfurter Weiher sind ein Paradies für Naturliebhaber. Markanter Punkt im Gemeindegebiet ist die 728 Meter hohe Ilkahöhe, die einen prächtigen Fernblick zu den Alpen bietet.

Wichtige Adressen und Telefonnummern

Gemeinde Tutzing
Kirchenstraße 9
D-82327 Tutzing
Tel. +49 (0)8158 25 02-0
Rathaus@Tutzing.de
www.tutzing.de

Tutzinger Förderverein für Tourismus e.V.
Leidlstraße 1
D-82327 Tutzing
Tel. +49 (0)8158 25 88 50
info@tutzing-tourismus.de
www.tutzing-tourismus.de

Golfen, wann immer man Lust und Laune hat

Golfplatz Tutzing

Es ist schon etwas Besonderes, auf dem Golfplatz in Tutzing zu spielen: Oberhalb des Ortes liegt die reizvolle 18-Loch-Golfanlage mit ihrem alten Baumbestand, mit zahlreichen Biotopen und Blumenwiesen.
Naturbelassen präsentiert sich der Platz und bietet eine entspannende Atmosphäre während des Spiels. Dabei ist das leicht hügelige Gelände mit seiner abwechslungsreichen Streckenführung anspruchsvoll – für den ambitionierten Golfer ebenso wie für den Freizeitsportler.

Auf dem Golfplatz Tutzing kann nach Lust und Laune gespielt werden. Für den familiär geführten Club ist das Treffen mit Freunden, die Unterhaltung und die Freude am faszinieren-

den Golfsport das höchste Anliegen und jeder Spieler, ob Mitglied oder Gast, soll sich zu genussvollen Stunden in der Natur eingeladen fühlen.

In der vom PGA-Pro Keith Read geleiteten Golfakademie können Anfänger das Golfspiel erlernen und den Platzreifekurs absolvieren und Fortgeschrittene ihr Handicap verbessern. Auf dem 6-Loch-Akademie-Platz kann jedermann, auch ohne Platzreife, golfen – hier entdeckte schon so mancher Schnuppergolfer seine Begabung für das anspruchsvolle Spiel.

Italienische Spezialitäten vom Feinsten

Weit über die Region hinaus hat sich die italienische Gastronomie auf dem Golfplatz einen Namen gemacht.

Dolce Vita am Golfplatz

Mit ihren südländischen Spezialitäten, ob hausgemachte Pasta und Pizza oder die feinen Fisch- und Fleischspezialitäten mit erlesenen Tropfen aus der Emiglia Romagna, sorgt das Ristorante Morattina für den passenden Ausklang eines gelungenen Aufenthaltes auf dem Golfplatz Tutzing.

Golfplatz Tutzing

Gut Deixlfurt 7
D-82327 Tutzing
Tel. +49 (0)81 58-3600
Fax +49 (0)81 58-7234
service@golfplatz-tutzing.de
www.golfplatz-tutzing.de

Denkwerkstatt & Kraftort

Evangelische Akademie Tutzing

Wilder Wein und Efeu ranken sich an den gelben Fassaden von Schloss Tutzing empor. In seiner heutigen Gestalt gehen die Gebäude auf Friedrich Graf von Vieregg zurück, der zwischen 1802 und 1816 den Ausbau veranlasste. Nach einer wechselvollen Geschichte entschied 1947 Landesbischof Hans Meiser, an diesem Ort die Evangelische Akademie Tutzing zu errichten.

Die Akademie führt – so ihr Selbstverständnis – Menschen aus Politik, Wirtschaft, Kultur, Wissenschaft, Medien und Kirche zusammen und ist offen für alle. Sie versteht sich als ein Ort der Bildung und der Begegnung mit dem christlichen Glauben. Das Veranstaltungsangebot reicht von Tagungen, Podiumsdebatten und Konzerten bis hin zu Lesungen und Vorträgen.

Die Tutzing zählt zu den bedeutendsten Denkwerkstätten in Deutschland. Zahlreiche Impulse sind hier entstanden, wie etwa das Motto der Ostpolitik Willy Brandts: „Wandel durch Annäherung." Immer wieder sind Schloss und Park auch als Kulisse gefragt. Starregisseure wie Oliver Stone („Snowden") oder Michael Herbig („Bullyparade – Der Film") drehten hier. Im Sommer ist das Haus ein Hotel Garni. Gäste genießen diesen Sehnsuchtsort, das historische Ensemble, den exklusiven Seezugang und die Frühstücksbuffets in Bio-Qualität.

Fotos: (2) © ma eat archiv

Evangelische Akademie Tutzing

Schlossstraße 2+4
D-82327 Tutzing
Tel. +49 (0)8158 251-0
info@ev-akademie-tutzing.de
www.ev-akademie-tutzing.de
www.schloss-tutzing.de

Brahmspromenade Tutzing
(Bild Regina Fischer-Jech)